以文化人

李 重 成 进 编著

教育部人文社会科学研究专项任务项目
（中国特色社会主义理论体系研究）成果

新时代一流大学文化建设
理论与实践

U0743041

西安交通大学出版社
XI'AN JIAOTONG UNIVERSITY PRESS

图书在版编目（CIP）数据

以文化人：新时代一流大学文化建设理论与实践／
李重，成进编著． -- 西安：西安交通大学出版社，
2024.7． -- ISBN 978－7－5693－3863－8

Ⅰ．G640－05

中国国家版本馆 CIP 数据核字第 202451CK82 号

以文化人：新时代一流大学文化建设理论与实践
YIWENHUAREN：XINSHIDAI YILIU DAXUE WENHUA JIANSHE LILUN YU SHIJIAN

编　　著	李　重　成　进
责任编辑	张　娟
责任校对	张静静
装帧设计	任加盟

出版发行	西安交通大学出版社
	（西安市兴庆南路 1 号　邮政编码 710048）
网　　址	http://www.xjtupress.com
电　　话	（029）82668357　82667874（市场营销中心）
	（029）82668315（总编办）
传　　真	（029）82668280
印　　刷	西安五星印刷有限公司

开　　本	720mm×1000mm　1/16　　**印张**　19.125　　　**字数**　235 千字
版次印次	2024 年 7 月第 1 版　2024 年 7 月第 1 次印刷
书　　号	ISBN 978－7－5693－3863－8
定　　价	98.00 元

如发现印装质量问题，请与本社市场营销中心联系。
订购热线：（029）82665248　（029）82667874
投稿热线：（029）82668525

版权所有　侵权必究

　　自现代大学创立以来,大学便以其强大的文化创造力和精神感召力,取代了许多社会组织,成为国家和城市文明、文化的重要标志。大学用理性之光照亮黑暗,驱除愚昧,如今,大学更是成为启迪智慧的殿堂,为人类传递思想的火炬。在当今的高等教育体系中,大学不仅是知识传承和科技创新的重要阵地,更是文化传承与发展的摇篮。大学文化对于学生的全面发展、教育质量的提升,以及大学的整体形象和社会影响力的提升至关重要。大学文化的建设不仅关乎教育发展,更关乎全社会的发展。

　　大学文化是校园中的无形纽带,将各个学科的师生紧密团结在一起。无论是科学的客观追求,还是人文学科对心灵的探究,所有这些都在大学文化的宽广怀抱中交汇,进而相互滋养。大学不仅培养专业人才,更致力于塑造有社会责任感、有文化底蕴的完整的人。这些都离不开文化底蕴,离不开高品质的人文环境。如果一所大学能产生一流的文化,从而对时代价值观有所贡献,这个大学就具备了成为一流大学的基础。

对于大学自身而言，大学的思想文化建设就是对大学的战略品牌资源的管理与维护，是文化软实力，是基于文化观和价值观的认同而吸引和积累学校办学的经济资本、人力资本和社会资本。大学文化建设，绝不只是推出一个口号、贴一张海报、搞一次活动，而是致力于将宏大的理念转化为日常的行动，转化为大学师生的生活……这些都是文化的反映，但是又不止于此。

基于多年来在西安交通大学文化建设工作中的思考和实践，我们深刻认识到，脱离了文化传承、文化启蒙、文化创新这些大学的本质性功能，人才培养、科学研究、社会服务都会成为无源之水、无本之木。西迁精神是西安交通大学文化建设的灵魂，是交大人从优秀历史传统中汲取的精神力量，展现了交大人"听党指挥跟党走"、不畏艰难、奋力拼搏的优良品格，更是新时代交大人坚持文化自信的题中应有之义。西安交通大学的思想文化建设需要经过全体师生员工的共同努力，并由此积淀出稳定的、共同的追求、理想和信念。经过多年的实践和探索，我们总结出以下几点经验。

一是遵循大学思想文化自身特性，把握文化建设重点。要强化学校统筹管理，分解任务，落实责任。从学校层面，一定要明确大学文化建设的总体目标、思路、部署、措施，做到对文化建设与教学、科研工作同等重视，并认真布置、督促、检查和考核，层层分解落实责任，在人力、物力、财力上给予切实保障。

二是大学思想文化建设需要建立长效机制。大学文化建设是一项系统工程，涉及知识层面，如学科的设置、知识的结构等内容；同时，还涉及制度层面、道德伦理层面的思想文化建设以及校园环境建设等。因此，它是一项持久性的工作，需要建立长效机制。

三是构建载体，努力把思想文化建设任务落到实处。大学思想文化建设既要有制度,也要有载体。大学思想文化是比较抽象的,对其进行培育、传播和继承、创新需要借助特定的物质载体。

四是要加强文明校园建设,大力倡导社会主义核心价值观,广泛宣传和弘扬优秀教师的高尚师德和感人事迹,激励教师爱岗敬业、教书育人、为人师表。

还有更多的思考和体会都收录到本书之中。希望这本书如同一座桥梁,能够连接理论与实践,为大学管理者、教育工作者、广大学者,以及所有对大学文化建设感兴趣的读者提供一些参考,能够引发更多关于如何建设具有生命力、影响力和可持续发展的大学文化的讨论和思考。当然,由于本书作者的水平和能力有限,在撰写过程中不可避免地存在一些不足和遗漏。我们诚恳地希望广大读者能够给予批评和指正。再次感谢您的理解和支持。

第一编

第二编

第三编

第一编

第一章 引论

　　大学不仅是学术圣地,更是文化殿堂,大学文化与大学相伴而生。永恒的文化属性赋予了大学区别于其他社会组织机构的独有特征,从诞生之日起大学就获得了如"象牙塔""文明的火炬""智慧的摇篮"之类的美誉,成为理想主义者的乐园。研究大学文化是探索大学建设规律的重要层面,是建成高等教育强国的重要基础,因此,任何一所享誉全球的世界一流大学,都十分重视自身的文化建设。中国现代大学兴起于近代中国"教育救国""实业救国"的思潮中,在其发展演变的一百多年的时间里,有无数大师对中国大学的文化属性进行了深入探索,创造了丰硕的成果,提出了许多传承至今的理念主张。他们的思想为新时代建设中国特色世界一流大学文化提供了坚实的理论与实践经验,激励着当今的我们在探索中国大学文化建设的道路上大步向前。

第一节 中国大学文化研究的目的旨趣

　　文化兴则国运兴,文化强则民族强。文化是一个国家、一个民族在其历史发展进程中凝结的智慧结晶,是其赖以生存和发展的重要力量。文化像一只"无形的巨手",能够在人们认识世界和改造世界的过程中凝聚共识、增强意志,提高凝聚力和创造力,进而转化为强大的生产力和竞争力,它深深地熔铸在人类现实的实践进程中,具有巨大的精神力量。

大学文化与大学相伴而生,它是高校生存和发展的根基和灵魂,是衡量一所高校办学水平的重要尺度,反映了一所大学的办学理念、办学特色、历史文化传统和精神标识。大学文化是一所大学在其漫长历史进程中沉淀下来的独特气质,是大学赖以生存、发展和履行社会责任的重要基础,是大学凝聚力、创造力和生命力的集中体现。缺少了大学文化,一所大学就缺少了激发其前进的内在动力。因此,任何一所享誉全球的世界一流大学,都很重视自身的文化建设。大学文化也是社会主义文化的重要组成部分,是实现我国文化自信自强,建成社会主义文化强国的重要内容,是建成中国特色世界一流高等教育体系的重要组成部分。深入研究大学文化,是高等教育研究者和高校管理人员面临的一项重大课题,其重要性主要表现在以下几个方面。

一、研究大学文化是建设文化强国的应有之义

研究大学文化是增强文化自信的关键基础。作为知识、文化创新的重要发源地,大学不仅肩负着继承弘扬优秀文化遗产的重要使命,还推动着新思想、新文化的产生和发展。文化启蒙与文化创新是大学的本质性功能之一,大学在促进中华优秀传统文化创造性转化和创新性发展的过程中不仅提供着学术研究层面的支持,而且在对传统文化继承、创新、弘扬的过程中,持续地丰富着大学文化自身的内核,形成了独具中国特色的大学文化,成为培植文化自信土壤、营造文化自信氛围的重要场所。

同时,大学作为人才培养的重要场所,是增强广大青年文化自信的重要阵地。大学通过构建多层次的思政课体系,设计专门的文化自信课程,融入中华优秀传统文化元素,营造出强烈的文化自信自强的氛围空间,在潜移默化中培养出

具有深厚文化底蕴和文化自信的青年人才。广大青年在大学文化的熏陶中,逐渐地了解自己的文化,并为自己的文化而自豪,成为其坚定的守护者、积极的传播者和忠实的践行者,为我国实现文化自信自强注入了青春的力量。

此外,大学的社会性决定了大学文化的社会性,先进的大学文化引领社会思潮,增强全社会的文化自信。大学文化是先进文化的重要代表,大学文化建设自然肩负着建设文化强国的重要使命,亦成为激发全社会文化自信自强的重要途径。大学通过举办文化节、讲座、展览等公共文化活动,加深人们对中华优秀传统文化、革命文化的认知,进一步丰富大众的文化生活,在弘扬社会主义先进文化、增强全民文化自信的过程中发挥着至关重要的作用。

最后,大学作为国际文化交流的前沿阵地,肩负着提高中国国际话语权的重要使命。习近平总书记强调:"要深刻认识新形势下加强和改进国际传播工作的重要性和必要性,下大气力加强国际传播能力建设,形成同我国综合国力和国际地位相匹配的国际话语权,为我国改革发展稳定营造有利外部舆论环境,为推动构建人类命运共同体作出积极贡献。"①大学文化的国际竞争力及其话语权对建设文化强国具有决定性作用,对于提升中国文化的全球影响力至关重要。大学文化在国际交流、比较、竞争的过程中展示本土文化的优越性,扩大本民族文化的世界影响力,并在这个过程中发现自身文化存在的不足,吸收借鉴世界先进文化的精髓,进一步实现本土文化新的跃迁。建设中国特色大学文化成为主动构建具有中国特色的国际高等教育叙事体系的重要一环,是搭建中外高等教育友好合作平台的必要条件,是推动中国声音在世界广泛传播,展现可信、可爱、可敬的中国形象的现实要求。

总的来说,大学在培育国家文化自信中扮演着多重角色。通过文化传承、人

---

① 习近平.习近平谈治国理政:第四卷[M].北京:外文出版社,2022:316.

才培养、学术研究和公共活动,大学成为提升国家文化软实力、增强全民族文化自信、建设文化强国的重要支柱。因此,研究中国大学文化是继续推动文化繁荣、培育文化自信、建设文化强国的必要环节和应有之义。

二、研究大学文化是建设世界一流大学的理性思考

有学者认为,一所世界一流的大学应具备以下特征:拥有世界一流的学科和专业,集聚顶尖的学者和学生,实行先进的办学治校育人理念,具备优质的办学条件,构建卓越的大学制度和大学文化,并能培养出具有世界一流水准的专业人才,创造出具有世界一流水平的新知识。该学者进一步指出,评价一所大学是否达到世界一流水准需要从规律、学科、人才、资源、制度、文化六个方面综合考量①。文化是大学的根与魂,永恒的文化属性是大学区别于其他社会组织的重要标识。建设中国特色世界一流大学离不开中国特色、时代要求、世界水准的一流大学文化的指引。

大学文化,不仅是大学组织的重要组成要素,而且对一所大学的学科发展、制度建设、价值判断、思维模式、环境营造等方面发挥着深入、全面、持久的影响。作为文化性组织,大学的本质和特性是由其文化所决定的。这意味着大学文化的质量直接影响着大学的整体表现和定位,换言之,有什么样的大学文化就有什么样的大学。建设世界一流大学,关键需要大学文化夯基固本。经过长期的办学实践,大学形成了深厚的历史积淀、明确的办学理念、鲜明的文化特质和独特的大学精神,这些是推动大学发展的动力、灵魂和核心。新时代,一流的大学文化仍然是一所大学的核心竞争力,会在高校发展不同阶段发挥出强大的力量,推动大学不断提升办学水平与质量。在国家大力推进新一轮"双一流"建设的大

---

① 眭依凡.世界一流大学建设的六要素[J].探索与争鸣,2016(07):6.

背景下,着力培育具有时代精神的中国特色大学文化,既是真正建成一批世界一流大学和一流学科的前提与基础,也是实现中国高等教育高质量内涵式发展的重要路径。

世界一流大学需要具备强大的国际竞争力和合作能力,需要具备应对未来挑战的适应能力和创造能力。随着科学技术的快速发展,国际局势的变乱交织,当今世界正经历百年未有之大变局,新时代的中国正以前所未有的广度、深度、力度参与全球治理,贡献中国智慧,提供中国方案,展现中国担当,得到国际社会广泛赞扬。研究以开放性、创新性、批判性为特征的大学文化建设有助于推动中国高等教育走向世界,在与世界一流高校的文化互动中,增进互信、增加共识,进而占领国际高等教育话语体系制高点,建设世界重要人才中心和创新高地,吸引和带动那些有共同文化追求的团体共同为社会进步和人类发展作出贡献,打开中国高等教育新局面。

三、研究大学文化是以文化人的内在要求

大学文化是文化育人的重要手段。育人的重点在于育心,要做到德智体美劳"五育并举",实现高等教育内涵式发展,关键在于找到实现以文化人、以美育人的有效路径。"兴于诗,立于礼,成于乐",文化作为一种内在的、本质的精神力量,它产生于人的生产生活实践,构成了人的文化世界,并在与人的持续交互中,形成一种大音希声、大象无形的人文生态,进而影响着作为主体的人的思维模式、行为习惯和心性养成。大学文化亦是如此,它的意义在于营造一种崇真、向善、求美的文化氛围,以一种不知不觉的、潜移默化的、润物无声的情感陶冶、思想感化、价值认同、行为养成的潜课程方式参与到大学教育的全过程,实现教育的目标,在文化育人的过程中发挥更广泛、更深沉、更持久的育人力量。

大学文化是文化治校的重要载体。长期以来,受制于传统思维定式,大学内

部面临着学术行政存在分野、学科建设存在藩篱阻隔和制度机制的价值遮蔽等现实治理困境,这些困境成为大学治理能力现代化建设的桎梏。不同于传统的治理模式,文化治校把大学从一个简单管控的状态中解放出来,为大学由管控模式向治理模式的转变奠定了思想和实践的基础。大学文化是文化治校的重要载体,是大学文化治校结构中不可或缺的基本要素。大学文化像一只"无形巨手",通过精神文化的价值确定、制度文化的有机安排、物质文化的环境营造,在无声无息中实现对大学师生的观念塑造、行为养成和日常管理,取得一种"不教而教"的现实效果,极大地提高了现代大学的治理水平和治理能力。

大学文化是立德树人的重要阵地。才者,德之资也;德者,才之帅也。人无德不立,育人的根本在于立德,德才兼备、以德为先、全面发展,这是育人的真谛,也是人才培养的辩证法。高校文化育人的根本任务在于立德树人,在于培养一大批有理想、敢担当、能吃苦、肯奋斗的时代新人。在大学生的思想道德教育中,大学文化不仅不能缺位,而且必须发挥其文化育人的优势,以促进大学生思想道德素质的跃迁。先进的大学文化要以社会主义核心价值观引领大学生的思想观念,以中华优秀传统文化厚植大学生的文化自信,以革命文化培育大学生的爱国情怀。大学文化建设是高校立德树人、铸魂育人的重要阵地和主要抓手。贯彻立德树人的根本任务,提高大学生的思想道德素养是实现文化育人、以文化人的逻辑起点和目标终点,务必融入大学文化建设的方方面面。

第二节　中国大学文化演进的历史特征

文化是社会政治和经济的反映,大学文化与大学的发展相伴随,是大学自身发展的必然体现,深深地烙上了所处时代的历史文化印记。中华文化博大精深、源远流长,造就了发达的古代大学教育体系,形成了独具特色的办学理念、大学精神、育人思想、管理制度、环境氛围等大学文化元素,为后人研讨中国古代大学文化留下了宝贵的遗产,对于今天的大学文化建设同样具有借鉴意义。虽然我国有古代高等教育,但它并没有发展成为近代意义上的大学和现代高等教育。中国现代意义的大学肇始于近代,是学习和借鉴西方大学的产物。因此,研究中国大学文化演进的历史特征,必须结合近现代中国的时代背景、根本任务、社会矛盾等要素,方能把握中国大学文化演变的历史规律和文化特征。

一、近代中国大学文化的历史进程

19世纪50年代起至新中国成立的这一历史时期,是中国大学文化形成与初步发展的阶段。在这一时期,中国传统的高等教育体系因西方列强的侵略及思想文化渗透遭受重大冲击,促使中国开始探索和建立现代意义上的大学。这一转型和变迁过程主要体现在对西方大学文化的学习与借鉴,并以此为基础,开始了中国大学文化的嬗变与发展。

洋务运动期间,洋务派遵循"中学为体、西学为用"的原则,积极开办了众多专注于学习西方语言、技术和军事的学堂,推动了中国高等教育的近代化。这些学堂,如1862年成立的京师同文馆、1863年成立的上海广方言馆、1864年成立的广州同文馆等,以培养翻译和外交人才为首要任务,旨在加深中国对外界的认知,拉近中国与世界的距离。此外,洋务派还积极引进西方的科学技术,创立了多所专门学堂,例如福州船政学堂、天津武备学堂等,培养了一大批军事、科技、制造业和矿业等领域的专业人才。1872年,清政府派出首批留美学生,标志着中国近代留学的开端。这些新式学堂在培养新式人才、引进先进技术等方面发挥了重要作用,对中国高等教育近代化产生了积极影响。然而,由于受限于"中学为体、西学为用"以及"师夷长技以制夷"的变法主张,洋务派的教育改革实质上都是服务于清政府的封建统治。因此,尽管这些学堂具备高等教育的性质特点,但它们未能充分吸收近现代西方大学的文化精粹,具有历史局限性。

民国初期,中国近现代大学文化逐渐形成,融入中国传统教育理念的精髓,为当代中国大学文化奠定了精神文化底蕴。20世纪上半叶,中国大学在与国外大学的交流过程中,积极吸收了西方大学文化的先进理念,实现了从"中体西用"到"学术自由、兼容并包"的文化观念转变。1912年,蔡元培在《大学令》中提出了大学应"以教授高深学术,养成硕学宏才,应国家需要为宗旨",提出了文理并重、教授治学的思想,倡导"学术自由、兼容并包"的办学方针。在他的领导下,北京大学逐渐形成了兼容并包、思想自由、学术独立的大学文化,成为中国大学文化早期的代表与典型。同时,梅贻琦、胡适、蒋梦麟、竺可桢、潘光旦等大师深入研究大学理念和大学精神,提出了众多真知灼见,积极倡导人文精神、学术自由和通才教育,推动中国大学文化经历了前所未有的变革。这一时期的大学文化内涵日益丰富,大学精神和大学理念的研究受到了广泛关注。此外,面对近代中国内忧外患的局面,中国大学文化强调大学对社会的责任,体现出深刻的忧患意识和爱国救亡意识,形成了以爱国和革命为标识的文化特征,这一点在五四运动、抗日战争和解放战争中体现得尤为显著。当时的中国大学生表现出不怕牺牲、前赴后继的奉献精神和敢于创造、勇往直前的革命精神,用自己的所学所知,为国家的独立和民族的解放作出了重大贡献。

在领导中国革命的过程中,中国共产党在革命根据地创办了自己的大学,形成了独树一帜的大学文化。这些大学遵循"文化教育为革命战争与阶级斗争服务"的宗旨,致力于满足战时的需要,将大学文化与社会需求紧密结合。在此过程中,涌现了许多旨在服务于革命战争、生产建设和文化艺术的新型大学。这些大学大致可分为三种类型:一是党的干部培训学校,如中央党校;二是培养军事人才的大学,如抗日军政大学;三是专注于培养专门人才的大学,例如陕北公学、鲁迅艺术学院和延安自然科学院等。这些大学以马克思主义为指导思想,强调与中国革命实践相结合和与生产劳动相结合,培育出众多的革命干部和专业人才。这些大学的文化建设坚持以马列主义、毛泽东思想为指导,贯彻理论联系实际、实事求是、团结友爱、艰苦奋斗的作风,通过将科学、人文学科与革命文化相结合实现文化育人,形成教育与生产劳动相结合的文化传统,在中国大学文化发展史上具有极其重要的地位,对新中国成立后的大学文化建设产生了深远的影响。

二、新中国成立后中国大学文化的历史进程

中华人民共和国成立后,党和国家对旧的教育体制进行了改造,对大学的院系进行了调整,构建了中国高等教育体系和大学的基本框架,掀开了建设中国大学文化崭新的一页。特别是改革开放四十多年来,在党和国家的高度重视下,高校文化育人建设取得了巨大的历史成就,谱写了中国大学文化发展史上最辉煌的篇章。

中华人民共和国成立之初,党和国家高度重视教育事业,开启了建设社会主义教育制度的卓越探索。随着社会主义改造的完成,社会主义制度在中国正式确立,在马克思主义指导下新中国实现了对旧中国大学文化的整合统一、批判改造,吸纳中国传统文化的有利因素,同时,苏联大学文化建设模式成为学习和借鉴的重点。这一时期的大学坚持面向工农开放,保障人民群众平等受教育的权利,为了适应大规模经济建设需要,通过院系调整,培养了大批新中国建设所需要的人才。这一时期,由于一味地照搬苏联模式,加之"文革"对中国高等教育制度的破坏,中国大学文化建设逐渐形成了比较僵化的模式,面临着脱离中国实际、脱离文化传统的危险。但在这一阶段我国逐步建立起较为统一的大学管理制度,红色文化、政治文化融入大学文化建设之中,继承和弘扬了理论教学和实践教学相结合、教育与生产劳动相结合的传统优势,逐步形成了具有社会主义性

质的中国大学文化。

改革开放四十多年来,随着我国经济社会建设的快速发展,高校文化育人建设取得了长足的进步。1978 年以来,在"教育要面向现代化、面向世界、面向未来"战略思想的指引下,我国先后颁布了《中共中央关于教育体制改革的决定》《关于加强大学生文化素质教育的若干意见》和《中共中央 国务院关于深化教育改革全面推进素质教育的决定》等一系列文件,在探索建设中国式社会主义大学、建设校园文化、发展人文素质教育方面取得重大进展。1986 年 4 月,上海交通大学在全国高校中率先开展了校园文化建设活动,引发了全国校园文化建设的高潮。1992 年底,党的十四大报告中明确提出,"要搞好社区文化、乡镇文化、企业文化、校园文化的建设"①,第一次明确地在文件中提出"校园文化"概念。进入 21 世纪,中国的大学文化建设进入全面发展阶段。2004 年出台的《关于加强和改进高等学校校园文化建设的意见》,详细阐明了校园文化建设的主要任务和具体要求,明确了校园文化建设的指导思想和发展方向,专门指出要大力加强人文素质和科学精神教育,并要求继续实施"大学生全面素质教育工程"②。2010 年发布的《国家中长期教育改革和发展规划纲要(2010—2020 年)》指出,要树立以提高质量为核心的教育发展观,注重教育内涵式发展,强调坚持以人为本、全面实施素质教育是教育改革发展的战略主题。

三、新时代中国大学文化的发展进程

进入新时代,以习近平同志为核心的党中央高度重视文化育人工作,将其置

---

① 江泽民文选:第一卷[M].北京:人民出版社,2006:238.
② 教育部共青团中央.关于加强和改进高等学校校园文化建设的意见[EB/OL].(2004 - 12 - 20) [2024 - 01 - 29]. http://www. moe. gov. cn/srcsite/A12/moe_1407/s3008/200412/t20041220_76337. html.

于重要的战略地位,中国的大学文化建设不断深入推进,大学文化的内涵也更加丰富,中国特色的大学文化在实践探索中逐渐走向道路自信、理论自信、制度自信和文化自信,并开始在国际高等教育舞台上传递中国声音,贡献中国智慧。

新时代,"两个结合"引领当代中国大学文化的建设方向。党的二十大报告指出:"只有把马克思主义基本原理同中国具体实际相结合、同中华优秀传统文化相结合,坚持运用辩证唯物主义和历史唯物主义,才能正确回答时代和实践提出的重大问题,才能始终保持马克思主义的蓬勃生机和旺盛活力。"[①]深刻理解和把握"两个结合"的重大意义、实践价值,对高校落实立德树人根本任务、推进大学文化建设、实现大学文化高质量发展具有深远的意义。"两个结合"赋予大学文化以理论高度、历史广度和实践深度。"两个结合"的重要论述,为推动中华优秀传统文化与当代大学文化有机结合提供了理论指导,为推动我国大学文化建设在正本清源、守正创新中取得更大的历史性成就,开辟中国特色大学文化实践道路注入了强大动力。新时代,我们要坚定文化自信,秉持开放包容,坚持守正创新,贯彻"两个结合"的重大要求,巩固中国大学文化的主体性,赋予中国特色大学文化以深厚的历史文化底蕴,使之不断焕发出新的生命力。

新时代,我国高等教育走上了高质量发展的道路,大学文化建设进入创新发展时期。进入新时代,由于经济的高速发展,无论在人才需求方面还是国家创新重视方面,创新型人才对于国家和社会的重要性都越来越突出,大学文化的地位也越来越重要,对于大学文化创新发展的重视程度也越来越高。《关于高等学校加快"双一流"建设的指导意见》明确指出,要"立足办学传统和现实定位,以社会主义核心价值观为引领,推动中华优秀教育文化的创造性转化和创新性发

---

① 习近平.高举中国特色社会主义伟大旗帜　为全面建设社会主义现代化国家而团结奋斗:在中国共产党第二十次全国代表大会上的报告(2022 年 10 月 16 日)[N].人民日报,2022 – 10 – 26(01).

展,构建具有时代精神、风格鲜明的中国特色大学文化"①。与此同时,校园文化建设被提升到一个新的高度。习近平指出:"要更加注重以文化人以文育人,广泛开展文明校园创建,开展形式多样、健康向上、格调高雅的校园文化活动,广泛开展各类社会实践。"②2015 年,国务院印发的《统筹推进世界一流大学和一流学科建设总体方案》提出建设"各具特色的一流大学精神和大学文化"③。2019年《中国教育现代化 2035》进一步阐述了校园文化的概念,提出以品牌效应带动大学校园文化建设,通过特色凝练,培育精品校园文化④。随着国家层面的大学文化顶层设计逐渐增多。这一时期大学文化建设的思路越来越明确,制度越来越健全,大学文化建设效果越来越凸显。

新时代,中国大学文化逐渐走向世界,并开始引领世界高等教育发展潮流。党的十八大以来,随着我国综合实力大幅跃迁,中国国际地位显著提高,国际影响力持续增强,亟须形成同我国综合国力和国际地位相匹配的国际话语权,把中国的发展优势转化为话语优势,助力构建人类命运共同体。新时代的中国大学需要在坚定中国大学文化主体性、坚持走中国特色社会主义大学文化发展道路的基础上,学习借鉴世界一流大学的文化建设经验,持续推进中国大学文化国际化发展,探索创新大学文化与大学学科、大学制度、大学教育发展相适应的建设方法与建设途径,着力构建中国高等教育和大学文化叙事体系,打造既有中国特色又有国际竞争比较优势的大学文化。

---

① 教育部 财政部 国家发展改革委印发《关于高等学校加快"双一流"建设的指导意见》的通知[EB/OL].(2018 - 08 - 27)[2024 - 01 - 29]. https://www.gov.cn/xinwen/2018 - 08/27/content_5316809.htm.
② 习近平.习近平谈治国理政:第二卷[M].北京:外文出版社,2017:378.
③ 国务院关于印发《统筹推进世界一流大学和一流学科建设总体方案》的通知[EB/OL].(2015 - 11 - 05)[2024 - 01 - 29].https://www.gov.cn/zhengce/content/2015 - 11/05/content_10269.htm.
④ 中共中央 国务院印发《中国教育现代化 2035》[N].人民日报,2019 - 02 - 24(01).

第三节　中国大学文化研究的理论成果

进一步对中国大学文化进行研究、探索,需要对我国现有的大学文化的研究成果进行梳理、整合与总结,充分汲取借鉴前人的研究成果。我国对大学文化的研究起步较早,兴起于 20 世纪 90 年代,进入 21 世纪以来一直保持着较为活跃的研究态势。经过多年研究的积累,中国大学文化涉及的研究领域主要包括对大学文化的本体论研究、对大学文化与社会发展关系研究、对大学文化建设面临的问题的研究等。可以说,中国大学文化研究涉及领域十分广泛、内容十分丰富、成果十分显著,为进一步探索中国特色世界一流大学文化提供了十分丰富的理论资源和经验总结。

一、对大学文化的本体论研究

研究大学文化必须界定大学文化的概念、功能和结构特征,这是大学文化研究领域的本体论问题,关乎着大学文化研究的发展方向和目的旨趣。

从文化学的角度出发可以将大学文化界定为从属于社会主导文化的亚文化,它衍生、依附于社会主导文化,却具有不同于主导文化的异质性[①]。大学承载了大学文化,"大学文化是以大学为载体,以大学为主体的一种特殊的文化形态"[②]。从功能性的角度出发,由于文化天生具有"文治和教化"的属性,大学文化也内在地对人的成长与发展具有渗透作用,因此大学文化先天地具有这样一

---

① 陈勇江.当代中国大学文化的特殊本质及其内容[J].南京航空航天大学学报(社会科学版),2003(02):47.

② 孙雷.论大学文化的育人功能及实现途径[J].中国高等教育,2008(22):30.

种文化育人的功能,大学文化"常常以文化的形态,即作为一种非强制性教育手段,通过教育环境的营造,以一种不知不觉、潜移默化的、润物无声的情感陶冶、思想感化、价值认同、行为养成的潜课程方式参与到大学教育的全过程,影响和实现教育的目标"①。大学文化同时可以看作一个历史的概念,是一所大学"在长期办学实践的基础上,经过历史的积淀、自身的努力和外部环境的影响,逐步形成的一种独特的社会文化形态"②。因此,大学文化与所处的社会历史环境关系尤为密切,具有自觉性、实践性、长期性、稳固性的特点。

　除了从不同角度探究大学文化的内涵,大学文化的组成部分也是大学文化研究的重要内容。别敦荣从学科和组织的角度对大学文化进行划分,认为大学文化"一类是学科文化,另一类是组织文化"③。较多的研究通常主张大学文化的"三点说"或"四点说",如"大学文化的内涵很广,主要包括精神文化、物质文化、制度文化和环境文化等"④,或者认为大学文化是"大学在长期办学实践的基础上积淀和形成的物质文化、精神文化、制度文化和行为文化的总和"⑤。也有观点支持大学文化多分说,认为大学文化包括大学精神、价值理念、大学形象、发展目标、大学制度、大学环境等多个方面。大学文化的组成会随着大学的发展不断丰富,研究者依据自身的知识储备、亲身经历和研究目的对大学文化的组成给予不同表述,但大都坚持大学文化中包含了精神文化、制度文化、物质文化三个层面,这成为目前学界关于大学文化组成部分的基本共识。本书也更倾向于"三分说",围绕大学精神文化、大学物质文化、大学制度文化三个方面展开相关论述。

---

① 眭依凡.大学文化思想及文化育人研究[M].杭州:浙江大学出版社,2016:12.
② 王冀生.大学文化的科学内涵[J].高等教育研究,2005(10):10.
③ 别敦荣.大学组织文化的内涵与建设路径[J].现代教育管理,2020(01):1.
④ 杨德广.大学文化建设的内涵和作用[J].高校教育管理,2007(02):2.
⑤ 钟秉林,赵应生.加快建设中国特色的大学文化:关于当前大学文化建设工作的若干思考[J].国家教育行政学院学报,2010(09):15.

二、对大学文化与社会发展关系的研究

大学文化不是孤立的存在,而是与社会发展存在着密切的联系。金耀基指出,大学应当在保持自身独立性的情况下,引领社会的发展。"大学应该是'时代之表征',它应该反映一个时代之精神,但大学也应该是风向的定针,有所守,有所执着,以烛照社会之方向。"①一所好的大学应当积极地承担社会责任,发挥自身服务社会的职能,这主要包括两个方面:"一是通过大学培养出来的学生,二是大学所创造的知识、技能或其他科研成果的转化。"②此外,大学文化需要与社会主流文化保持一致,学校文化是社会文化的组成部分,因此学校文化首先要认同社会的主流文化。大学文化与社会文化不是割裂的关系,而是从属关系,强调社会文化对大学文化的影响,即大学文化必须与社会文化在核心价值层面保持一致。一流的大学文化也应当着眼于国家前途的发展命运,大学文化对国家发展的重要性是不可替代的,"这使大学成为国家实力的象征和国家事业的重要组成部分"③。在新时代,大学文化建设更要精准服务于文化自信的构建,"新时代的大学文化建设应牢牢把握这一核心,坚持马克思主义的立场、观点和方法,加强社会主义先进文化的研究创新,不断培育符合时代需求的社会主义先进文化"④。

另一方面,众多学者认为大学文化在推动中华优秀传统文化的传承创新中发挥着重要作用,在汲取中华优秀传统文化滋养的同时,也肩负着传承者和弘扬者的角色。首先,文化的传承与创新是大学的基本功能,是决定大学文化属性最

---

① 金耀基. 大学之理念[M]. 上海:三联书店,2001:24-25.
② 雷永利. 论大学出版社对彰显大学四大基本功能的作用[J]. 出版发行研究,2013(06):20.
③ 眭依凡. 好大学理念与大学文化建设[J]. 教育研究,2004(3):17.
④ 白双翎. 新时代大学文化建设的使命及要求[J]. 理论视野,2021(8):70.

本质的层面，"脱离了文化传承、文化启蒙、文化创新这些大学的本质性功能，人才培养、科学研究、社会服务都会成为无源之水、无本之木，都会成为给定知识和技能简单传递的工具性活动"①。对于文化传承创新的对象，大学文化的选择具有广泛性，"大学的文化传承创新，是指大学对民族、国家乃至人类文化的继承、吸收和创造发展"②。对于如何实现大学文化自身的发展超越，如何实现大学文化对社会文化的正向引导，要求大学"守护大学涵养人性、砥砺品性、引领思想和价值导向的文化使命，同时，也应顺应时代需求和促进社会进步"③，正确处理好传统与现代、守护和超越、民族性与国际化之间的矛盾冲突。

三、对大学文化建设面临的问题的研究

我国大学文化建设面临着诸多问题与挑战，具体表现为以下五个层面。

1. 资本主义大学发展方式的内在痼疾

作为资本主义上层建筑的一部分，资本主义大学在其办学理念、组织架构、管理方式上主要围绕对资本主义意识形态的解释、强化与传播而开展，以证明在资本逻辑主导下少数人对多数人统治的合理性。同时，这一现代化模式虽然在某种程度上推动了个体主体性的充分发展，却也助长了个体主体性的无节制扩张，这种扩张使得"人生意义被感觉化，从而消解了其深层的意义和价值"④，最终造成了以"价值理想虚无化"和"人生无意义感"为特征的现代性危机。基于西方现代化模式建立的大学，也不可避免地深陷在这种现代性危机的困扰中。

---

① 衣俊卿.回归大学的文化本质 凸显大学的文化功能：关于大学本质和功能的文化哲学思考[J].中国高等教育，2007(2):23.
② 张棨.对大学的文化传承与创新职能的辩证思考[J].云南大学学报(社会科学版)，2013，12(05):100.
③ 姜素兰.论大学的文化嬗变、守护与超越[J].北京联合大学学报(人文社会科学版)，2014，12(3):118.
④ 李佑新.走出现代性道德困境[M].北京：人民出版社，2006:4.

大学文化出现了结构性失调和功能性缺失,大学的理念逐渐偏离了最初的价值追求。在此背景下,传统大学精神与资本主义精神之间的摩擦和冲突进一步加剧,导致了部分大学文化出现了行政化、功利化、商业化和娱乐化倾向,成为困扰现代大学发展的痼疾。

2. 大学工具理性的普遍泛滥

在现代社会中,科技至上主义和技术实用主义的影响逐渐增强,导致人文主义与科学主义的分裂加深。这种现象在高等教育中则体现为应有的人文关怀被逐渐削弱,人内在的道德秩序和价值需求被淹没。大学教育多建立在形式理性和工具性逻辑之上,更多地侧重于"是什么"而非"应该是什么",教育的目标转变为实现对知识的占有,而非促进人的发展。在这样的环境中,学生往往成为追求高分数、高学历和高收益的考试机器,落入了无尽的"背诵、考试和遗忘"的循环中,忽视了批判性思维和创造性能力的培养。教学设计表现出一种一致性和同质化的趋势,采用严格的规范化、程序化和科学化的教学方法和"简洁而有效"的评价标准处理每一门课程,却忽视了这样的方法是否合适。与此同时,人文社会科学在技术科学的压迫下,逐步成为综合性大学学科建设的边缘群体。这种工具理性的片面化被推向了极致,进而忽视了在大学教育过程中师生丰富的情感体验、生命体验以及对文化的探索过程。大学教育被降级为一种只培养专业技术人才的工具,人在这种文化气氛中仅仅是一台机器,只不过是"相对于最完善的动物多了几条弹簧而已"①。

3. 市场经济对大学文化的强势裹挟

现如今,市场经济的快速发展和消费主义的广泛传播,使得人们的生活模式日益商业化,正如鲍德里亚在《消费社会》中描述的"在我们的周围,存在着一种

---

① 梅特里.人是机器[M].顾寿观,译.北京:商务印书馆,1996:52.

由不断增长的物质、服务和物质财富所构成的惊人的消费和丰盛现象"①,在这种背景下,每个人都作为一种商品、一种符号参与社会的互动,人与人之间的关系变成了物与物之间、符号与符号之间的关系,形成了"被商品逻辑支配着的工业和社会生活的普遍化模式"②,这导致大学文化也出现了异化的程式。一些大学与学生的关系日益商业化,大学与学生只是构建了一种契约关系——即向学生提供社会普遍认可的大学文凭,它们逐渐放弃了教育理想,开始迎合社会的各种需求,不加鉴别地接纳各种商业文化、流行文化、庸俗文化,不断挤兑着大学理想主义的生存空间。在功利主义的影响下,一些学者的研究开始一切以项目和基金的申报为导向,对学生的考核也出现了"唯分数论""唯论文论"等趋势,忽视了对学生德、智、体、美、劳的全面培养。"再也没有先验性、再也没有合目的性、再也没有目标"③,这样的教育模式本质上体现的是"思考的缺席",是"对大学自身视角和定位的缺席"。

4. 行政文化与学术文化的冲突

大学治理体系中的行政与学术的冲突历史悠久,从欧洲中世纪宗教对大学的影响,到现代大学行政管理体系的建立,大学始终处于行政文化与学术文化的交汇点。学术文化主张一种自我管理的方式,其目标是追求学术自由,并维持一种宽松的学术环境。行政文化则旨在实现全面且有效的管理,其主要职能在于保障大学内部运行的合理性,"他们(大学行政管理人员)将综合考虑大学的目标和效率的达成情况"④,并在这个过程中证明自己存在的价值。这两种文化各自基于自身的立场进行"有限理性"的博弈,争夺的焦点是大学治理的话语权。

---

① 鲍德里亚.消费社会[M].刘成富,全志钢,译.南京:南京大学出版社,2014:1.
② 鲍德里亚.消费社会[M].刘成富,全志钢,译.南京:南京大学出版社,2014:196.
③ 鲍德里亚.消费社会[M].刘成富,全志钢,译.南京:南京大学出版社,2014:197.
④ 史密斯,韦伯斯特.后现代大学来临?[M].侯定凯,赵叶珠,译.北京:北京大学出版社,2018:25.

并且,在许多情况下,由于各种原因,资源分配、资金调配、职称评审、人员编制等问题都受到行政干预,使得学术文化往往显得式微。如此,"在行政僭越、学术式微的关系作用下,学术文化生态的运行逻辑会被打乱,真知和真理的产生也会受到一定的阻碍"①。

5. 后现代思潮对大学文化的解构

正如利奥塔指出的,"后现代不是一个新的时代",它并没有脱离现代性,"而是对现代性所拥有的一些特征的重写"②。后现代主义以现代性的感觉原则为工具,猛烈地批判了现代性的理性层面,然而它并未建立起全新的人类道德观。"后现代主义对感觉原则的推崇同样走向了极端化和片面化,它消解了现代人的精神世界和意义维度,而这本身就是现代性问题的实质所在。"③随之,后现代主义解构了理性构建的一切,包括制度、规范、本质、真理等,将人们置于一个意义缺失和价值虚无的尴尬处境。在当代大学中,后现代主义主要表现为价值理性缺失、理想信仰危机以及消极文化的盛行。当前,少数大学出现了以崇尚金钱、忽视理想为特征的文化生态危机,侵蚀着教师和学生的世界观、人生观和价值观。"精致的利己主义者"屡见不鲜,大学理想主义遭到了质疑,同时,娱乐主义、虚无主义、解构主义不断削弱大学理想主义的精神内核,它们颂扬感觉至上、享乐至上、自由至上,颠覆了人类的本质和表象,推动部分意志薄弱的师生走向一种"无序、无深度、游戏化的平面生活"④。

---

① 周慧文.场域视域下"互联网+"时代大学文化生态治理[J].黑龙江高教研究,2021,39(6):4.

② 利奥塔.后现代性与公正游戏:利奥塔访谈、书信录[M].谈瀛洲,译.上海:上海人民出版社,2018:165.

③ 李佑新.走出现代性道德困境[M].北京:人民出版社,2006:5.

④ 张应强.现代化的忧思与高等教育的使命[J].高等教育研究,1999(6):12.

第二章 中国特色世界一流大学文化的
内涵界定

大学文化一词由大学和文化两个核心概念构成。由于大学文化是文化的一个子概念,因此研究大学文化首先应从研究文化开始,只有理解文化这一概念的定义内涵和具体特征后,在把握文化发展一般规律的基础上,才能对大学文化展开深入研究,才能不脱离文化研究的一般准则。但是大学又构成了大学文化的定语,意味着我们必须在大学这个特殊的、具体的组织空间内部去思考大学文化的特征,因此我们还需要结合大学作为教育科研机构的特殊属性,展开对文化的针对性思考,从而形成对大学文化具体的认知。最后,我们还需要厘清大学理念、大学精神与大学文化这几个类似概念之间的关系,界定它们不同的核心所指,深化对大学文化建设一般规律的思考认知。

第一节 文化的概念与特征

"范式"(paradigm)是指内嵌于某一科学共同体的哲学思维方式,它为这一群体的研究提供了共同的、专属的理论模型和解题框架,规定了他们的基本理论、观点和方法。大学文化作为一门显学,不乏不同的研究准则和研究路径,形成了不同视角下的大学文化研究范式。"根据大学文化特性,大学文化研究存在大学文化哲学整合性研究范式、大学文化教育学整合性研究范式、大学文化学整合性研究范式、大学文化组织学整合性研究范式、大学文化实践学整合性研究范式。"①这些各异的研究范式,立足于不同的研究领域透析大学文化之实质内容,扩宽了大学文化研究范围的同时也造成了大学文化概念定义的杂多,难以对大学文化的本质内涵和现实价值做到准确把握,缺乏构建中国特色世界一流大学文化的理论深度与实践向度。事实上,作为隶属于文化概念的亚文化系统,把握了文化的深刻意蕴也就找到了定义大学文化的阿基米德支点,就能够实现对大学文化的本体论论证。

一、文化是一种培育性活动

有关文化的概念甚多,人类学家克罗伯(Krober)和克拉克洪(Kluckhohn)在《有关文化概念和定义的回顾》(1952)一书中收录了 164 种有关文化的定义,而在互联网上可以检索到的有关文化概念的记录则达到 300 多种。作为最复杂的词语之一,从广义上看,文化是指人类社会历史实践过程中所创造的物质财富和精神财富的总和。如英国人类学家泰勒在 1781 年出版的《原始文化》第二卷的开头,把文化定义为包括知识、信仰、艺术、道德、法律、习惯等凡是作为社会的成员而获得的一切能力、习性的复合整体。这样的定义,使得文化这个术语具有一定的内在的膨胀倾向,正如雷蒙德(Raymond)有言:"给'文化'下定义的困难之处在于,我们总是迫于延伸文化的含义,直到文化几乎等同于我们全部的日常生活才肯罢休。"②从狭义上,看文化与文明相对,特指与物质文化相对的精神文

---

① 田联进,冒荣.大学文化整合性研究范式论[J].社会科学论坛,2015(1):232.

② RAYMOND W. Culture and society:1780 –1950[M]. London:Chatto & Windus,1958:256.

化,它是指在某一社会中人们共有的、由后天获得的各种观念和价值的有机整体,即非先天遗传的人类精神财富的总和,包括文学、艺术、教育、科学等多种表现形式。然而,无论是广义的还是狭义的界定,文化的外延并不能代表文化的内涵,即便某一种界定方式能够囊括所有的文化类型,仍然无法精确地描述文化的本质。只有从文化一词本身出发,才能提炼出文化的独特属性和内涵定义。

在中国古代文献中,"文化"一词起初是由"文"与"化"两个概念合成的。所谓"文"同"纹",描述的是各色交错的纹理、花纹。《周易·系辞下》载"物相杂,故曰文",《礼记·乐记》称"五色成文而不乱",《说文解字》释"文"曰"文,错画也,象交叉",说的都是这个意思。在汉语中"化"有"演变"的意思,本义为改易、造化、生成,指的是万事万物的产生和形成过程,如《庄子·逍遥游》:"北冥有鱼,其名为鲲。鲲之大,不知其几千里也;化而为鸟,其名为鹏。鹏之背,不知其几千里也。"《周易·系辞下》有言:"男女构精,万物化生。"《黄帝内经·素问》有言:"物生谓之化,物极谓之变。"等等。归纳以上表述,"化"指的是实物形态或性质的变化。"文化"一词最早出现在汉代刘向的《说苑·指武》:"圣人之治天下也,先文德而后武力。凡武之兴,为不服也,文化不改,然后加诛。"这里的文化与武力相对,指的是用文之教化使人心悦诚服。在西方,文化一词来自拉丁文中的农业"Colere"一词,与"Natura"(自然)相对,其含义是指人类生产生活实践中,对土地的耕耘、加工和改良以及对农作物的培育,有培养和造就的意思。到了 15 世纪以后,西语中的文化一词,逐渐由生产领域的"耕作""栽培"的概念,引申到对人的知识、品德、才能的培养,类似汉语中的以文教化。但到了 19 世纪,文化作为培养的本义发生了变化,文化本身变成了某种东西,再后来则被归纳为指代各类艺术的总和,到 19 世纪末,文化开始意指一种物质上、知识上和精神上的整体的生活方式①。

---

① 韦森.文化与秩序[M].上海:上海人民出版社,2003:9.

对比东西方文化一词演变的历史进程,可以发现文化最初就具有价值导向和行为规范的功能,其本质上是一种培育性活动,其目的乃是使人获得高尚的精神,朝着善和美的方向发展。因此,文化在其形式性的规定上体现为"精神的教化",而其中包含的价值内容则是这个概念的内在规定。故而,理解文化这个概念一方面需要理解精神教化的形式与成果,另一方面需要理解精神教化活动的价值与内容。换个角度讲,文化是人类社会的价值之所在。正是由于文化的培育性功能,人类由野蛮步入文明,于是人类的全部才智也开始逐步地发展起来,"把那种病态地被迫组成了社会的一致性终于转化为一个道德整体"①。所以说,文化培育了人的本质规定性,使人与动物区别开来,并赋予文化本身以道德自由的意义。

二、文化是一种对象性活动

文化作为一种培育性活动,文化活动的主体不可能是自然活动本身,而必然是人,只有人才可以进行这种作用于客观世界的对象化活动。文化的对象化逻辑在于人通过自己的活动把作为人的本质力量的内在规定性设定在产生于人却又独立于人的文化对象上,以满足人自身的需要。同时,为了满足自身的需要,人选择在文化世界中直观自身、影响自身,实现自我的不断完善和发展超越。换言之,"文化是一件关乎完整性的事,但自我耕耘又是分裂的,人要同时扮演艺术家和艺术品两种角色。这样说,我们把自我托付给我们自己,自我作为一系列的潜能,我们出于道德责任将这些潜能发展到极致。……人类存在的目的就是实现自我。自我是我们手头的计划与任务,是正在进行的工作。自我就像卷心菜田地一样需要我们精心照料。……人类存在的意义大概就在于将自身塑造成

---

① 康德.历史理性批判文集[M].何兆武,译.北京:商务印书馆,1990:7.

一件艺术品"①。并且,文化对人的影响和塑造无处不在、无时不有,而这一点是不以人的主观意志为转移的。人类无法逃离文化的影响,就像是无法逃避空气一样,文化总是以围观的、弥散的方式发挥自己的功能,在无意识的状态下影响和调节人的活动和生存的内在机制,并对社会存在和社会运行产生制约作用。

自由的有意识的活动是人的类特性,"使自己的生命活动本身变成自己意志的和自己的意识的对象"②是自由的有意识的活动的重要体现。人的对象化活动是人类自为自主的活动。人在对象性活动中不是被动的存在,而是能动的存在。由于人的对象性活动是有意识的、有目的的自觉活动,因而人也是自为地存在着的存在物。然而,尽管在文化创造中人扮演着主体和主动的角色,但文化以及任何一种文化形式都不是独立于现实社会生活的意识形态,而是与现实社会生活具有内在的同一性。文化活动在本质上是一种对象性的活动,这种活动不是依靠人的主观创造,把对象设置为异己的东西,而是通过人自己的活动把对象设定为自己的本质力量的内在规定性。换句话说,"对象性的存在物进行对象性活动,如果它的本质规定中不包含对象性的东西,它就不进行对象性活动。它之所以创造或设定对象,只是因为它是被对象设定的,因为它本来就是自然界"③。因此,人不能在他设定的行动中,无中生有地从"纯粹的活动"中创造出"非我"或是"对象",只有当人的活动是一种对象性的活动时,人才能创造出自己的对象世界,这个对象世界"仅仅证实了它的对象性活动,证实了它的活动是对象性的自然存在物的活动"④。这也就是说,文化创造的丰富性取决于人的感

---

① 伊格尔顿.论文化[M].张舒语,译.北京:中信出版集团,2018:29.
② 马克思,恩格斯.马克思恩格斯文集:第1卷[M].中共中央马克思恩格斯列宁斯大林著作编译局,编译.北京:人民出版社,2009:162.
③ 马克思,恩格斯.马克思恩格斯文集:第1卷[M].中共中央马克思恩格斯列宁斯大林著作编译局,编译.北京:人民出版社,2009:209.
④ 马克思,恩格斯.马克思恩格斯文集:第1卷[M].中共中央马克思恩格斯列宁斯大林著作编译局,编译.北京:人民出版社,2009:209.

性活动的丰富性,人是通过丰富的感性活动,而不仅仅是通过感觉或是理念进行文化创造。从根本上说,这种具有对象性的感性活动是人类文化创造的本体论源泉。

作为一种对象性的活动,文化是在人的对象性的实践中现实地生成的,由于人的存在的历史性,文化与历史具有内在统一性。文化与历史的内在联系,表现为文化的稳定性和历史继承性。"任何一种文化都是世世代代长期积累的产物,文化的前后相继和代代传递就是文化的传承。文化的发展很大程度上体现为文化的传承,文化传承通过文化特有的社会遗传方式形成了人类历史演进的内在机制。"①同时,文化的历史传承,也造就了人的存在方式。人怎样解释世界,人就怎样存在着。当人以整体的视角去理解和认识世界时,人就获得了一种全面的、总体的认知方式,人就以一种总体性的生存方式存在着。在历史演变的进程中,文化是人的存在方式,也是人对世界的理解方式。文化存在于政治、经济、社会等一切与人有关的领域之中,凝结了人的普遍的思维、价值、机理、机制、图式等人类的理念与智慧,经过世代的延续、继承和发展,缔造了文化创造的成果,文化因此制约着人类文明的发展进步。从这个角度讲,文化是人的历久弥新的创造物,所谓的"文化"就是"现实的人"逐步向"总体的人"的生成过程②。克服人的分裂,实现人的解放,实现自由人的全面发展,就是研究文化的最终旨趣之所在。

三、文化是一种精神性活动

文化是人类有意识、有目的的生命活动,我们可以将文化看成一种外在于个人的客观现象,但人必须将其不断地内在化,通过持续不断地学习把文化内化到

① 衣俊卿. 作为社会历史理论的文化哲学[J]. 哲学研究,2010(02):10.
② 康渝生. 对人的本质的真正占有:马克思主义哲学的文化指归[J]. 理论探讨,2009(06):40.

自己的主观意识和人格结构中。因此,文化会深深地影响人的认知方式和精神内核,使得人的生命活动成为在自己的意志和意识支配下的活动,从而将人从自我监禁的不成熟状态中解放出来,实现人类不断地自我"启蒙"。卡西尔(Cassirer)指出,文化的进程就是自由意志实现的进程。文化是符号的形式,人类活动本质上是一种"符号"或"象征"活动。人与其说是"理性动物",不如说是"符号动物"。通过人的文化符号活动,人建立起人之为人的"主体性",并构成一个文化世界。人永远活在自己构造的这个世界之中,作为主体的人的价值、意义也都在这个空间里展开。而在这个由符号编制的文化世界中,人的突出特征、人的主体性表达,"既不是他的形而上学本性也不是他的物理本性,而是人的劳作(work)。正是这种劳作,正是这种人类活动的体系,规定和划定了'人性'的圆周"①。劳作本身积淀着文化的各种形式,文化形式在劳作的基础上不断地获得完满性,研究范围得到扩展。因此劳作本身是文化对象化的舞台,它反映着生活的本真②。

康德尤其高扬了人的主体性,提出人的理性为自然立法,为自己立法。康德以《纯粹理性批判》《实践理性批判》《判断力批判》三大批判为构架的理性批判哲学将真善美统一起来,为整个人类文化的创造活动确立一种坚实而深厚的基础,证明人类文化在其先天意义上究竟是如何可能的③。在康德的视域中,文化是一个纯粹精神的范畴,并因此也是自由意志的范畴。文化活动指向人的真善美,趋向于人的精神完善,关涉人的自由与发展。康德在西方思想史上第一次明确了文化的定义,确立了文化的主体地位,将文化看作是活生生的人化活动。康德在《判断力批判》的下卷《目的论判断力的批判》中指明了文化的概念:"在一个有理性的存在者里面,产生一种达到任何自行抉择的目的的能力,从而也就是

① 卡西尔.人论[M].甘阳,译.上海:上海译文出版社,1985:87.
② 刘振怡.新康德主义与文化哲学转向[M].哈尔滨:黑龙江大学出版社,2012:88.
③ 范建荣.康德文化哲学[M].北京:社会科学文献出版社,2021:12.

产生一种使一个存在者自由地抉择其目的之能力的就是文化。因之我们关于人类有理由来以之归于自然的最终的目的只能是文化。人在世上的个人幸福,乃至人是在无理性的外界自然中建立秩序与和谐的主要工具这个单纯事实,都不能算是最终的目的。"①在康德提出的文化的概念中我们需要把握两点内容。其一,康德尤其强调了文化的精神性特质,强调了文化是内生于人的精神、心灵和肉体的一种"自然能力",且不是基于对象化的文化活动这个单纯事实,其精神本质上具有类的属性。其二,文化是过程的存在物,而非实体的存在物,文化在其本质上表现的是作为具有理性精神和自由意志的人的创造活动的一种结果和状态,它依赖于理性思维,利用既有的自然条件,追求自身乃至于人类的终极目标,关涉人的道德完善和精神的全面发展。康德强调,作为一种对象化的目的性活动,文化的核心在于人的道德的培养、意志的自由和对真善美的不懈追求,蕴含着人类内在的、本真的、理性的精神力量。从根本上讲,真善美是文化所追寻的目标,人的发展、完善和更新构成了文化的目标,文化的最终境界在于实现真善美的和谐统一。总而言之,凭借文化,人才能成为具有自由意志的存在物;凭借文化,人才能成为最终的目的,才能进入世界的本真。

第二节　大学文化的概念、特征与结构

大学文化拥有文化的一般形态与属性,而不同之处在于它是隶属于大学组织的一种具有独特属性的亚文化系统,在文化的表现形式、体系结构、最终目标

---

① 　康德.判断力批判[M].韦卓民,译.北京:商务印书馆,1985:95.

等层面存在着一定的差异性。"大学之道,在明明德,在亲民,在止于至善",大学的存在根本上是要实现人的革旧布新、提升人的美德,致力于追求人的完美境界。从这个角度看,大学与文化之间具有深厚的内在关联性,也正是由于这层深深的羁绊,奠定了文化属性这一大学最重要的属性特征,并成为大学区别于其他社会机构的最重要的标识。而这种文化属性最重要、最直观的表现就是一所大学的大学文化。

一、大学文化的概念界定

根据本章第一节所论述的,文化在其本质上是人的一种培育性、对象性和精神性的活动,是人设想一定目的的,以"自然"为对象的,在一个历史时期内的一种合目的的对象化过程,是人的积极、主动、自由的创造性活动。这一过程是以人的培育与完善为最终目标,将人内在精神道德的提升作为最重要的着力点,进而实现人的理性启蒙与真善美的和谐统一。

大学文化亦是如此,大学文化描绘了人们心目中的大学形象,融入了人类精神道德的一般准则,反映了社会对大学的希望要求,并在实践中以无声的、弥散的方式发挥自己的作用,影响和制约着师生的工作学习和大学自身的运行机制。大学文化蕴含了一所大学内在的、本质的精神力量,是大学师生设想的在一个历史时期内大学所具有的价值、目的的对象化过程和结果,是大学师生积极的、主动的、自由的创造性活动。大学文化是一所大学认识理解世界、国家、社会、个人及其关系的方式方法,它影响大学师生的价值选择、思维方式、精神气质、道德情感、行为模式,所以有什么样的大学文化就有什么样的大学教育,就有什么样的大学师生。

二、大学文化的突出特征

大学文化以文化育人为最终目标。文化育人是大学文化最重要的任务,是大学文化存在的理由。大学文化是一种培育性活动,大学文化塑造人、教育人,将潜在人的发展成为现实的人,实现人的自我建构是大学文化存在的重要意义。"大学文化的形成过程决定了育人功能是其本体功能,意味着大学文化自诞生之日起便已担负起育人的历史使命。"①大学文化育人就是通过营造一种积极健康、充满活力的文化氛围,使得大学师生置身于这种浓郁的文化气息中自律修身、自觉学习、自发思考,从他们的内心深处激发出昂扬向上的情绪和奋发有为的精神,以一种强大的文化感召力和思想引领力规范他们的日常行为,提升他们的人格追求,最终实现不教而教的育人效果。

大学文化是一种潜移默化的文化。文化一方面是一种真实的存在,它无时无刻不弥散在我们的周围,时时刻刻影响着人的行为举止和思想观念,但同时文化又是一种不在场的存在,它看不见、摸不着,处于一种无形的、弥散的状态,我们无法精确地捕捉或是描绘出它的细节,但却总能感受到、体验到文化的存在和力量。清华大学校长梅贻琦曾说过"所谓大学者,非谓有大楼之谓也,有大师之谓也",大学文化难以用一两座标志性的建筑或是一两张文化海报、一两场文化活动等等有形的物质设施来概括,它更多的是一种"渗透性"的存在。大学的基础设施、制度规章和文化建设组成了一个有机的、情境性的、不可分割的文化氛围整体,在大学师生生活、学习、工作的过程中,一点一滴地渗透进他们的价值观念和思维方式中,在无声无息、潜移默化中传递着一所大学的精神理念,影响和塑造着大学师生的整体面貌和精神特质。

大学文化是一种理想主义的文化。大学是理想主义的集合地,是人类精神文明的摇篮,是创造、涵养和传播先进文化的重要场所,占据着人类精神、文化和道德的制高点。有学者指出:"大学的理想主义也就是大学理想的集合,是大学

---

① 蔡红生,魏倩倩."守"与"变":大学文化建设的二维审视[J].思想教育研究,2020(11):115.

对客观世界、社会生活及大学自身寄予的美好期望所持有的观念体系,亦是对大学自己的使命、责任、目标和操守所持有的一种既符合大学规律又有崇高要求的价值认定和信念追求。它不仅是人们寄予大学的一种美好祈望,更是大学之为大学必须固守、薪火相传并不受外界干扰的精神向往和文化灵魂。"①大学文化熔铸了一所大学的精神与灵魂,大学文化在其根本上也应当是一种理想主义的高尚文化。如果大学文化遭受了庸俗文化的侵蚀,滋生享乐主义、拜金主义、利己主义和攀比之风,就会导致大学文化失去自身的价值,致使大学蒙尘。理想主义的大学文化赋予一所大学崇真、向善、求美的文化特质,奠定了大学的基本信念和可能达到的精神高度,使其与其他组织机构相区别,始终坚持着人类社会的道德良心。

大学文化是一种具有深厚历史底蕴的文化。大学文化是大学在长期办学实践的基础上逐步形成的,是以大学师生为主体的创造与积淀。谢和平教授指出:"大学文化是由一个特殊的社会群体'大学人'在对知识进行传承、整理、交流和创新的过程中形成的一种与大众文化或其他社会文化既相联系、又相区别的文化系统。"②过去的大学文化是现在的大学文化的基础,现在的大学文化是对过去的大学文化的继承与发展。大学文化在时代的淬炼中不断积淀新的物质财富和精神财富,在教育办学实践的基础上不断发展出新的文化底蕴和办学理念,在社会发展的不同阶段产生出新的大学文化的性质、目的、内容和形式,以应对不同情况下的风险与挑战,继承和弘扬大学的核心与灵魂,使大学成为人类文明的精神家园和最富有创造力、最活跃的科学殿堂。

---

① 眭依凡.大学何以要倡导和守护理想主义[J].教育研究,2006(02):11.

② 谢和平.大学文化、大学精神与川大精神[EB/OL].(2004 - 01 - 25)[2024 - 02 - 14].https://news. tongji. edu. cn/info/1084/61928. htm.

三、大学文化的层次结构

大学文化包括精神文化、制度文化和环境文化三个基本方面,三者形成了一个以精神文化为核心、制度文化居中、环境文化处外的,彼此相互依存、相互补充、相互强化,共同对学校教育发生影响的文化同心圆①。

精神文化在大学文化同心圆中居于核心地位,是大学精神的外在体现。它统领了大学物质文化、制度文化、行为文化的建设方向,赋予大学文化以深层价值,主宰大学师生思想心态的精神倾向,反映大学师生的整体面貌,是建设大学文化至关重要的部分。从内涵上讲,精神文化涵盖了一所大学的价值观念、理想信念、思维方式、历史传统和道德操守,是大学文化的核心与灵魂所在。从形式上看,大学精神文化包括大学的办学宗旨与办学理念,以校风、学风、教风为统一整体展示了一所大学的精神风貌,以校训、校徽、校歌、校旗等文化标识体现出独具特色的大学文化。精神文化奠定了一所大学的文化底色,激发了大学朝向既定的、共同的目标前行的动力,无时无刻不在规范着大学师生的行为习惯、心理状态和精神面貌,是大学文化组成部分中最核心、最重要的存在。

制度文化是一所大学的办学理念、价值判断、历史传统在制度层面的外在体现,是大学师生广泛认同的价值观念与行为准则的外在映射,是大学文化建设的重要保障。大学制度文化包含的层面十分广泛,关涉大学师生日常工作、学习、生活的方方面面,涉及大学组织体系架构、日常运行机制、教学管理安排、大学师生日常行为规范等多个层面,通常是以具体的、规范化的文件、章程、规划等书面形式参与到大学文化育人的具体工作中。大学制度文化渗透到大学师生活动的各个层面与各个维度中,或以强制性的制度安排,或以潜移默化的方式方法,影

---

① 眭依凡.关于大学文化建设的理性思考[J].清华大学教育研究,2004(1):12.

响并制约着大学师生的思想、理念和行为,能够在较短的时间内收获更为明显的预期效果,有效地促进了大学理念、大学精神的贯彻落实,保障了大学组织机构的有效治理和稳定运行。

环境文化也可以称之为物质文化,在整个大学文化系统中扮演着重要的角色,对大学师生的影响塑造发挥着至关重要的作用。"人创造环境,同样,环境也创造人。"①人是在与环境的交互中塑造自我,人们的观念、性格、意识会随着生活条件、社会关系的变化而发生改变,大学文化的作用本质上就是通过对环境的塑造,在不同程度上影响学生的思想与行为,以达到"蓬生麻中,不扶而直""入芝兰之室,久而自芳"的文化育人效果。大学环境文化包括了大学当中的自然景致、校园设施等能够被人真切感受到的、客观存在的物态实体文化形式,是整个大学文化系统中最直观、最形象、最生动的文化表现形式,一定程度上代表了一所大学对外展示的形象名片。大学环境文化建设对于提升增强大学师生的校园认同、文化品位、精神境界都发挥着至关重要的作用。

第三节　大学精神、大学理念与大学文化

大学精神、大学理念与大学文化研究是探寻大学文化建设规律不可分割的三个重要层面,必须整体看待。一般来讲,大学精神凝练了大学文化最重要、最核心、最稳定的部分,是大学文化的灵魂所在。大学理念则在一定程度上反映了大学文化的时代特征,是引领大学发展的时代航标。研究大学精神和大学理念,

---

① 马克思,恩格斯.马克思恩格斯选集:第1卷[M].中共中央马克思恩格斯列宁斯大林著作编译局,编译.北京:人民出版社,2012:172-173.

是对大学文化研究的进一步细化与深入，有助于形成对大学文化的全面认知和正确态度。

一、大学精神与大学文化

大学精神是一所大学长期发展办学实践过程中逐渐积淀下来的文化传统，是能够被大学师生共同认可、遵循、捍卫的价值观念和行为准则，是大学师生共同具有的群体意识和独特气质，是大学文化的核心与灵魂。大学精神不是人为设定的，不是某一任校长或大师头脑中理念的产物，它与一所大学发展的历程息息相关，是多种因素长期互相影响、碰撞、融合形成的结晶，具有持久的稳定性和深远的影响力，是大学文化中最宝贵、最独特、最凝练的部分。大学精神不是短暂的、易变的、固定的，而是持久的、稳定的、发展的。所谓"形而上者谓之道，形而下者谓之器"，大学精神形成于大学人的对象化认知的实践过程中，但同时大学精神也是形而上的存在，是大学之道的具象化体现。大学精神深刻地总结概括了一所大学发展历程中最为重要的东西，持续地号召着一代又一代的大学师生沿着远大的理想目标不断拼搏奋进，对师生的情感陶冶、行为养成、意志磨炼发挥着极为重要的作用，对一所大学的制度建设、文化建设起着决定性的作用。

近代中国大学精神与时代交织，与近代中国的基本国情、发展进程、前途命运息息相关，并深刻地影响了当今中国大学精神的内涵特征。近代中国大学置身于内忧外患的基本国情中，同时，传统的思想文化与教育理念面临着西方现代化教育的冲击，持续地重塑着中国大学教育的新面貌。在不断地整合、吸收外来新因素，以及继承中国传统文化的核心内涵的过程中，中国的大学演绎出的大学精神具有如下的共性特征：其一，面对国家内忧外患，挺起民族精神脊梁，探索国家复兴之路,胸怀祖国、以国为家的爱国主义精神;其二,勇于探索真知,用实践捍卫真理,攀登知识的高峰,做国人思想之先导,不顾个人利益,勇往直前,捍卫理想与信念的科学求真精神;其三,不畏道路之艰辛,不惧生活之困苦,虽身处动荡岁月,依旧勇立潮头、昂扬向上、奋勇前进的自强不息、艰苦奋斗精神;其四,不见风使舵、不依附权贵、不迷信权威,与黑暗的旧势力斗争到底,明辨社会的是非、善恶、美丑,捍卫崇高的理想信念的社会批判精神。这些理念形成了中国大学精神的初始框架,奠定了中国大学的精神底色,深深地影响了当代中国大学精神的价值内涵,是中国大学宝贵的精神财富。

二、大学理念与大学文化

如果说,大学精神构成了大学文化的内在核心,大学理念则决定了人们对待大学的基本认知,反映了大学与时代之间的关系特征,是大学内部运转的基本逻辑。换言之,大学理念是人们对大学的总体看法,是人们关于大学是什么、不是什么,具有什么样的功能与使命,将对社会发挥什么样的作用等涉及大学基本问题的价值判断和总体识别,是人们对一所大学所持有的基本看法和对大学的理性认识,它是大学教育各种教育理念中最基本的理念,是引发或构建其他大学环境设置、课程安排、制度建设和文化建设的基础理念或"元理念"[1]。大学理念是大学文化的组成部分,与大学精神一脉相承,反映了一所大学在不同时代的办学理念,呼应着时代的要求,会随着社会的变化而变化,是指导大学发展的航向坐标。好的大学理念反映了教育规律、社会发展规律,会被继承与发展,进而塑造出一所大学的精神与文化。

---

[1]　眭依凡.大学校长的教育理念与治校[J].高等教育研究,2001(05):52.

　　近现代中国大学理念契合了大的历史背景,在中西方文化交流、碰撞、融合的过程中形成了诸多反映教育规律、符合中国国情的思想理念,并被当代中国大学继承、改进、弘扬,形成了独具中国特色的大学理念。近代中国的大学形成了"兼容并包、学术自由"的理念,明确将大学定位为一个研究学术的机关,一定程度上摒弃了中国传统教育中"学而优则仕"的影响,使得追求真知、追求科学、追求平等的理念在大学得到明显强化,"求真""求是"成为那个时代大学师生追求的一种时尚。新中国成立后,受到苏联高等教育模式的影响,大学的定位、理念、制度、架构都有着较为显著的改变。这一阶段,大学的定位产生了一定变化,大学教育更加偏向实学,重点发展与国家建设有关的工程类、师范类院校,改变了大学专业设置文重工轻,大学分布布局不合理等现实问题。在大学管理制度上,尤其强调加强党对高校的统一领导,加强高校党团组织建设,使党的领导深入大学发展的方方面面。在办学理念、办学方向上明确坚持社会主义的办学理念和办学方向,加强学生思想政治工作,重视马克思列宁主义理论课程的教育。但由于照搬照抄苏联高等教育模式,过于强调集中、学科过于单一的弊端也随之显现,对中国大学的发展产生了不利的影响。改革开放后,中国开始独立探索适合中国发展的社会主义道路,也催生了中国特色大学理念的探索与发展,形成了更为丰富的大学理念。其一,坚持社会主义办学方向,坚持党对高校的统一领导,逐渐形成了党委统一领导下的校长负责制,切实保证了党对高校工作的指导建设。高度重视大学生思想意识形态教育工作,设置专门的思想政治理论课程,以培育社会主义的建设者和接班人。其二,注重培养全面发展的人才,将人才综合素质进一步扩充,包括思想政治素质教育、专业素质教育、人文素质教育、创新素质教育等多个方面,以培养德、智、体、美、劳全面发展的时代新人。其三,提出教育强国的理念,明确指明发展教育是推动社会主义现代化建设、建设社会主义现代化国家的重要方面,提出了影响深远的"科教兴国"战略和"人才强国"战略。其四,注重国际化办学,学习借鉴世界先进的办学经验和理念,对推进自身国际化办学的必要性意识进一步增强,国际化课程进一步增多,国际化办学、跨国交流沟通日益频繁,从而进一步增强了中国大学的国际化办学水平,增强了中国大学的整体实力和办学水准。

三、小结

大学文化、大学精神、大学理念是大学文化建设的一体三位,三者既有联系又有区别,既有包含关系,也有决定关系,它们之间相互影响、相互支撑、相互关联,共同决定了大学文化育人的现实效果。具体而言,大学文化包含了大学精神和大学理念,大学文化构成了大学精神和大学理念形成、演变的文化土壤。大学精神和大学理念虽然包含在大学文化这一大的框架之内,但二者自身又具有内在的独立性,并在不同程度、不同层面、不同维度上影响了大学文化的样貌,其中大学精神构成了大学文化的精神内核,具有较强的历史继承性和相对稳定性,是一所大学传统的、历史的、精神的体现,渗透到大学与大学文化建设的各个方面;大学理念则与时代相关,反映了一所大学与时代的关系,赋予一所大学与社会沟通的能力,是促进大学自身调整、变革与创新的内在动能,大学理念自身也会随着大学自身的定位和社会赋予大学的历史任务的变化而发生改变;大学理念与大学精神之间有着一脉相承的联系,大学精神决定了大学理念的核心价值,大学理念经过时间的检验,其中符合教育发展规律、符合社会发展要求的部分,就会随着大学自身的演变,逐渐融入大学精神的内涵当中,成为大学精神中的新成分。各概念之间的关系如图 2 – 1 所示。因此,本书后续将会进一步深入研究大学精神、大学理念的深刻内涵,探索当代大学的大学精神和大学理念的具体体现,发掘当代大学以及大学文化的建设发展规律。

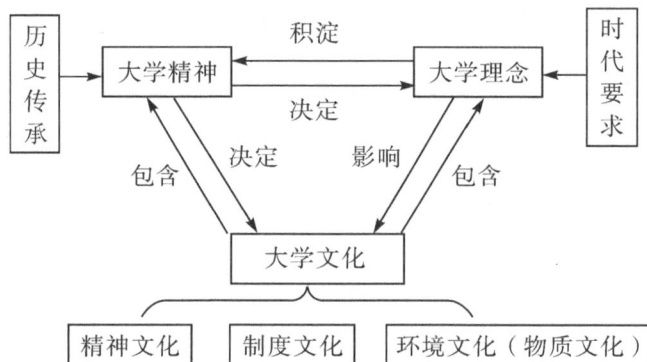

图 2 – 1　大学文化与相关概念之间的关系

第三章　中国特色世界一流大学文化的精神重塑

由于中国特色高等教育发展模式与西方资本主义教育体系在价值内核、表现特征和最终目标等层面存在着本质的区别,我们需要探索出适合我国现实国情和文化传统的高等教育模式。大学精神是决定大学文化、大学理念最为重要的因素,是构成一所大学教育教学、科学研究、日常运行以及对外形象的关键,因此,我们首先要从如何认知、确证、构建新时代中国大学精神入手,深入高校文化育人体系的精神内核,找到中国大学精神具体的、现实的、特殊的发展规律和内在特征,从而以点带面、由内而外地打造中国特色高等教育文化育人新格局。

第一节　精神与大学精神

大学精神是大学文化中最深层、最核心的内容,是对一所大学的历史传统、理想宗旨、办学理念的抽象与升华,是大学文化灵魂之所在。研究大学精神既要立足于大学精神的概念本身,一步一步地抽丝剥茧,厘清精神、价值、文化、大学精神、大学文化这些核心概念之间的关系,从而把握大学精神的精准内涵和突出特征,探究大学精神的深层内核,又要注重横向对比,思考中西大学精神的异同,在这个过程中理解中国特色大学精神的独特内涵,进而实现对当代中国大学精神的重新构建。

一、精神的内涵与特征

从广义角度讲,精神与物质相对,指人类所有非物质现象的总和,是人脑活动产生的意识现象,是人类对外部世界与自身的能动反映,包括了人类的意识活动、思维活动、心理活动、情感活动,是人类认知、情感和意识的统一体。从狭义角度讲,精神是在意识中起到积极作用的成分,是人的心理活动和一切文化现象中作为内核、支柱和处于主导地位的东西。精神这一实体性概念在西方文化思想史上占据着十分重要的地位。从词源学的视角出发,从古至今的哲学家不曾停止过对于精神的解释,产生了极为丰富的思想资源。古希腊先哲就曾用“逻各斯”(Logos)“理念”(Idea)“努斯”(Nous)之类的抽象概念来解释精神,使之与物质世界区别开来,从而揭示出精神的超越性、纯粹性、永恒性。在中世纪,精神这一非物质、超自然的实体概念被人格化的、形象的上帝所取代,精神因之又获得了宗教上的意义。到了近代,精神用“我思”(Ego cogito)来表达,具有了意识内在性的特质,成为虽然处在身体内部,但超越于感性经验的先验自我意识。一直到黑格尔,精神获得了辩证否定的性质,成为贯穿意识内在性的一种否定性力量,在辩证否定的过程中,经过经验化意识的生成,精神完成了客观化的现实演变,最后达到与真理相统一的绝对,即绝对精神。

从精神一词的演变历程看,精神最突出的特征是其超越性。雅斯贝尔斯指出:“由于人不可能完成使自己的生活实现为一个整体的过程,所以,他就高扬于生活之上而为自己建造了第二世界,这是一个精神的世界。在这个世界中,他以自身存在的一般形式确证自己。无疑,同样作为一种精神存在,他也与他的生活的现实状况紧密相连,但是,在这种向上的翱翔之中,他超越了生活。在对单纯现实的暂时挣脱中,他得以回归到那种他通过精神的想象与创造而形成的存在中去。"①人的精神活动起始于物质世界,来源于生活,但借助人的认识能力,人超越了生活,超越了现实世界提供的事实材料,并将人的精神世界引向完善。通过剥离历史的、现象的、尘世的现实材料,人体悟精神这样一种纯粹的"真善美",进而形成一种坚定的信念,即人能够在其所构建的这一精神世界中完成自我的确证、收获生活的意义、实现自我的发展。正如黑格尔所指出的,精神就是人的本质,超越性的精神建构了这样一种独属于人的存在方式,实现了人之为人的自我确证,使人成为总体的、完整的人。

人类需要立足于整体性本身看待精神,而不能局限于部分,精神是作为人类的类存在,而不仅仅是个体的存在。黑格尔指出:"精神是这样的绝对的实体,它在它的对立面之充分的自由和独立中亦即在互相差异、各个独立存在的自我意识中,作为它们的统一而存在:我就是我们,而我们就是我。"②换言之,"精神作为真正的整体,是个体的根据与本质,与此同时,虽然它高于这些个体,却并非绝对的超越者,因为它只体现在这些个体中,除此之外并没有什么单独的存在"③。个体精神与整体精神之间有着普遍的关联性和内在融合性,整体精神存在于个体精神之中,整体精神同时对个体精神辩证否定。把握了精神的整体性,就把握了实在意义世界的立足点,就掌握了处理复杂精神问题的要领,我们就能在不同主体中寻找到个体精神的相同特征,在立足于主体自由意志的基础上,凝练它们之间的内在共性,避免孤立的、原子化地看待人与人之间的关系,在相对中找到绝对,在孤立中看到统一,把握主体与客体、主体与对象、人与事物之间整

---

①　雅斯贝尔斯.时代的精神状况[M].王德峰,译.上海:上海译文出版社,2003:132.
②　黑格尔.精神现象学:上卷[M].贺麟,王玖兴,译.北京:商务印书馆,1979:122.
③　庄振华.精神现象学义解:下卷[M].北京:中国人民大学出版社,2019:510.

体的、根本的依据,建立起一整套实现主体与客体价值相统一的关系系统。

精神具有超越性、抽象性,但究其本质,精神是实践的、现实的存在,是人类主体有意识的对象化活动。马克思指出:"物质生活的生产方式制约着整个社会生活、政治生活和精神生活的过程,不是人们的意识决定人们的存在,相反,是人们的社会存在决定人们的意识。"①精神生活不是悬在空中的遐想,它生长在物质实践基础之上,是"与物质前提相联系的物质生活过程的必然升华物","发展着自己的物质生产和物质交往的人们,在改变自己的这个现实的同时也改变着自己的思维和思维的产物"②。人是在与世界的感性经验的过程中体悟自我,精神的内涵是由人的物质实践决定的,"巧妇难为无米之炊",人不可能离开物质谈精神,不能创造出脱离了现实世界基本规律以外的东西,现实的人的物质生产实践在很大程度上决定了精神的最终面貌,决定着人的精神生活的品质。但同时,精神的实践也不断地影响、规范着物质的实践品质结果。人能够把自己的生命活动变成自己的意志对象,力求超越现实存在,去探求形而上的彼岸世界,从而产生了宗教、艺术、语言、科学等一系列致力于建设一个"理想"的世界的实践活动,决定了人的实践活动的发展方向。自主、自觉、自为的精神活动彰显了"人之为人"的超越性、自由性、批判性的追求,正是这样一种人所固有的精神秉性,赋予了物质实践活动崇高的价值和意义。

二、大学精神的内涵与特征

精神具有超越性、整体性、实践性和现实性,是"人之为人"的自我确证。大

---

① 马克思,恩格斯.马克思恩格斯文集:第2卷[M].中共中央马克思恩格斯列宁斯大林著作编译局,编译.北京:人民出版社,2009:591.

② 马克思,恩格斯.马克思恩格斯文集:第1卷[M].中共中央马克思恩格斯列宁斯大林著作编译局,编译.北京:人民出版社,2009:525.

学精神是一代一代大学师生在长期实践的过程中,在与社会、与国家、与世界感知、交互的历史进程中形成的共有的一种集体意识,是一所大学走向自我确证,形成"自我意识"的根本精神。它深刻地反映了大学人共同的价值取向、心理趋势和整体面貌,是全体大学师生作出价值判断、价值选择时的根本准则和现实依据,体现了大学人对理想信念、对"真善美"等崇高品质的不懈追求,赋予一所大学走向新境界、达到新高度的内在动能。

大学精神具有形而上的超越性,大学精神在其本质上是对一所高校的办学理念、育人理念、学术追求、社会责任、管理制度的抽象表达,是"对学校'文化体'和'文化群'意识形态的整合、凝练和升华"①。大学精神是大学良心的体现。大学是社会之光,其自身的态度不应当随波逐流,不能成为一种一味地迎合社会以满足功利化需求的组织机构。大学应该具有某种超凡脱俗的品质,怀揣对崇高理想的不懈追求,要始终坚持自身的理想信念,用自己的实际行动践行社会道德、民族精神、人文理念,要能够站立于较高的视野,言说社会公众之不能言、不会言、不敢言,发现潜在的问题、引领时代的发展、重建社会的道德,这是大学之为大学最为重要的层面。大学精神不仅仅是形而上的抽象实体,它还具有现实的、具体的、生动的表现形式,真真切切地存在于大学的一草一木、一砖一瓦之中。大学精神会被镌刻在大学的基础设施当中,包括图书馆、博物馆、纪念雕塑、校园植被、办公楼、教学楼、住宿楼、大门、校徽、校服、校旗等无不融入着一所大学对其所坚持的大学精神的理解和阐释,并在无形中引导着大学师生的思想理念。大学精神会被融入大学制度中,会采用条文规定、体制规范、校训等形式作用于大学的教学、科研和日常运营中,以一种强制的规定性规范着大学师生的日常行为,以符合大学精神的所指。因此,大学精神绝对不是一个虚无缥缈的东

---

① 张光强,牛宏泰.中国大学精神论[J].高等农业教育,2009(02):4.

西,它凝结了大学师生共同的期许,培育了大学独具特色的文化氛围。

大学精神是大学师生所认同的、共有的,带有广泛性、普遍性的精神,需要从整体的角度看待。单一的、个体的精神主张不能当作一所大学的精神,大学精神反映的是绝大多数成员的心理、思想主张,是对大学师生不同理念的最大整合,是能够代表大学师生精神特质的最大公约数。这赋予了大学精神以严肃性和神圣性。换言之,大学精神代表了大学师生的价值底线,是不能轻易违背和践踏的。大学精神还代表了大学师生共同的理想信念,是一种可以让大学师生为之坚守、奋斗、奉献的精神追求。大学精神的形成一方面需要一代又一代大学师生的探索和积累,另一方面也与大学发展历程中的关键少数人密切相关,他们的主张往往促进了大学精神的最终形成与升华。梅贻琦曾经说过,"所谓大学者,非谓有大楼之谓也,有大师之谓也",一所大学的大师与校长对大学精神的影响十分重大,他们的思想主张往往奠定了一所大学的独特气质和精神特质,塑造了大学的价值观念,影响了大学发展的未来走向。因为有蔡元培,北大孕育出了"思想自由,兼容并包";因为有竺可桢,浙大奠定了"求是创新"的传统;因为有张伯苓,南开提出了"允公允能,日新月异"的时代强音。大学校长等关键人物对大学的影响是深远的、持久的、强烈的,是经得起时间的考验的。但是大学精神的形成归根到底还是由于一代代大学师生的不懈坚守和矢志不渝的贯彻。

大学精神是大学人现实实践活动的产物,因而它也是历史的与发展的。大学精神是大学人世代传承延续的文化精神理念,是在大学自身存在和演变中形成的历史沉淀,它浓缩了不同时代的大学师生的精神特质,成为指引个人、大学乃至社会前进方向的精神灯塔。因此,大学精神不是一成不变的教条,它会随着时代的变迁、大学的演变,不断地吸纳人类思想最新的文明成果,以充实自己的内涵,扩展自身的外延,进一步丰富、创新、调整自身的表现形式,打破固执的偏见,拓宽自身的视野,接受并吸纳更多不同的合理性因素,进而保持自身思想的先进性,受众的普遍性,指引大学与社会前行的方向。大学精神是发展的,却不是流变的,大学精神也有着始终需要坚守的东西,即一所大学所奉行的价值观。价值观构成了大学精神的核心灵魂,是反映大学精神最重要、最直观、最内在、最真实的核心标识。价值观决定了大学精神是否顺应了时代的要求,是否达到了应有的高度,是否取得了正确的发展方向,它从根本上塑造了大学精神的本质内涵与表现形式,决定了大学师生与大学自身的发展前途,是轻易不能更改的。

三、中西大学精神的差异

大学精神是作为主体的人的现实的、实践的、历史的产物,其自身的价值内核与外在形态也必然会受到所处的自然环境、人文环境以及大学自身历史演进的影响。现代大学源起于西方,中国的大学精神是在吸纳、消化、融合现代大学的自由精神、批判精神、超越精神和人文精神的基础上逐渐发展起来的。然而,中国大学不同于西方大学,中国大学也并非不顾自身所处的社会环境和历史传统一味地模仿,不加甄别地套用西方大学的思想主张。受到中国传统儒家“士志于道”“明道济世”思想的影响,“中国人往往先存有一种精神价值,然后办大学,旨在张扬大学精神,比如汉之太学、宋明之书院、清末之同文馆和京师大学堂的设立莫不如此”①。就近代中国大学而言,由于置身于中国近代基本国情这一大的时代背景,中国大学的设立往往肩负着爱国救亡、启迪民智、矢志报国的现实初衷,如厦门大学将“自强不息,止于至善”立为校训,南开大学将“天下为公”视为立校育人之宗旨,北京大学以“囊括大典,网罗众家”视为自身之责任,其中更是诞生了以“刚毅坚卓”著称的西南联大精神,将中国大学这种“士志于道”“爱国报国”的精神传统推上了巅峰。

---

① 储朝晖. 中国大学精神的历史与省思[M]. 太原:山西教育出版社,2010:295.

从大学精神的价值内核上讲,西方大学普遍存在着以个人本位和功利主义为核心的价值观念,始终把个人的发展和个性的培养放在第一位,追求一种"全人"的教育。雅斯贝尔斯指出:"大学的宗旨就是在理性王国的领地之内,装备一切必要的工具,提供一切可能的条件,引导每个人开辟全新的知识疆土,引导学生无论在作什么决定的时候都能够反躬自省,引导他们注意培养自身的责任感。"[①]中国大学出于对传统的"士"的精神坚守,以及对国家前途命运的思考,在形成现代大学文化精神的时候,始终把社会责任和民族意识放置在一个十分重要的位置来考虑,形成了有别于西方大学精神的突出特征,即强烈的爱国主义情怀。"集体主义、爱国主义是无产阶级崇高的精神品质,它们构成了我国大学精神的基本内核,是中国特色大学文化的基本遵循。"[②]在近代中国争取民族独立、人民解放的斗争中,在我国社会主义革命、建设和改革的进程中,中国大学怀揣着爱国主义情怀,秉持着"先天下之忧而忧,后天下之乐而乐"的责任意识,始终走在社会变革的最前沿,为国家的建设、民族的复兴贡献着智慧和力量,爱国主义成为中国大学最为深刻、最为显著的标识,融入中国大学精神的骨髓当中,流淌在中国大学的血脉里。

第二节　价值观是大学精神的核心

一种对象化的研究活动必须以人的具体的历史活动作为研究主题,把研究的方向引向人的生活世界,探寻人的生命价值,揭示人的本质属性。文化研究的核心在于价值研究,文化必须与一定的价值相联系才能存在。事实上,任何一种

①　雅斯贝尔斯.大学之理念[M].邱立波,译.上海:上海人民出版社,2007:85.
②　胡中月,蔡红生.彰显中国特色大学文化优势[J].中国高等教育,2021(23):38.

文化形式,它的出发点和落脚点都是蕴含其文化内核的价值观念,文化的探寻最终要回归到价值归属中去。深入研究大学精神势必要抵达蕴含其根本的价值观念,理解价值观之于大学精神和大学文化的极端重要性,准确把握当代中国大学精神价值内核的根本所指,实现中国大学精神的价值重塑。

一、价值与价值观

从价值的产生讲,它源于人们的生活世界,源自作为主体的人的现实需求。马克思指出:"'价值'这个普遍的概念是从人们对待满足他们需要的外界物的关系中产生的。"[①]因此,价值不是一个实体范畴,而是一个关系范畴,价值不像诸如"精神""意志""此在"之类具有超验性质的实体性感念,而是真真切切存在于人的生活当中,能被人所感知、认识和把握的存在。从价值的构成看,一种价值关系的形成包括了价值主体、价值客体以及主客体间的实践关系。价值主体即价值关系当中从事实践活动的人,是价值关系形成的根源,价值客体是价值主体作用的对象,是价值关系形成的载体,主体的实践活动是价值关系形成的现实基础。价值主体是价值关系中的首要因素,不存在独立于主体之外的价值关系,离开了价值主体及其需要,价值客体将会失去存在的必要性。而作为一种关系判断,价值反映的是实践活动的对象对于满足人的需要的意义关系,以"应不应该"和"好不好"为凸显特征,所涉及的是作为价值主体的人对于价值对象的重要性或者意义的评价定位和情感态度。价值不是某种实体的独立存在物,"它表示的是价值主体与价值客体之间的一种关系,存在于实践主体与实践客

---

① 马克思,恩格斯.马克思恩格斯全集:第19卷[M].中共中央马克思恩格斯列宁斯大林著作编译局,编译.北京:人民出版社,2006:406.

体之间的一般的结构关系中"①。

价值的核心在于其有效性,体现为客体对主体具有某种意义。文德尔班认为:"那些价值是一切文化职能和一切特殊生活价值的组织原则。但是哲学描述和阐述这些价值只是为了说明它们的有效性。哲学并不把这些价值当做事实而是当做规范来看待。"②价值有效性的确证来源于人们的认可与承认。以李凯尔特为代表的新康德主义者认为,所谓的价值与人们的承认联系在一起,"关于价值,我们不能说它们实际上存在着或不存在,而只能说它是有意义的,还是无意义的"③。所以说,"价值绝不是现实,既不是物理的现实,也不是心理的现实。价值的实质在于它的有效性(Geltung),而不在于它的事实性(Tatsächlichkeit)"④。从这个角度出发,一种文化价值观念的形成在于主客体之间的现实需要,它的作用的发挥在于能否取得被大家所公认的有效性。因此,作为一种价值规范意义上的文化精神,其存在不是仅仅与对象性的需求相关,而是同时代表了一种纯粹精神的范畴和自由意志的范畴,它的具象化体现就是存在于人的精神内核当中,决定了人的基本态度和行为准则的价值观。

主客体之间的价值关系反映到人的思维意识中就构成了价值观。"价值观是人们在实践中形成的对于价值和价值关系的一般看法和根本观点,是人们处理各种价值问题时所持有的比较稳定的立场、观点和态度的总和,是指导人们的价值取舍框架和价值追求模式。简言之,价值观是人们关于价值的根本观点,是人们持有的关于如何区分好与坏、对与错、符合与违背意愿的总体观念,是关于

---

① 袁鑫.马克思实践哲学视域中的文化哲学[M].北京:人民出版社,2021:131.
② 文德尔班.哲学史教程:下卷[M].罗达仁,译.北京:商务印书馆,1996:927.
③ 李凯尔特.文化科学与自然科学[M].涂纪亮,译.北京:商务印书馆,1986:21.
④ 李凯尔特.文化科学与自然科学[M].涂纪亮,译.北京:商务印书馆,1986:78.

应该做什么和不应该做什么的基本见解,是世界观的重要组成部分。"①价值观具有持久性,一旦某种价值观念形成,将会长久地影响一类人,并且难以因为外部影响而改变,因此,价值观会天然地将人划分为不同的群体,因为人总愿意与自己价值观接近的"同类"待在一起,所谓"人以群分"正是由于价值观导致的。价值观具有实践性,当人们具备了一种价值观,在其思维意识中就产生了一种目的和动机,作为价值主体的人就会在价值观的驱动下把这个目的对象化、客观化,以此来满足自己的需求。由于价值观是一整套完备的观念系统,相较于某种单一的意愿,价值观引发的实践结果也更加显著,并最终能赋予实践创造物以一定的意义。

二、价值观是大学精神的根本

价值观赋予大学精神以牢固的内核,进而使其产生内在的向心力和强大的凝聚力,牢牢地统一大学师生的思想观念,深刻地影响大学师生的价值判断与价值选择。大学师生在特定的校园环境、文化熏陶、长期实践中,逐步建立起一种共同的价值取向,对某种事物逐步形成了一种内在的共识以及一致的价值判断,这一最终的判断也同时在不同范围、不同程度上影响着对大学师生本身精神的塑造,起到化育的功效。由于具备了同样的价值观念,大学师生在精神层面也逐渐从个体意识走向集体意识,从原子化的个人转变为坚如磐石的整体,形成一种强大、持久的凝聚力,使大学精神不断聚合,影响空间持续扩大,辐射能力进一步增强,大学师生不再割裂地看待自我、大学与周围人的关系,大学的共同体意识随之逐渐形成。但是,值得说明的是,尊重差异,保持多元化的认知,也是衡量大学精神或者大学价值理念是否健康的重要层面。大学精神一定是在能够秉持和

---

① 蔡中宏,麻艳香.大学文化建设:社会主义核心价值体系教育的新路径[M].北京:人民出版社,2022:82.

尊重自由、批判、求是精神的基础上，才能释放出自身的吸引力。

统一、强大的价值观念在凝聚大学师生共同认知的基础上，还赋予一所大学以强大的使命感，给予它勇于直面艰难险阻的勇气和能力。有着坚定信念、统一宗旨、共同信仰的大学往往能够顶住巨大的压力，有着更大的胸怀和抱负，致力于开拓一番事业。交大西迁正是这方面的例证。新中国成立之初，工业布局不合理、西部高教力量薄弱是横亘在国家经济建设面前的两座"大山"。响应国家号召，交通大学挺身而出，秉持着"实学固国本，民族得中兴"的使命精神，数千名师生，从黄埔江畔到渭水之滨，自愿加入建设大西北的滚滚洪流中。正是由于具有这样一种舍小我为大我，爱国救民、为国储才的精神共识，使得这所大学的绝大多数人参与到这样一段伟大的历史征途中，见证了世界高等教育历史上的奇迹。他们放弃了原本优渥的生活条件，不顾道路的艰辛、生活的困苦，扎根大西北，用青春和热血、辛勤和汗水书写了辉煌的奋斗史诗，为国家培养了一批批思想端正、能力优异、可堪重任的国之栋梁，在中国高等教育史上谱写了恢宏壮丽的"西迁精神"。

总而言之，大学精神之所以能够在大学文化育人的过程中发挥统领全局的决定性的影响力，统一、强大、稳定的价值观的作用是不容忽视的。大学的价值观一方面使得大学精神获得了崇高、坚定的文化特质，给予大学人一个可以为之长期奋斗的、永恒的航向坐标，不至于迷失在复杂现实的迷雾中。另一方面，价值观使大学精神具有温度，它汇聚了大学人最普遍、最真挚、最核心的理念和想法，宛如承重梁一般支撑着大学这样一个巨型建筑，即使有再多的人加入，也能很好地融入一所大学的文化氛围当中，找到自我与大学的内在共同之处，真正地融入大学这一共同体当中。

三、先进的价值观引领大学精神的正确方向

大学的价值观之于大学精神是极端重要的，它决定了大学精神的价值取向

和现实追求,从而影响到大学的方方面面。然而,价值观却存在着正确与错误的区别。被积极、先进、有益的价值观浸润的大学精神,是国家精神、民族精神的一部分,在其引导下能够培养出品行端正、能够适应社会发展趋势的学生,同时,这些大学理念更能够从侧面反映出一个社会的精神面貌,成为社会发展的指向标。反观之,大学精神如果受到落后的、庸俗的、有害的价值观念的渗透,就会从根本上侵蚀大学文化育人的根基,会对某些消极的负面情绪、负面主张产生明显的强化作用,让它们进一步在大学师生中蔓延,长此以往会严重地影响大学师生的精神面貌,损害大学的整体形象,甚至对整个社会产生极其恶劣的影响。因此,在进行大学精神、大学文化建设时,需要增强对多元化价值观念的甄别,从根源上铲除有害价值观寄居的土壤,切断它们的传播途径,削弱乃至消除此类思潮对师生的影响。要大力倡导积极健康的价值观念,重视主流价值观对大学精神的建设性作用,增强"崇真、向善、求美"的理想主义文化氛围,锚定文化育人、立德树人的根本任务。

第三节　新时代中国大学精神的核心重塑

进入新时代,中国大学文化逐渐彰显出自身的独特优势,大学文化的精神内核也融入了更加丰富、更加深刻的价值意蕴。习近平总书记多次强调,社会主义核心价值观是凝聚人心、汇聚民力的强大力量,明确提出:"把社会主义核心价值观融入社会发展各方面,转化为人们的情感认同和行为习惯。"①唯有把以社

---

① 习近平.决胜全面建成小康社会 夺取新时代中国特色社会主义伟大胜利:在中国共产党第十九次全国代表大会上的报告[M].北京:人民出版社,2017:42.

会主义核心价值观为价值内核的大学精神融入文化治校、文化育人的各个层面，才能增强中国大学文化的精神感召力和思想引领力，才能凝聚青年共识、强化青年担当、坚定青年信念，培养出可堪民族复兴重任的时代新人。

一、新时代重塑中国大学精神的必要性

首先，新时代中国大学面临着新的机遇和挑战，我们应当清醒地认识到，高校意识形态领域的斗争依旧十分复杂而艰巨。在全球化的大背景下，新自由主义、历史虚无主义、普世价值等错误思潮在一定范围内传播，这些错误思想通过学术会议、交流项目、论文期刊、网络新媒体乃至于个别老师的授课等多种途径在一定程度上渗入高校学生的日常生活和学习工作中，一些意志不坚定的学生很容易在西方舆论攻势的"围剿"与蛊惑中陷入他们布下的陷阱，丧失对马克思主义的信仰，直至对偏离正确轨道的价值观念完全接受和认同，甚至被发展成为推销西方主张的帮凶。

其次，数字技术以及新媒体的迅速崛起和普及，对传统主流媒体的传播力和影响力产生了极大的冲击。在这样一个数字化时代，人们可以轻而易举地获取海量的信息资源，各种思想观点可以摆脱时间和地点的限制进行跨时空的传播。尤其是在高校，青年学生对新生事物的接受能力和包容程度更强，也更加容易接触到这些非主流的价值观。各类新媒体平台充斥着形形色色、真假难辨的信息，其价值灌输的途径更为隐蔽，影响更为强烈，青年学生对于这些思想观点的甄别能力仍然有限，更加可能受到一些错误价值观的侵蚀，容易陷入意识形态上的迷失。因此，中国大学亟须强化大学主流价值观的影响力，筑牢主流文化的思想阵地，塑造青年学生的底层思想，摆正大学主流文化的正确走向。

最后，步入新时代，在习近平新时代中国特色社会主义思想的指导下，我国社会主义文化强国建设取得显著成效，对于中国特色社会主义文化建设规律和

高等教育发展规律有了更为深刻的认识,在建设具有中国特色世界一流的大学文化层面上提出了更高的要求。新时代,中国大学文化的建设要更加注重大学文化、大学精神的话语建构,探索具有中国特色的大学文化建设规律,要积极地推动中国大学文化走向世界,在世界上传播中国声音、传递中国智慧。要注重在继承中华优秀传统文化以及社会主义先进文化的基础上构建我国大学文化、大学精神的核心价值,彻底破除将西方价值观奉为圭臬的认知模式,在习近平文化思想的引领下,以中国式现代化推进大学文化建设。

二、新时代中国大学精神的基本构成

价值观是大学精神根本之所在,社会主义核心价值观是体现了全国各族人民共同认同的价值观的"最大公约数",是当代中国精神的集中体现,是中国大学文化的基本遵循,是中国大学精神的基本内核。习近平总书记在 2018 年全国宣传思想工作会议上指出:"育新人,就是要坚持立德树人、以文化人,建设社会主义精神文明、培育和践行社会主义核心价值观,提高人民思想觉悟、道德水准、文明素养,培养能够担当民族复兴大任的时代新人。"①社会主义核心价值观在国家、社会、个人层面上内在地规定了我们应当具有怎样的价值判断,作出怎样的价值选择,如何去看待个人与社会、国家之间的关系,最大限度地将我国人民的思想精神统一成一个有机的整体。社会主义核心价值观是发展社会主义先进文化的思想基础和价值根基。社会主义核心价值观赋予新时代中国大学精神以强大的生命力、显著的吸引力和顽强的战斗力,有力地维护了高校主流意识形态文化建设,增强了中国大学文化的战斗能力,有效地整合了复杂的多元文化,培植了文化自信自强的氛围与土壤,深刻地影响和塑造了大学师生的思想状态和精神面貌。

---

① 习近平. 习近平谈治国理政:第三卷[M].北京:外文出版社,2020:312.

新时代中国大学精神融入了以爱国主义为核心的民族精神和以改革创新为核心的时代精神,集中彰显了中国大学文化的精神特质。爱国主义是我们民族精神的核心,是中国人民和中华民族同心同德、自强不息的精神纽带。中国大学自诞生之初就承担起了爱国救民的历史使命,爱国主义精神早已流淌在中国大学的血脉里,成为去不掉、打不破、灭不了的精神印记和历史记忆,激励着一代又一代大学师生为祖国发展繁荣而不懈奋斗。新时代中国大学精神建设要让爱国主义成为每一个大学成员的坚定信念和精神依靠,要把爱国主义教育作为永恒主题,激励广大师生投入实现中华民族伟大复兴的历史征程中去。"人无精神则不立",以爱国主义为核心的民族精神是促使当代大学团结一心、自强不息的精神纽带,而以改革创新为核心的时代精神则是激励当代大学永葆朝气、开拓进取、迈向未来的强劲动力。时代发展日新月异,当代大学如果继续因循守旧、墨守成规、故步自封,就会导致自身落后于科技的前沿,无法满足社会需要。唯有保持锐意进取、与时俱进、勇于探索、勇于实践的精神,方能把握时代的方位,紧跟时代发展的脚步,引领时代前进的方向。

新时代中国大学精神也是一种理想主义的大学精神。"理想主义的本质就是崇真、向善、求美,有理想主义的大学才愿、才会、才能崇真、向善、求美。"[1]大学是一群有着崇高理想与坚定信念的人的共同体,他们有着远大的目标、丰富的知识、高尚的风骨,在实践中追求真知、革新自我、改变社会,讲述着人类最美好的愿望,将一个个美好的蓝图变成现实。就中国大学而言,实现共产主义的远大理想和中国特色社会主义的共同理想是其最为崇高、最为美好、最为重要的远大目标,是中国大学的精神指引。我们要牢记"为共产主义奋斗终身"的那份誓言,将实现人自由而全面的发展,实现全人类的解放视作可以奋斗终身的远大理

---

① 眭依凡.大学何以要倡导和守护理想主义[J].教育研究,2006(02):12.

想,成为社会主义事业的建设者和接班人。在当下,我们要把个人的发展与实现第二个百年奋斗目标、实现中华民族伟大复兴的中国梦紧密地结合起来,坚定中国特色社会主义的信念,自觉成为担当民族复兴重任的忠实信仰者和坚定实践者。

三、小结

新时代重塑中国大学精神要着眼于打造大学精神的价值内核,用社会主义核心价值观衡量对错,要汲取社会主义先进文化的丰厚养料,坚持社会主义主流文化在大学文化中的主导地位。建设新时代大学精神,也需要我们把握好中华优秀传统文化的深刻精髓,继承并弘扬"士以载道""文以化人""立德为先"的优良传统,凝练出中国大学精神的独特品格,把握好中国大学文化的独特韵味。精神理念源于现实的实践,塑造大学精神更要学会与新时代同向而行,开拓创新、与时俱进,把握好我们这个时代的重大关切,在推进中国式现代化的过程中,实现中华民族伟大复兴的征程中承担起中国大学应有的责任,彰显出中国大学精神的爱国底色。

第四章　世界大学文化的时代之思

大学理念反映了大学与时代发展的关系特征,是我们进一步深入理解大学文化的重要抓手。进入新时代,我国的现代化进程加速推进,大学与科学技术创新、社会发展变革的关系越来越密切,我们很难再从某一个单一视角整体把握现代大学文化。要理解现代大学文化,不能仅仅从大学文化谈大学文化,还应将其置于大学发展的历史背景当中,去理解大学文化理念的演变过程与当代表现。大学是伴随着人类的理性启蒙和现代化发展产生和进步的,大学理念的特殊质态也只能在与之密切联系的现代化进程中才能够被完全揭示。"大学如果不具有现代性,那么现代大学很可能自溺于既往的历史中,陶陶然而无视其应有的现代使命,最终为现代社会所抛弃。"①因此,从历时性的角度出发,分析大学在人类现代化发展阶段中形成的理念特征,是探究大学文化建设一般规律的重要路径。

第一节　启蒙运动之前的大学理念

世界上最早的与现代大学较为相似的大学产生于中世纪的欧洲,由于受到

---

① 　别敦荣.论现代大学制度之现代性[J].教育研究,2014,35(8):64.

基督教势力的影响制约,这一时期诞生的大学普遍具有浓厚的宗教色彩,承担着维护宗教统治、研究宗教理论、传播基督教教义的职能。在很长一段时间,欧洲早期大学的大学理念就是以宗教为核心展开的,而这一境况一直到启蒙运动兴起才被打破。启蒙运动兴起后宗教势力才开始退出对大学的直接管理,大学的独立意识得以建构。

一、大学是一个以知识为本位的行会团体

中世纪的大学是一个具有行会性质的,由知识分子群体组成的社团组织。在中世纪的欧洲,随着城市经济的兴起,各行各业包括医生、士兵、商人、手工业者等都成立了自己的行会。行会是由同一行业的从业者组织成立的,它旨在保护本行业入会成员的利益,确定本行业的规则,制定本行业的从业资格,建设本行业的专属机构。在这种背景下,研究高深学问的教师或学生也开始组成具有行会性质的社团组织。这样一个由学者和学生组成的行会式社团,起初和其他社团一样是为了获得安全保障、获得同行支持以及协调利益冲突才自愿联合起来,但随着入会人员数量的持续增加以及行会发展的深入,这一由知识分子群体组成的团体也逐渐产生了明显有别于其他行会的职能特征,即为社会培养人才、传播文化知识以及教化社会。

大学是一个传授普遍知识的场所。纽曼(Newman)在其著作《大学的理想》中明确指出"大学(university)是一个传授普遍知识的地方""知识本身即为目的"①。在纽曼看来,只有将所有的知识荟萃在一起的场所,才能称之为大学。大学是人类的王国,应该吸纳所有艺术、科学、历史和哲学方面的知识,并使其适得其所。大学这种以探索学问为己任的特质,成为它得以区别于其他学术机构

---

① 纽曼.大学的理想[M].徐辉,顾建新,何曙荣,译.杭州:浙江教育出版社,2001:31.

和社会组织的根本之所在①。大学的教育不能因为有用性而与知识本身相分离，知识是人类心智本性的体现。换言之，早期大学存在的价值并非在于知识的创新，而是通过思辨的方式，使思想得以碰撞，知识得以交锋，文化得以传播，从而帮助学生厘清是非对错，探究永恒的真理，实现才智的增长，在学习知识的过程中养成良好的美德、修炼理智的思维、学会专业的技能，随之促进社会的和谐发展。简而言之，以知识为本位的中世纪大学，宛如"象牙塔"一般，具有强烈的超越性，它"以探求真理、完善人格为宗旨，以大学自治、学术自由为条件，以教化社会、泽被人类为目标，以师生情趣相投、精神自由交往为形式"②，力图构建一个远离社会，回归知识本身，不以功利为目的，纯粹的知识园地。

二、宗教意识成为大学理念之根本

中世纪欧洲大学最突出的特征就是直接受到宗教的影响和制约，教会直接参与了大学的管理，规定了大学的研究方向，大学成为服务于宗教目的的工具。欧洲中世纪大学与基督教有着千丝万缕的联系，欧洲中世纪大学就是由基督教会的修道院和主教学校发展而来的。随着罗马帝国的灭亡，世俗王权逐渐走向没落，政府对社会底层的掌控力度大不如前，形成了一定的权力真空。在这个过程中，基督教势力兴起并不断扩张，形成了一个凌驾于所有世俗王国的最高精神权威，承担着教育广大民众、维系社会稳定、传播知识文化的任务，而由基督教会创办的主教学校或修道院成为中世纪欧洲思想、文化的中心，构成了中世纪欧洲大学教育的基础。

中世纪欧洲大学受到教会的影响十分突出，无论是早期的博洛尼亚大学、巴黎大学，抑或此后英国的牛津大学、剑桥大学，"大学建立伊始，它们就处于一个

---

① 刘宝存.何谓大学：西方大学概念透视[J].比较教育研究,2003(4):8.
② 张应强.现代化的忧思与高等教育的使命[J].高等教育研究,1999(6):12.

高级的主教权力——荣誉校长的监管之下"①,大学的建立也离不开教皇的批准授权。宗教团体的统治地位赋予大学最重要的职能——培养牧师和传播教义,反映在课程设计上,在神学、法学、医学和文学这四大教学课程中,神学的地位无疑是最高的,中世纪大学生也以教士的身份去传播"上帝的福音",大学的发展与宗教在一定程度上处于一种捆绑状态。在治理层面,基督教势力着力将大学纳入自己的框架,企图对大学施加更多的影响,比如"教皇会撇开大学自己来制定有关教学大纲、课程、教材和执礼仗者的薪水、互助金、大学官员和学生纪律、服装和住宿方面的规定"②,中世纪大学为浓厚的宗教氛围所笼罩。宗教束缚使大学无法充分重视人的研究,无法彻底地实现学术自治和思想自由,限制了大学的研究领域,使大学与社会的互动仅仅局限在有限的层面,与宗教的纠葛成为摆在大学迈向现代化进程的一大难题。

三、启蒙运动激发大学的自主意识

进入 17、18 世纪,伴随着科学革命的萌芽和启蒙思想的渗透,大学开始逐渐摆脱宗教的束缚,并形成独立的自主意识。哥白尼《天体运行论》的公开发布,标志着欧洲近代科学革命拉开了序幕,牛顿用万有引力定律揭示了宏观物理世界的规律,推动着科学发展到一个全新的高度,并由此对基督教构建的以神学体系为基础的世界观产生极大的撼动。科学与理性的兴起,标志着人的理性、人的尊严、人的价值的确认肯定,标志着人能够运用自己的才能智慧而不需要遵从上帝的意志就能正确地认识世界和改变世界。理性驱逐了宗教的蒙昧,科学与宗

① 里德－西蒙斯.欧洲大学史:第二卷[M].贺国庆,王保星,张薇,等译.保定:河北大学出版社,2008:193.
② 里德－西蒙斯.欧洲大学史:第一卷[M].张斌贤,程玉红,和震,等译.保定:河北大学出版社,2008:124.

教划分了界限,科学与理性作为人的一种全新的认知方式深入社会生活的方方面面,形成了一种社会普遍认可的主流文化,解放了长期受到教会压制的社会思想意识,对大学的进步也产生了极大的促进作用。

由于民族国家的兴起,教会势力迅速衰落,政府开始介入大学的管理,大学开始走向世俗化,非教派人士可以担任大学教授,师生之间的关系更加明确。大学的研究领域也不再受到教义的限制,形成了较为宽松的研究环境,促进了大学在哲学、文学、艺术、自然科学等领域的开拓创新,创造了丰硕的文化成果。大学也不再排斥与社会之间的联系,更加愿意对社会所关注的热点进行回应,并因之形成了基于民族文化的自我意识。总的来说,启蒙运动后,大学在以个性解放、思想独立、科学理性为号召的时代洪流中逐渐脱离宗教束缚,大学的主体意识被唤醒,开始重视独立思考、理性精神和社会研究,开始走出迈向现代化的第一步。

第二节 工业时代的大学理念

随着工业革命的深入推进,欧洲资本主义国家相继普及了大工业生产方式,社会发展对高素质人才的需求进一步提高,大学与社会之间的关系也更加密切。很多情况下是一所或者多所伟大的大学成就了一个伟大的国家,而对于一个致力于发展和进步的现代化国家来说,也迫切需要一流大学引领时代潮流,这种需求已经超过了以往任何时代。一流大学成为现代化文明的必要条件,在现代社会图景中占据了不可或缺的地位。

一、大学的社会意识显著提升

在工业革命与启蒙运动的推动下,大学逐渐摆脱了宗教的束缚,其主体意识与理性精神得到了彻底解放,大学开始以思想的中心、批判的中心和创造的中心的新身份,全面参与到社会生活当中。伴随着欧洲民族国家的建立及其现代化进程,大学再也不能躲在"象牙塔"里,大学的功能发生了很大变化,开始为发展工业服务,大学的世俗化、官僚化与专门化程度得到进一步提高。"19 世纪,各地的公立大学相继转化为世俗机构,同时,大学逐步隶属于政府当局,政府也将大学的管理视为国家教育政策的一部分。"①这一过程的最终目标是实现大学职业的专业化。大学因宗教而被赋予的神秘性最终被剥离,大学的使命演变为"利用人类智慧所发明的最经济、最直接和最有效的办法,把普通人培养成为优秀的专业人员"②。

除此之外,大学对世俗问题的关注度较以往也有了很大程度的提高,开始积极地承担社会责任,并在社会变革中发挥重要作用。从美国 1862 年的《赠地法案》到威斯康星精神,大学在与社会的交互中找到了自身在现代社会中的定位——通过服务社会来实现自身的价值。有学者对此盛赞道:"它在维护、传播和考察永恒真理方面是无与伦比的;在探索新知识方面是无与伦比的;在整个历史上的所有高等学校中间,在服务于先进文明的如此众多的部分方面也是无与伦比的。"③大学在走向现代与继承传统的过程中,逐渐找到了二者之间的平衡点,将教育、科研与社会服务有机结合,既履行了社会职责,增强了大学的社会性价值,又保留了大学作为探索真理之园地的传统属性。

---

① 吕埃格.欧洲大学史:第三卷[M].张斌贤,杨克瑞,林薇,等译.保定:河北大学出版社,2008:7.
② 加赛特.大学的使命[M].徐小洲,陈军,译.杭州:浙江教育出版社,2001:10.
③ 克尔.大学的功用[M].陈学飞,陈恢钦,周京,等译.南昌:江西教育出版社,1993:29.

与此同时,"大学内部的学生也要求大学不能闭门造车,应该对社会问题予以关注"①。学生运动成为这一时期大学积极参与社会变革的主要标志。"学生运动标志着在学生生活中,已开始关注社会环境中政治或社会自由的缺失,并用他们的特殊地位来加以捍卫。"②这一时期的学生运动在以马克思主义为代表的左翼思潮的引领下得到充分发展,其中代表性的运动如1848年欧洲革命中的"造反派"、1896年在巴黎建立的"学生联合组织"、1933年在法国巴黎举行的"世界青年和平促进会"以及爆发于中国的"五四运动"。学生运动多与社会解放活动密切相关,他们的诉求反映了这个时代最鲜明的政治主张,他们扮演着一种激进的开拓者的角色,用自己的实际行动影响着整个社会思潮,试图实现一定程度上的社会变革。

二、科学主义引领大学发展的潮流

科学主义在这一阶段被提升到前所未有的地位,大学开始将科学研究视作最重要的职能着重发展,推动了各个学科领域的创新与突破。曾任柏林大学校长的洪堡就曾指出:"高等学术机构的作用,在内是把客观的科学和个人的教育统一起来,在外是把已结束的中学学业与正在开始的独立研究联系起来,或者说促进前者向后者过渡。但主要着眼的仍然是科学。"③科学作为一门独立学科,不再是神学和哲学的"婢女",而是开始作为一门独立的学科,广泛地融入大学教育的体系当中,比如生物学、细胞学、精神科学、生理学、现代医学、遗传学、地球科学等理工学科在当时都很受欢迎。

反映在人才培养的人员构成上,在培养人文学科人才的同时,大学尤其注重培养社会科学和自然科学方面的人才,更多的资源向社会科学和自然科学研究

---

① 博克.走出象牙塔:现代大学的社会责任[M].徐小洲,陈军,译.杭州:浙江教育出版社,2001:10.

② 吕埃格.欧洲大学史:第三卷[M].张斌贤,杨克瑞,林薇,等译.保定:河北大学出版社,2008:25.

③ 洪堡.论柏林高等学术机构的内部和外部组织[J].高等教育论坛,1987(1):93.

方向倾斜,这一趋势一直延续到现代社会。以牛津大学为例,从1923—1974年间,牛津大学人文学科教师所占比例从70%下降到38%,社会科学教师所占比例从3%上升到19%,自然科学和技术教师所占比例从27%上升到43%。1923—1991年间,牛津大学人文学科学生所占比例从80%下降到37.8%,社会科学学生所占比例从0上升到22.7%,自然科学和技术学生所占比例从20%上升到39.3%①。人们深信科学是技术发展的必要基础,技术教育成为高等教育结构体系中发展最为迅速的部分,理工专业在大学学科体系中占据了较高的地位,获得更多关注。一幅由"符号和公式"织成的文明图景成为大学最典型的现代化特征。

然而,随着实用主义和科学主义的持续发酵,人文主义与科学主义、学术自由与文化专制之间的矛盾不断加剧,大学的理性精神演化为一种以功利主义为核心的价值系统,这种主张虽然在较短的时间内助推了大学在某一领域的快速发展,但淡化了大学的人文情怀,使得大学变得更加"机器化"。同时,科层制在大学的广泛应用,在提高大学行政办事效率的同时,也滋生了诸如形式主义、官僚主义、文牍主义等不良风气,对大学的长远发展产生了不利影响。在某些国家,在以公共教育部为代表的政府势力的强势干预下,大学发展的独立性逐步丧失,大学的科学研究成为服务于国家政府,甚至是服务于战争的重要工具。第二次世界大战期间,在法西斯主义国家,大学教育在种族主义和极端民族主义的支配下成为蛊惑人心、禁锢思想的重要手段,成为发动侵略、维持战争的重要推手,为战争提供了众多先进的技术装备,并诞生了诸如"希特勒青年团"之类的极端学生组织,大学之独立性荡然无存,彻底沦为当权政府维护自身统治的工具。现代化在推动大学大幅迈进的同时也为大学的未来带来新的危机和挑战。

---

① 刘宝存.牛津大学办学理念探析[J].比较教育研究,2004(2):19.

第三节　全球化时代的大学理念

战后的国际政治经济新秩序重新调整了大学的定位和理念,尤其是冷战之后,和平与发展成为时代的主题,随之世界范围内大学形成快速发展的新态势。在经济全球化以及信息革命的推动下,大学的国际化、综合化、创新性程度进一步提高,在现代社会,大学对于人类的快速发展越来越具有战略性的价值。

一、战后大学呈现快速发展态势

两次世界大战揭示了科学技术凶残的一面,但却并没有损害大学在人们心中的重要地位,越来越多的国家认识到,要想立足于世界民族之林,就需要获得先进的技术,就必须建设高水平的大学。为改变战后大学毕业生短缺的状况,欧洲各国纷纷推出了大学扩张性改革政策,各类公共资金和私人资金都慷慨地资助大学的教学研究工作,以更大限度地培养、利用人才资源。大学教育更加大众化、普及化,从20世纪50年代到90年代是西方国家高等教育快速发展的四十年。1990年,西班牙的高等教育机构录取的学生数比1960年增加了15倍,芬兰和荷兰的大学生数较1950年增加了10倍,联邦德国和英国的大学生数增加了9倍,法国增加了8倍,希腊、意大利和澳大利亚增加了6倍,比利时增加了5倍,南斯拉夫增加了4倍[①]。大学的数量也随着上大学人数的增加而迅猛增长。

---

① 吕埃格.欧洲大学史:第四卷[M].贺国庆,王保星,屈书杰,等译.保定:河北大学出版社,2008:43.

"大学之所以能够存在,是因为它可以满足人类已有知识和创造新知识的需要。人类的这一需求催生出一个市场,大学也置身其中,其生存取决于是否能适应和满足不断变化的市场需求。"①战后大学的快速发展印证了一个事实,即大学的重建、延续与进步是市场经济规律运行的结果,符合人类社会发展的现实需要,有力地推动了战后世界经济的复苏与繁荣,大学本身也在与社会交互影响的过程中不断地迈向新的境界。在现代社会,大学所承担的这份使命责任愈发显著,大学来自社会,服务社会,并将最终推动社会变革。现代社会对大学的要求也更高,对于大学寄予了更高的期待,促使其不断地深入探索知识领域,扩展知识疆界,引领知识发展方向,大学自身更是扮演了"知识的创造者、管理者和批判者"的三重角色,在当今社会发挥更加重要的作用。

二、大学的国际化意识显著增强

由于第三次科技革命和经济全球化引起的社会变革,世界高等教育的整体结构和功能发生了显著变化,其主要特征是大学的综合化、高科技化、中心化和国际化程度显著增强。经济全球化以及区域经济一体化的进程加速了商品、要素、资金以及人员的跨国界自由流动,导致高等教育面临着前所未有的交流、合作与竞争。20世纪80年代以来,伴随着全球化进程的加速,国际化成为高等教育发展的主要潮流之一。根据经合组织2013年的教育发展报告,2010—2011学年,大学层次的国际学生数量接近430万人,其中,美国、英国、德国、法国等国家吸引了约77%的国际学生,而亚洲学生则贡献了国际学生生源的53%,其中排名前3的国家分别是中国、印度和韩国。根据总部设在澳大利亚的教育国际开发署的估计,到2025年,

---

① 吕埃格.欧洲大学史:第四卷[M].贺国庆、王保星、屈书杰,等译.保定:河北大学出版社,2008:563.

全球接受大学本科教育的国际留学生将接近 720 万①。

在全球化和国际化的趋势下,大学的文化理念呈现出更加开放和包容的特点,文化多元化和跨文化交流成为现代大学的基本要求,对扩大国际影响力的追求成为当前大学发展的主要目标。孤立的、自我延续的、狭隘的环境已经不能为教育机构或其任何组成部分的功能服务了。全球化交流成为推动大学发展的新引擎。与此同时,不同的文化经验、政治制度、经济关系和技术选择的接近和交织,要求在课程制定和实施中,以及在各学科研究人员提出的研究领域和问题的定义中,发展和注入世界的观点和视角,从而极大地推动了科技文化的创新性发展。

三、大学呈现综合化的发展趋势

在大学发展的方向上,部分现代大学开始摆脱被界定为研究型大学还是实践型大学的理念争辩,更多综合型大学应运而生,在教学理念、教学方法、教学模式等方面进行了重大改革,以适应现代社会的发展需求。例如,在定位现代牛津大学的使命时有学者强调:"当代牛津的基本任务有四:培养领袖人才,科学研究,培养新型的学者和科学家,通过学院传递文明文化。"②综合型的大学对自身的定位更加全面、更加崇高,不再将自己仅视为培养专门人才的专门机构,而是致力于成为引导社会、传播文明、培育人才的重要平台,扮演连接全世界智力精英的桥头堡的角色。

此外,大学与科学技术之间的关系更为密切,成为发展高新技术的高地。大学成为新技术诞生的策源地,诸多现代科学的重要研究基地都有大学广泛参与,

---

① 陈其霆,张卓.高等教育国际化的动因和发展对策探讨[J].江苏科技信息,2014(12):65-66,76.
② SOARES J A. The decline of the previlige: the modernization of Oxford University[M]. California:Stanford University Press,1999.

形成了诸多以大学为核心的高科技研究中心。20 世纪末,随着全球气候变暖、大气污染以及生态危机愈发严重,人们的环境保护意识不断加强,与此同时,"对生物体之间及生物体与环境之间相互影响的研究与测量引发了 20 世纪生物学领域第二次革命"①,这使可持续发展和绿色发展的热度不断上升,使得大学在环境保护领域的研究达到了前所未有的高度。全球各地的专家和学者积极参与构建生态环保的理论模型,探讨人与自然和谐共生的新策略,为资源节约、环境保护和可持续发展提供了新的实践路径。在这一过程中,大学作为"知识的创造者、管理者和批判者",在推动社会进步、引领科技发展和构建可持续未来等方面都发挥了至关重要的作用。

第四节　第四次工业革命时代的大学理念

进入 21 世纪,以智能化、网络化、数字化为核心特征的第四次工业革命,正以远超于前三次科技革命的影响力,助力当代社会各个领域发生突破性的变革,深刻影响改变了人们的生产、生活和思维方式,引领人类迈向全新纪元②。新技术在优化、变革传统大学教育、科研、管理模式的同时也使大学面临诸多挑战,大学迫切需要提出富有建设性的应对策略,而要解决这一难题,就需要从变革大学自身开始。

---

① 吕埃格.欧洲大学史:第四卷[M].贺国庆,王保星,屈书杰,等译.保定:河北大学出版社,2008:478.
② 赵志耘,高芳,李芳,等.第四次工业革命核心技术驱动力[M].北京:科学技术文献出版社,2021:8－10.

一、智能革命变革大学教育模式

当今世界正处于百年未有之大变局,以人工智能、大数据、量子科技、虚拟现实等技术为代表的第四次工业革命正在悄然兴起,以前所未有的深度和广度影响、变革当今世界的发展面貌和基本格局。"与前三次工业革命由单一领域率先突破、进而推动经济社会全面发展的模式不同,第四次工业革命是涉及所有学科、所有领域、所有行业的全方位的'爆发',是建立在前三次工业革命基础之上系统性的质的飞跃,对世界各个行业、各个领域、各个角落都产生了极大的冲击与影响。……其来势之猛、范围之广、影响之深,前所未有。"①新技术极大地改变了人们认知世界的方式途径,重塑了教育教学的思维模式,突破了旧的学科体系架构,释放了新兴学科的发展动能,深刻地影响高等教育的基本格局和未来走向,催生着大学自身的调整与变革。当代大学正在面临着一个质的飞跃的问题,即如何能够在第四次工业革命的时代浪潮中明确自身的定位,如何顺应新兴生产力的发展要求,探究大学在当代的存在价值,在滚滚洪流中真正做到激流勇进,这成为全世界大学共同面对的严峻考验。

在高等教育领域,人工智能、大数据、云计算、虚拟现实等新兴技术的突破发展,显著地提高了大学教育的智能化、数字化水平,与之相伴的是大学的教学模式、管理模式、评价模式向着智能、高效、精确、个性化方向发展。以往教育模式存在的社会阶层固化、教育制度僵化、管理泛行政化、教育同质化等弊病也随着新兴技术的普及运用得到一定程度的解决。在学生培养方面,因材施教的个性化教育逐渐成为现实。受益于大数据、5G通信和虚拟现实技术,人们获取前沿、系统、针对性的知识更加便宜、便捷、高效,可以不再受到时空条件的限制,享受

---

① 王树国.第四次工业革命背景下世界高等教育的变革与发展[J].教育国际交流,2023(03):16.

高质量的教学资源不再是少数人的特权,学生的多元化能力随之得到极大提高。教育的模式也将不再局限于年龄或是阶段,在不久的将来,也许每个学生都将拥有独属于自己的人工智能老师,它们熟知学生的学习难点和心理状态,并能按照学生自己的节奏,运用最佳的鼓励方式,选用最适合的教学材料,为学生提供全天候、全方位、全过程的教学辅导①。在教学评价层面,适应于培养学生多元能力的目标,在运用大数据、云计算、大模型等数字技术的基础上,针对学生的评价维度将更加全面,评价方式将更加丰富,评价结果将更加精确。教学评价将不再仅是流于形式的一页数据报表,而将成为具有检测、诊断、甄别、预测、导向多种功能的高效育人手段。新技术的运用也将深刻地改变高校原本的体制机制,不同学科之间的壁垒将日渐消除,不同学科的交叉融合已经成为大势所趋,学科布局将会更加符合时代的潮流,高校的人才培养和科学研究将与社会需求密切相关。适应于这样的学科要求,大学组织架构将更加开放、扁平和网络化,进一步突破科层制组织框架的限制,促使大学组织基本构成要素之间建立起互通有无、相互协调、相互依存、高效便捷的共治模式,促进组织内部物质、信息、能量的交换、整合与融通。

二、智能革命迫使大学作出改变

新技术在优化大学教育模式的同时也将给当代大学带来前所未有的压力与挑战。面对人工智能引发的教育模式变革和生产方式革命,大学对于社会知识的垄断地位和权威性正在下降,未来是否还需要大学文凭? 是否还需要大学教师? 是否还存在大学? 这一切都会因为现代技术在教育领域的不断渗透而成为当代大学不得不思索的重要问题。如今,适应与变革已成为大学发展的重要课

---

① 塞尔登,阿比多耶.第四次教育革命:人工智能如何改变教育[M].吕晓志,译.北京:机械工业出版社,2019:201-205.

题。如果不能在人工智能时代下明确自身的定位,不能处理好与现代化技术之间的交互关系,不能对传统办学模式进行及时的变革调整,大学就可能会失去继续存在的必要。

再者,我们在运用、享受新技术的过程中,也不能忽视它们的潜在风险。总的来说,以人工智能为代表的新技术在促进高等教育领域发生改变的同时也带来了六大潜在的风险隐患。第一,人工智能本身存在的算法技术上的缺陷导致答案可能含有错误,容易对学生产生误导;第二,人工智能教育缺乏启发性引导及情感交流互动,难以支撑"有温度的教育",造成育人的片面化;第三,过度依赖人工智能导致学生的学习流于表面,缺乏深度的思考,进而丧失批判力和创造力;第四,人工智能相较于人类在知识储存方面有极大的优势,致使部分学生认为学习毫无意义,产生教育"无聊化"的情绪;第五,过度依赖虚拟现实技术,导致学生人际交往能力减弱,丧失社交属性,难以融入现实生活;第六,数据隐私安全以及科技伦理道德问题将成为智能化、数字化时代的一大隐忧,需要我们做好应对方案。这些问题将会随着新技术在教育领域的持续渗透而逐渐显现,需要我们增强风险意识并给出应对的策略。总而言之,当代大学正处于极速变革的阶段,在以人工智能为代表的新一波现代化技术浪潮冲击下,我们不得不思考新的时代背景下教育的内涵、大学的定位、技术的边界以及人类的本质等核心问题,要积极推动大学在治学理念、体系架构、发展方向等层面作出改变,使大学在经历第四次科技革命的洗礼后,重获其在历史上最重要、最受尊敬的地位。

风险总是与机遇并存,人类任何一次重大技术的创新突破都会深深地改变整个世界的格局和样貌,加速国际政治经济秩序的重构。第四次工业革命对中国而言是巨大的历史机遇,如果抓住了这次机遇意味着中国将会掌握这一时代最前沿的科学技术,建设起最发达的产业体系,引领世界先进生产力的发展潮流,极大地提高中国的国际地位和话语权。中国大学作为国家高等教育的脊梁应当义不容辞投入这样一场影响深远的重大变革中,勇于承担探索变革创新的实践路径,积极地回应时代重大提问。中国大学要在思维模式和底层认知上真正地走出"象牙塔"的藩篱,要打破传统大学的"旧围墙",热情地拥抱社会、拥抱未来,勇于回应人民、社会、国家、世界的重大关切,以虚心求教的态度敢于向先进企业学习、向行业龙头学习。中国大学要将自身的发展融入社会、国家、世界发展的总趋势中,面向国家发展的重大需要,积极对接国家的重大战略,面向经济社会主战场,锚定影响未来的重大问题①,认清今日中国面临的形势、挑战与任务,为建设 21 世纪大学新形态,解决世界高等教育面临的新问题贡献中国智慧,提出中国方案。

---

① 　王树国.第四次工业革命背景下的高等教育变革与发展[J].中国高教研究,2021 (01):3.

第二编

第五章 爱国爱党的大学文化

在近现代中国的历史进程中,大学不仅是知识和学问的殿堂,更是培养学生家国情怀和爱国精神的重要场所。从晚清时期的自强运动到民国时期的五四运动,再到新中国成立后的各项教育改革,中国大学在不同的历史阶段承担着不同的使命和责任,但贯穿其中的一条主线是培养学生的爱国情怀和责任意识。

在中国大学文化的演进中,爱国精神一直是其核心价值观的重要组成部分。历史回顾表明,中国大学在近现代历史中与国家命运紧密相连,特别是在五四时期、抗日战争等重大历史时期,大学生积极投身国家救亡运动,展现出强烈的家国情怀和爱国热情。这一历史经验不仅展示了中国大学文化中爱国精神的深厚根基,也为当代大学生树立了爱国的典范。

爱国主义教育的理论基础为大学文化中爱国爱党精神的培育提供了坚实支撑。爱国主义教育不仅涉及情感态度的培养,更是一项结合理论与实践的系统教育活动。这一理论框架强调了爱国主义在当代中国社会的重要性,并指导着大学文化的发展方向。大学文化在爱国主义教育中扮演着重要角色,它不仅是大学精神的体现,也是大学生思想政治教育的重要载体。构建富有时代特色的大学文化,可以有效促进大学生爱国情感的培养和爱国行动的实践。因此,大学文化与爱国主义教育的紧密结合,是推动中国大学文化发展的重要途径,也是培养新时代爱国人才的关键所在。

中国近现代大学诞生于中华民族危难之际。在晚清时期,中国面临着前所未有的内忧外患,国家面临的危机触发了一系列的变革尝试,其中教育改革尤为突出。面对"三千年来未有之大变局",一批有识之士以"自强"和"求富"为目标,提倡"师夷长技以制夷",构建了"中学为体,西学为用"及"以器卫道"的应对策略。中国的近代化进程经历了学习技术、引进制度、革新文化的艰难探索。一批具有远见的知识分子和改革家开始认识到传统教育体系的局限性,他们主张学习和引进西方的科学技术以及先进的教育理念,以期振兴中华。这一时期,中国的大学教育开始从传统的经书学问向现代化的科学技术教育转型。19 世纪 60 年代兴起的洋务运动,对军事、经济、实业、教育等方面的改革发挥了奠基性作用,推动了中国教育的重大改革,如派遣留美幼童、创办京师同文馆、废除科举制度、改书院为学堂、创办自强学堂等。洋务运动中诞生的洋务学堂,成为中国近现代大学的开端。以北洋大学为代表的新式学堂不仅着重于培养掌握科学技术的人才,还强调培养学生的国家意识和责任感,旨在培养一批具有爱国心和救国志的青年学生,为救亡图存贡献力量。"建立近现代大学,是中华民族救亡图存,'挽民族国家于既倒'之总体应对方案中的关键部分。"①中国近现代大学的特殊起源,决定了其与西方大学的根本差异,塑造了中国大学的特殊基因和基本性格。

民国时期,中国社会陷入了更深层次的动荡之中,国家的命运成为每一个有识之士深切关注的焦点。1919 年,五四运动的爆发不仅标志着中国近代史上一次重要的思想解放和文化更新运动,更是民族觉醒的象征。在这场运动中,大学生作为运动的主力军,展现了强烈的爱国情怀和民族意识。在这一时期,大学教育开始发生重大转变,重心逐渐转向培养学生的批判思维和独立人格。这一转变体现在教育内容和教育方式的革新上,大学不再仅仅传授书本知识,而是开始

---

① 张应强.在计划与市场之间:我国高等教育治理转型和治理体系建设[M].武汉:华中科技大学出版社,2020:99.

注重培养学生的思辨能力和独立思考能力。同时,政治教育和民族主义教育也被赋予更重要的地位,旨在激发学生的民族自豪感和责任感,培养他们成为具有现代意识和民族责任感的新一代青年。这一时期的大学教育变革,为中国培养了一批具有国际视野、批判精神和创新能力的青年才俊,为后续的国家发展和社会进步奠定了坚实的人才基础。

新中国成立后,大学教育的使命和目标发生了根本性的变化。新中国成立之初,党和国家接管了旧中国遗留下来的200余所大学,并对其进行了彻底改造。在20世纪50年代初期,根据新中国建设发展的需求,党和国家借鉴了"苏联模式",通过撤销、重组、新建等方式,开展了全国范围内的高等学校院系调整。这次院系调整不仅发展了师范教育,而且着重建设了为国家工业化服务的、按照国民经济部门来分类的"部门大学",形成了部门办学体制。这种部门办学体制一直持续到20世纪末期的高等教育体制改革和结构调整时才得以改变。在社会主义建设的新时期,大学教育被赋予培养社会主义建设者和接班人的重要任务。大学不再仅仅是知识传授的场所,而是成为社会主义核心价值观的传播阵地。大学生被鼓励将个人理想与国家发展紧密结合,积极参与到社会主义建设中去。在教学内容和方式上,大学教育更加注重理论与实践的结合,强调科学技术与社会主义思想的融合,培养学生的创新能力和社会责任感,为建设社会主义现代化国家培养了大批高素质的人才。

进入社会主义建设和改革开放的新时代,大学的使命发生了转变,家国情怀的内涵也随之拓展。大学不仅要培养学生的政治意识和道德观念,还要引导他们关注社会发展、科技进步和人类福祉。在这一时期,大学的家国情怀体现在培养学生的社会责任感、创新精神和国际视野上,鼓励他们为社会的进步和人类的福祉作出贡献。此外,大学的家国情怀还体现在对学生全面发展的重视上。通过提供多元化的教育内容和丰富的实践活动,大学帮助学生形成正确的世界观、人生观和价值观,培养他们成为德才兼备的社会主义建设者和接班人。总的来说,近现代中国大学的家国情怀是在对学生爱国主义教育的持续强调和实践中体现出来的。这种家国情怀不仅仅是一种情感上的归属感和认同感,更是一种深刻的责任感和使命感。在抵御外侮、救亡图存的时期,大学担负着培养民族精英和革命先驱的重要任务。大学生通过接受现代教育,提升自身素质,增强国家意识,成为民族复兴的中坚力量。

在近现代中国的历史征程中,大学教育不仅仅扮演了知识传承与学术研究的角色,更重要的是,它成为培养学生深厚的家国情怀和爱国精神的关键场所。自晚清自强运动、民国时期的五四运动,到新中国成立后的教育改革,中国的大学教育在不同的历史时期肩负着不同的任务和责任,但始终不变的是激发和培养学生爱国情感和责任意识的教育目标。

自1840年鸦片战争以来,中国陷入了长达一个多世纪的民族危机。在这一背景下,建设现代化强国、实现中华民族的伟大复兴成为中国人民不懈的追求。为了实现这一目标,中国的近现代大学不仅仅是学术研究的场所,更是国家现代化进程中的重要力量。从近代到新中国成立以来,中国的大学一直承载着中华民族复兴的光荣梦想,并充满着追赶世界一流的激情。这种激情体现了中华民族自强不息的精神。尽管在建设和发展的道路上经历了曲折,但中国大学所承担的促进民族复兴和实现国家强盛的使命始终未曾改变。这一使命不仅体现在教育内容和研究方向上,也体现在培养学生的责任感、使命感和爱国情怀上。中国近现代大学的发展历程不仅是中国教育史的重要篇章,也是中华民族自强不息、奋力追求复兴的生动写照。这一特殊的历史使命和功能期待,塑造了中国大学独特的发展路径和文化特质,使其在推动国家进步和社会发展中发挥了不可替代的作用。

第一节　爱国主义教育的理论基础

　　爱国主义教育在我国大学文化中扮演着至关重要的角色,它不仅是传承中华优秀传统文化的重要途径,也是培养当代大学生家国情怀和社会责任感的关键。一系列历史事件和人物表明,中国人民在面对国家危机时,始终展现出坚定的爱国情怀和不屈不挠的斗志,这种精神贯穿于中国的历史发展进程之中,成为中华民族自强不息、奋发图强的重要动力。

　　自党的十八大以来,以习近平同志为核心的党中央高度重视爱国主义教育,中共中央、国务院印发了《新时代爱国主义教育实施纲要》(以下简称《纲要》),为爱国主义教育提供了明确的目标方向和路径指引。《纲要》强调,在中国特色社会主义新时代,必须大力弘扬爱国主义精神,将爱国主义教育贯穿于国民教育和精神文明建设的全过程中。为了响应党中央的号召,近年来各高校积极开展爱国主义教育,纷纷开设了富有特色的爱国主义课程,并组织了丰富多彩的爱国主义教育活动。这些活动旨在激发学生的爱国热情,培养他们的家国情怀和责任感。同时,学界也对爱国主义教育进行了深入的实践探讨和理论分析,旨在探索更有效的教育方法和途径,以适应新时代的发展需求。通过这些努力,爱国主义教育在高校得到全面推广和实施,不仅提升了学生的爱国情怀,也为培养德才兼备的社会主义建设者和接班人奠定了坚实的基础。这种教育的深化和发展,有助于促进国家的长远发展和社会的和谐稳定,为实现中华民族的伟大复兴贡献力量。

一、中华优秀传统文化在现代爱国主义教育中的传承与实践

　　中华优秀传统文化是中华民族的精神命脉,是涵养社会主义核心价值观的

重要源泉,也是我们在世界文化激荡中站稳脚跟的坚实根基。在漫长的历史进程中,我们的先辈在中华优秀传统文化的照耀下,迎难而上,勇往直前,在不断应对挑战中奋力前行,铸就了中华民族生生不息、蓬勃发展的辉煌成就。中华优秀传统文化的内涵丰富多彩,涵盖极广,其中儒家思想的深远影响尤为显著。它倡导的"讲仁爱、重民本、守诚信、崇正义、尚和合、求大同",精练而深刻,凝聚了儒家思想的精髓。特别是"讲仁爱",这一理念不仅是儒家哲学的核心,也是构建和谐社会的基石。在人际交往中,"讲仁爱"体现为相互之间的关爱、尊重与帮助,这种相互理解与支持,是和谐健康人际关系的基础。在执政者与人民的关系中,"讲仁爱"显现为以人民为中心的执政哲学,这正是孟子所强调的"民贵君轻"原则的现代体现,也就是"重民本"。"讲仁爱"不仅体现在人与人之间的相互关照,还表现在个人品德的修养上,即"守诚信",这意味着言行一致,诚实守信。"崇正义"则强调按社会道德标准行事,为社会和谐奠定基础,是个人自我约束和对社会负责的体现。如董仲舒所言:"以仁安人,以义正我","崇正义"既是对他人的关爱,也是对自身行为的规范。"尚和合"则体现了一种和谐共生的社会理念,强调尊重差异、求同存异的重要性。"求大同"展现了儒家对理想社会状态的追求,是人与人之间相互尊重、共同进步的最高境界。

大学在育人的过程中,应将儒家思想及中华优秀传统文化的精髓融入大学文化建设之中,以其磅礴的文化力量和深厚的文化底蕴,引领大学生立志高远、勇于担当,胸怀家国、勇敢作为,培养出具有国际视野和民族情怀的时代新人。

二、革命文化在新时代爱国主义教育中的强大动力

革命文化,根植于中国共产党人不懈斗争的历史中,是对中华优秀传统文化的继承与发展,更是在新的历史条件下的创新与淬炼。革命文化不仅是推动社会主义现代化建设的核心力量,而且是振兴中华民族、实现民族复兴梦想的磅礴

动力。革命文化通过丰富的历史经验、宝贵的革命遗产和不朽的革命精神，传承着忧国忧民的五四精神、坚定不移的红船精神、勇于开拓的井冈山精神、不畏艰难的长征精神、艰苦奋斗的延安精神、自强不息的沂蒙精神以及坚守初心的西柏坡精神。这些精神不仅为中国人民克服历史上的重重困难提供了精神支撑，也为新时代的奋斗指明了方向。

《共产党宣言》中提出的革命观点，在中国共产党的历史实践中得到了充分验证。从五四运动激情澎湃的爱国呼声，到 1921 年中国共产党在南湖红船上的诞生，每一步都凝聚了无数革命志士的奉献与牺牲。井冈山精神、长征精神、延安精神，以及沂蒙精神和西柏坡精神等，展现了中国共产党与中国人民在不同历史阶段的伟大奋斗与卓越智慧。这些革命精神的形成与发展，不仅是对过去革命历程的总结，更是对未来奋斗的指引和鼓舞。

面对新时代的挑战与机遇，革命文化和革命精神依然是激励全党全国人民奋勇前进的强大动力。特别是对于广大青年和大学生而言，深入学习和传承革命文化，不仅是对历史的尊重和缅怀，更是对未来的责任和担当。大学生应主动融入这一时代大潮，通过学习和传承革命文化，加深对国家历史的了解，培养坚定的爱国情感和责任意识。在新的历史征程中，大学生应以革命前辈为榜样，勇担时代责任，书写属于新时代的辉煌篇章。

三、社会主义先进文化赋予爱国主义教育的时代价值

社会主义先进文化，是马克思主义与中华传统文化理论和实践的碰撞中诞生的智慧结晶。这一文化不仅深植于博大精深的中华优秀传统文化之中，也与革命文化同根同源，展现了从古至今中华文化的连续与发展。从历史维度看，它是对我国悠久文化传统和不屈革命精神的继承与创新；从现实角度出发，它应时代之需，创造性地总结和提升了中华优秀传统文化和革命文化的内核，为中华民

族的来路和前途提供了明晰的答案。

社会主义先进文化的建设与发展,必须坚持以马克思主义为指导。马克思主义的科学理论和实践指导,是社会主义先进文化发展的根本。历史证明,没有一种力量能够像马克思主义那样,唤醒民众、振兴民族。中国共产党人将马克思主义与中国革命的实际相结合,开辟了救国救民的新道路,实现了理论与实践的双重飞跃。从新民主主义革命到改革开放再到新时代的长河中,中国共产党坚持以马克思主义为指导,不断深化理论与实践的结合,使中国特色社会主义文化更加丰富多彩,同时也让马克思主义在中国大地上生根发芽,深入人心。

社会主义核心价值观是社会主义先进文化的集中体现,是引领文化发展的灯塔。它不仅是对传统文化和革命文化的传承,更是对这两者精华的提炼和升华,代表着国家、社会和个人层面的价值追求。为了抵御文化侵蚀、确保正确的发展方向、扩大文化影响力,大力推广社会主义核心价值观显得尤为重要。作为新时代的青年,大学生应深刻理解并践行社会主义核心价值观,将其融入日常学习、生活和社会实践中,塑造积极向上的世界观、人生观、价值观。大学应通过在校园中广泛推广社会主义核心价值观,使之成为青年学生思想进步的源泉,引导青年学生成长为德才兼备、有责任有担当的时代新人,为实现中华民族伟大复兴的中国梦贡献青春力量。

总之,爱国主义教育的理论基础是多元的,它不仅涉及哲学、政治、历史和文化等多个领域,还包括社会学、心理学和教育学等相关学科。这种多元性确保了爱国主义教育能够全面地培养学生的综合素质,使其不仅拥有坚定的政治立场和正确的价值观,还具备丰富的知识和深厚的文化底蕴。通过不断深化爱国主义教育的理论研究,创新教育方法,丰富教育内容,可以更好地培养学生的社会责任感、民族自豪感和文化自信,为社会主义现代化建设培养出更多合格的建设者和可靠的接班人。

第二节　大学文化与爱国主义教育

大学文化是大学精神和价值观的体现，它不仅包括知识的传授和学术的追求，还包括对学生的思想政治教育和道德培养。爱国主义教育作为大学文化的重要组成部分，对于培养学生的家国情怀和社会责任感具有重要意义。

一、爱国主义教育融入大学文化建设的目标及原则

（一）目标

高校大学文化的建设需致力于将爱国主义教育深入融入日常生活与实际工作中，通过寻找与现实生活的联结点，有效地让爱国主义教育成为师生内心的信念和外在行为的指南。大学文化建设的核心目标在于激发和实践爱国主义精神，提升教职员工和学生的职业道德准则，不断完善和优化大学的制度规范。

（二）原则

首先，大学文化建设应当坚持一元主导与多元共融相结合的方针。这意味着在重视和维护主流文化的主导地位的同时，也应充分认识到多元文化的存在价值和重要性，通过尊重并融合不同文化的多样性和多元性，构建一个包容、开放的校园文化环境。这种文化态度不仅能促进学术交流和文化互鉴，也有利于培养学生的全球视野和文化素养。

其次，大学文化建设的核心应当是立德树人、以人为本。这一原则要求高校在文化建设过程中，将学生的个人发展和利益需求置于中心位置，重视他们的主体性和创造性，通过尊重和满足"大学人"在精神和文化层面的需求，引导他们

形成健全的人格、丰富的知识结构和正确的价值观,从而为社会培养出有责任感、有使命感的优秀人才。

最后,在大学文化建设中,必须坚持文化传承与创新的统一,既要深入挖掘和传承中华优秀传统文化的精粹,又要根据时代发展的需求,不断进行文化创新和实践探索。这要求高校在尊重历史、继承传统的基础上,积极适应新时代的文化需求,勇于开拓创新,形成富有时代特色和学校特色的文化表达。这样的继承与创新,不仅能够使校园文化更加生动活泼,也能有效提升学校的文化软实力,为大学生提供更加丰富多彩的精神食粮。

二、爱国主义教育融入大学文化建设的价值

(一)塑造大学生健全人格的重要渠道

人格,作为一个多维度的概念,不仅关乎个人的思想道德和世界观,而且涉及共同体意识,体现了个体在社会中的位置和价值。个人的命运与国家的兴衰息息相关,因此,培养健全的个人人格是实现家庭和谐与国家稳定的基础,也是追求梦想的先决条件。大学阶段是个人人格形成的关键期,大学将爱国主义教育元素融入大学文化建设中,为大学生创造一个充满爱国主义氛围的成长环境,有助于促进大学生健康人格的形成。

将爱国主义教育的文化要素融入大学文化建设对于学生塑造正面的世界观、人生观和价值观发挥着至关重要的作用。将社会主义核心价值观等丰富的文化元素纳入大学文化的构建中,可以潜移默化地引导学生,助力他们树立正确的人生目标和价值追求,有效地防范错误思想和行为的侵蚀,对于提升学生的思想道德水平具有显著意义。大学担负着培养学生综合素质的任务,将中华优秀传统文化、革命文化和社会主义先进文化引入教育体系,不仅能够丰富爱国主义教育的内容,为思政教育注入新鲜血液,还能够通过这些文化的内涵和精神,培

育学生的高尚品德和坚定信念。此外,优秀文化的融入可以增强学生的文化自信。中华优秀传统文化是中华民族精神的根基,是民族自信心和自豪感的重要来源。在大学阶段深入学习和体验文化精髓,可以帮助学生建立对民族和国家的深厚感情,培养其坚定的爱国心,从而在精神层面实现自我完善。

大学阶段是塑造学生人格的黄金时期。将爱国主义教育和优秀文化融入大学文化,不仅能引领学生确立积极向上的生活目标和价值观,也有助于培养学生的道德修养、提升其文化自信。

(二)实现中华民族伟大复兴中国梦的重要助力

中国梦这一概念承载着中华儿女代代相传的共同理想和追求,涵盖了家国天下的宏大梦想。它在中国历史哲学中有着深刻的内涵,孔孟之道中体现为"仁"的理念,道家思想中呈现为"自然"与"无为"的智慧,法家则强调"法治"的重要性,墨家倡导"兼爱与非攻"。这些丰富多元的解读,共同织就了中国梦的丰富内涵。中国梦的根源可以追溯到盛唐时代,那个时期的文化自信与开放精神,以及"直挂云帆济沧海"的壮志豪情,映射了中国梦的历史深度。同样,中国梦也深植于近代中国自鸦片战争以来的屈辱历史和民族复兴的努力中,林则徐的义举、孙中山的革命、鲁迅的笔力以及无数志士仁人的奋斗,共同谱写了近代中国梦新的章节。自改革开放以来,中国梦在一系列创新政策的推动下落地生根,邓小平南方谈话的开拓精神、深圳的经济奇迹、社会主义市场经济的发展,都是中国梦逐渐实现的重要里程碑。如今,虽然中国已步入新时代,实现中华民族伟大复兴的中国梦依然任重道远。作为中国梦实现的主力军和关键一代,当代大学生需以更加坚定的意志、更广阔的视野和更实际的行动,将个人的理想寄托于国家的未来之中,与祖国的命运紧密相连。

在此背景下,将爱国主义教育融入大学文化建设显得尤为关键。这不仅有助于大学生在回顾历史的过程中深植爱国情怀,还能激发他们为国家贡献力量的热情。通过学习历史，大学生可以汲取前辈的智慧和力量，以健全的身心和宽广的胸怀投身国家的发展大业中，携手构筑实现中国梦的伟大征程。

（三）继承和弘扬优秀民族精神的必要手段

中华民族历史悠久，坚韧不拔、自强不息的民族精神，是中华民族历经无数次考验后依然屹立不倒的根本所在。爱国主义作为这一民族精神的核心，贯穿于中华民族的发展史中，引领着民族精神的传承和发展。在新时代的征程上，更需要继承和发扬这些优秀的民族精神。只有如此，我们才能在快速变化的时代中保持清晰的方向，引领这个时代向前发展。同时，这些民族精神也是创造和转化出更多优秀民族精神的基础。大学生作为民族的未来和希望，承载着"振兴中华"的使命感和责任感。将爱国主义教育融入大学文化，不仅能够增强学生的民族自豪感和自信心，还能激发他们的奋斗精神和创新能力，勇于为实现中华民族伟大复兴的中国梦贡献自己的力量。

因此，在大学文化建设中融入爱国主义教育至关重要，它不仅能够帮助学生深入理解中华民族的历史与文化，更能在青年心中植入深厚的爱国情感，激励他们以更加积极的态度参与到国家的建设与发展中去。这样的教育将使大学生在中国特色社会主义新时代的征程中不断前进，为实现个人的梦想和国家的目标不懈奋斗。

三、爱国主义教育融入大学文化建设的实施路径

（一）打造丰富的大学文化作品

在历史的长河中，每所大学都积淀了独特的学科特色和人文精神，塑造出了各自的大学文化风格。这些风格不仅体现在校史、校训、校歌等文化象征上，也被融入校园景观等物质表现中。校史、校训、校歌是大学文化的重要组成部分，

它们承载了一所大学的历史与精神记忆,与国家、民族的命运息息相关,是爱国主义教育的宝贵资源。学校应利用这些资源,通过校史征文、校训主题演讲等活动激发学生的学习热情,同时通过校史展览、专题片制作等形式展示学校特色,发挥其在教育中的作用。

校园景观作为大学文化的物质载体,记录着学校的发展历程。学校可以通过摄影展、环境设计大赛等活动,增强校园景观的教育功能。同时,可以将大学文化与地方特色文化相结合,如建立红色教育基地,开发"特色校园 + 红色旅游"的模式,为学校乃至地区的文化建设增添新的维度。此外,大学应鼓励学生在中华优秀传统文化、革命文化、社会主义先进文化中汲取养分,激发其想象力和创造力,通过汉服设计展、诗词创作大赛等多种形式的文化创作活动,提高学生的文化素养和创造能力,同时加深他们的爱国情感。习近平总书记强调:"要努力创作生产更多传播当代中国价值观念、体现中华文化精神、反映中国人审美追求,思想性、艺术性、观赏性有机统一的优秀作品。"[①]学校通过定期举办各类主题活动,不仅能增进学生的爱国主义情感,还能促进学生全面发展,共同为实现中华民族伟大复兴的中国梦贡献力量。

(二)开展多样的校园活动

中华民族历经千年的文化积淀形成了丰富多彩的仪式礼仪,它们不仅是文化传承的重要载体,还是情感联结的桥梁。大学校园作为传承和弘扬这些仪式礼仪的重要场所,应积极组织相关活动培养学生的爱国情感。

大学应重视并推进各项政治仪式,利用红色基因为载体加强学生的政治认同感,深化学生对国家和民族情感的认同。庄重的仪式过程能够激发学生的爱

---

① 中共中央宣传部.习近平新时代中国特色社会主义思想学习纲要[M].北京:学习出版社,2019:150.

国情怀,培养他们的责任感、归属感和荣誉感。这类仪式应成为大学文化活动的常态,以不断提升大学文化的育人效果。此外,采用线上与线下相结合的方式举办仪式,既能增强活动的覆盖度,也能提升教育的深度和广度。

在举办节庆和纪念日时,大学需借助深厚的历史底蕴,坚定学生的民族自信。传统节日和重要纪念日活动不仅承载着民族的文化记忆,也是培育爱国心的有效平台,大学可将组织节庆、纪念活动作为传扬爱国精神、激发爱国热情的重要途径,学校可以通过创新丰富的活动形式,增强节日文化的吸引力和体验性,同时利用互联网技术提升这些活动的影响力。结合地方特色文化举办节日活动也是弘扬民族精神的有效途径,大学所在的少数民族聚居区域可以利用这一文化优势,通过节日活动增进各民族学生间的理解和友谊,共同为民族团结和社会和谐作出贡献。

大学文化建设中应充分利用各种仪式和节日活动,以丰富的文化传统和红色基因为纽带,深化学生的爱国情感和民族自豪感,激发他们为国家的发展贡献力量的热情,从而在中华民族伟大复兴的征程中发挥青年一代的积极作用。

(三)建立完善的校园网络阵地

在时代与科技飞速发展的背景下,互联网已成为大学文化传播的关键平台,大学生群体也成为互联网的主要用户。因此,学校应主动利用网络的特性和优势,开拓大学文化建设的新领域,为爱国主义教育开辟新的传播途径。

首先,学校应协调大学官方网站和其他社交媒体平台的联动,共同构建充满爱国色彩的网络空间,以增强大学生对爱国主义的理性认识和感性体验。可将大学官方网站作为爱国主义教育的主阵地,利用其信息传递和价值观念输出的功能,展示学校特色和学生风采。同时,建设与校园生活紧密相关的社交媒体平台,发挥它们在当代学生生活中的影响力,以吸引和引导学生积极参与爱国主义教育。其次,面对复杂多元的网络环境和舆论挑战,学校需要有效利用网络平台,引导大学生正确处理信息,培养其明辨是非的能力。学校可以举办网络主题活动,鼓励学生通过多样的形式如图文、视频、音乐等来表达爱国情怀。同时,学校应及时监测和管理网络空间,清理不利于团结和稳定的错误言论,营造健康的网络环境。

通过这些措施,学校能够有效利用网络平台的优势,传播爱国主义教育内容,培养大学生的正确价值观,构建健康向上的网络环境。这样的网络空间将成为弘扬爱国主义精神、培养健全人格的重要阵地,助力大学生在新时代背景下,积极为国家的发展和民族的复兴作出应有贡献。

第六章　立德树人的大学文化

在中共中央政治局的第三十四次集体学习会议上,首次明确提出了"立德树人"的概念。立德树人的提出,是中国共产党在教育领域的一大理论创新。它基于党长期在教育实践中的探索,准确把握了我国社会发展的阶段性特征和要求,对于当下乃至未来的教育任务提出了清晰的方向和要求。这一理念不仅为中国特色社会主义教育事业发展指明了方向,也成为推动教育事业前进的旗帜和灯塔。立德树人体现了教育的本质目的,强调在知识传授的同时更应注重道德修养和人格培养,确保学生不仅学有所成,更要德才兼备。这一教育理念是对中国教育事业的重要引领,也是对全社会形成共识、共同参与培育下一代的号召。

第一节　中华优秀传统文化中的道德观

传统文化,作为一个国家或民族在漫长历史进程中积累和传承下来的文化遗产,涵盖了思想、道德、艺术、风俗等多个层面的精华。这不仅包括深厚的文化传统和价值观念,也涉及具体的行为规范。优秀的传统文化,是构筑文化自信的坚实基石和宝贵资源。在一个民族的发展中,文化自信是更基本、更深沉、更持久的力量源泉。习近平总书记在党的二十大报告中强调："坚持和发展马克思主义必须同中华优秀传统文化相结合。"①马克思主义之树，只有根植于本国、本民族的历史文化土壤中，才能生根发芽、枝繁叶茂。传统文化通过文学、艺术、习俗等多种形式，传播着民族的历史记忆和文化信息，对于继承和发扬民族的文化精神，起着至关重要的作用。文化自信的建立，依赖于坚实的文化载体——传统文化，其中蕴含的深刻思想、价值观念和行为规范，是不可或缺的文化自信资源。

一、中华优秀传统道德观的历史意蕴

（一）个人层面

在中华传统文化中，道德修养与理想人格的塑造从某种程度上来说是传统知识分子的核心追求。"克己复礼"被视为实现个人价值的基本途径，其出发点在于"修身"。孔子提出，"君子务本"，根本在于修养自身，孟子则从更宏观的角度强调个人在家庭、国家乃至天下的基础作用，认为个人修身是国家治理的基石。《大学》和《中庸》进一步阐述了从修身到治国平天下的逻辑顺序，强调了由内而外的修养过程，即修身、齐家到治国平天下的连贯路径，其中修身是培养道德行为、协调个人与外部世界关系的基础。

中华优秀传统文化将道德修养和培育人格视为实现人生价值的关键路径。通过修身、齐家、治国、平天下的阶梯，体现了个体与家庭、社会、国家之间协调一致的关系模式。在这一文化传统中，个体不仅仅是自我修养的主体，更是家庭和谐、社会治理、国家稳定的重要支柱。这一理念不断促进着人们追求高尚道德品质，力争成为具有责任感和社会意识的"仁人君子"，从而推动社会向更加文明

---

① 习近平.高举中国特色社会主义伟大旗帜　为全面建设社会主义现代化国家而团结奋斗：在中国共产党第二十次全国代表大会上的报告（2022 年 10 月 16 日）[N].人民日报，2022 - 10 - 26(01).

和谐的方向发展。

（二）家庭层面

在中华传统文化中,孝道被视为社会和谐与稳定的关键原则,《大戴礼记》更是将"孝"定义为道德的起始。孝道在传统文化中被赋予极高的道德地位和社会使命。从理论角度来看,孝道既体现为对父母的尊敬之情,又被视为一种治理哲学,它将礼法的外在约束与仁义的内在自觉融为一体,从而促进社会和谐。孝道起始于亲子关系,逐步扩展到家庭、宗族乃至国家的层面,不断丰富内涵,从而确立了其在中华传统文化中的重要地位。

传统社会的历代统治者普遍倡导以孝为治国之本,构建了以孝悌为核心伦理的家庭道德。这不仅影响了家庭成员间的相互关系,也深刻地塑造了中国社会的道德观念和治理模式。孝道作为传统文化中的核心价值观,贯穿了历史长河,不断引导着人们追求更高的道德境界,塑造出了具有中国特色的道德伦理体系。

（三）社会层面

"仁"作为儒家思想中的核心价值观,代表了道德实践的最高境界和根本原则。孔子将"仁"的实践归结为五个基本原则"恭、宽、信、敏、惠",孟子在此基础上进一步深化了"仁"的理念,认为"仁"是道德的内核,而"义"则是"仁"的外在表现,指出"仁,人心也;义,人路也"。孔子和孟子都强调在追求个人和社会的利益时,必须以"义"为先导。孔子指出,"君子义以为上",强调了在追求财富和利益时,应先思考其是否符合道德的"义",而缺乏"义"则会导致社会秩序的混乱。在人际关系的处理上,孔子提出"忠恕"的原则,即希望每个人都能站在他人的立场上思考问题,"己欲立而立人,己欲达而达人",强调了诚信和善良是人际交往的基石,倡导相互尊重和平等待人。孟子的"推己及人"的理念进一步强化了这一点,提倡以同理心去理解和尊重他人,从而促进社会的和谐与进步。

儒家思想中的"仁"和"义"不仅是个人修养的目标,也是维系社会秩序和促进人际和谐的重要原则。弘扬"仁爱"和"义行",倡导"忠恕"和"推己及人"的交往方式,可以教导学生如何在尊重和理解他人的基础上构建和谐的社会关系,实现个人与社会的共同发展。

(四)国家层面

在中华传统文化中,"治平"被视为最高政治理想,体现了治理国家、安定社会的终极目标。中国传统知识分子"修齐治平"的追求,凸显了他们对于实现社会和谐与国家安定的执着追求。这种以天下为己任的道德情怀,激发出了深厚的社会责任感和历史使命感,成为中国传统政治道德的应有之义。林则徐的"苟利国家生死以,岂因祸福避趋之"展现了高尚的个人气节和对国家的无私奉献;范仲淹的"先天下之忧而忧,后天下之乐而乐",表达了一种超越个人得失的博大情怀;张载的"为天地立心,为生民立命,为往圣继绝学,为万世开太平"则反映了将个人生命价值与社会大义紧密联系的理想追求;顾炎武的"天下兴亡,匹夫有责"则强调了每个人对国家和民族命运所应承担的道德责任。这些思想不仅展现了中国古代士人无私奉献的崇高品质,更体现了个人与国家、民族之间不可分割的联系。孟子所言的"富贵不能淫,贫贱不能移,威武不能屈",以及《左传》中的"无私,忠也""以私害公,非忠也"等思想,进一步强化了个人道德修养与社会责任的重要性,成为中华民族爱国主义道德的重要组成部分。

中华传统文化中的这些道德理念和价值追求,不仅为历代士人提供了行为准则和精神指引,也为后世提供了宝贵的道德遗产。在当代社会,这些传统政治道德依然具有重要的现实意义和价值,对于培养具有社会责任感和历史使命感的现代公民,促进社会和谐与国家长治久安,仍具有重要的启示和指导作用。

二、中华优秀传统道德观的创新发展

习近平总书记强调："只有全面深入了解中华文明的历史，才能更有效地推动中华优秀传统文化创造性转化、创新性发展，更有力地推进中国特色社会主义文化建设，建设中华民族现代文明。"[①]在新时代新征程上，我们必须积极推动中华优秀传统道德观的创新发展，一方面要深入挖掘和传承中华传统文化的精粹，另一方面更要通过创新思维和现代技术，使传统道德观念与当代社会的发展需求相适应，为促进中华民族现代文明建设注入新动力。

在提升个人修养方面，重新审视和吸收传统修身哲学的精髓，将其转化为公民个体的道德自律意识，显得尤为重要。道德自律作为维护社会秩序的根基，不仅是每个人内在精神追求的重要组成部分，更是构建中华民族现代文明不可或缺的要素。然而，随着社会的不断进步和财富的积累，我们发现道德自律在某些方面出现了不同程度的弱化，这种弱化在一定程度上影响了社会整体幸福感，甚至对社会文明的发展有所阻碍。创新发展中华优秀传统道德观，不仅有助于我们调解道德领域内的各种冲突与矛盾，建立起共同的价值观念，更能有效促进社会文明的健康发展。借助传统文化的智慧，我们可以更好地理解如何在现代社会中实践道德自律，从而共同维护一个更加和谐、进步的社会环境。

在弘扬家庭美德方面，建设良好的家风、传承和弘扬传统美德变得尤为关键。家庭和谐不仅是社会和谐的基石，而且直接影响着社会的稳定与进步。当前，许多社会问题都源于家庭内部的矛盾，这些问题的外溢不仅损害了家庭成员的幸福感，也对社会秩序造成了不小的冲击。因此，我们需要大力弘扬和继承优秀传统家庭美德，从而构建和谐的家庭环境。建立良好的家风家训，有利于营造

---

① 习近平.在文化传承发展座谈会上的讲话[J].求知,2023(09):4.

温馨和谐的家庭氛围,促进社会主义核心价值观的实践与推广,为建设更加和谐稳定的社会环境奠定坚实的基础。

在促进社会和谐方面,弘扬仁爱精神尤显重要。自古以来,儒家文化以其倡导的仁爱理念深深影响着中华民族,主张"仁者爱人",强调"老吾老以及人之老,幼吾幼以及人之幼"和"己所不欲,勿施于人"等。这些思想不仅是个人德行的典范,也是社会和谐的基石。创新发展中华传统道德观,促进社会和谐稳定,首先要培养和提升全社会的公德意识。公德不仅关乎社会整体的利益和幸福,也是和谐生活的保障。其次应当立足于中华传统道德体系中的仁义精神,将其融入现代社会生活的各个方面。引导人们在日常交往中以诚待人、以恩施人,不仅能够促进个人间相互理解和尊重,还能够在更广泛层面上推动社会的稳定与和谐发展。

三、中华优秀传统道德观的实践进路

(一)培育和践行社会主义核心价值观

社会主义核心价值观是当代精神文明的集中体现,对激发各族人民的情感认同和增强道德自觉能力具有重要现实意义。在弘扬社会主义核心价值观的过程中,首先要做到深刻理解并将其主要内容以创新的方式转化成为广大人民群众看得见、摸得着、喜闻乐见的内容,为培育社会主义核心价值观夯实基础。其次要将中华优秀传统文化中的道德教育资源与新时代的思想道德建设要求相结合,用通俗易懂的语言向人民群众清晰阐述如何理解、认同并践行社会主义核心价值观,从而为实现中华民族伟大复兴提供坚定的精神支柱。最后要落实于行动,要整合创新资源,充分发挥政府与社会的作用,确保社会主义核心价值观真正走入群众、融入生活。只有当价值观贯穿于社会生活的各个方面,人们才能真正理解并领悟其精神,进而主动践行,真正做到尊重公德、严于律己,从而促进社会风尚的健康发展。

（二）树立并学习道德榜样

目前，我国正处于建设中国特色社会主义文化强国的关键期，社会主流道德受到多元文化冲击，个别人质疑道德榜样存在的合理性，给尊崇道德榜样、学习道德榜样以及道德践行带来一些冲击。面对新的历史使命，如何解决道德榜样的认同问题、道德榜样的学习问题以及学习道德榜样的相关制度问题，是当下弘扬道德榜样精神必须正视的问题。

解决认同问题。一方面，解决思想认识问题。对道德榜样的准确认识是弘扬和践行道德榜样精神的前提和基础，应结合新时代的特点和要求，以社会主义核心价值观为引领，顺应时代的呼声、群众的心声，深挖道德榜样精神，教育人们正确认识和深刻领悟榜样的精神要义，增强道德自信心和自豪感。另一方面，解决情感认同问题。对道德榜样的情感认同是弘扬和践行道德榜样精神的关键环节，要以人为本，遵循人的情感发展的特点和规律，科学把握人的情感认同的独特性与差异性，有目的、有计划地对他们进行以情感人、以理服人的引导，将学习道德榜样与因材施教相结合，增强人们对道德榜样的理解，促使人们从自我情感向高境界的道德情感转化，从而达到主体性道德情感目标的升华。

解决宣传学习载体问题。一方面，抓好媒介载体建设。随着信息社会化的不断进步和发展，媒介在社会文化传承方面发挥着越来越重要的作用。要积极利用现代传媒手段，打造全新的融媒体道德模范传播平台，使道德榜样精神广泛发散出去、传播开来，引发公民共鸣，推动榜样精神的共享，提高公民品德修养，激发公民道德情感。另一方面，抓好实践载体搭建。道不可坐论，德不能空谈。学习道德榜样就是为了把其精神外化于行，做到学以致用。应注重学习与实践相配套，着力打造融立德、树德、践行道德于一体的综合平台和精神家园，形成人人尊德学德、处处守德用德的生动局面。

解决德法兼治的治理机制构建问题。一方面，加强道德纪律建设。加强道德纪律建设是弘扬道德榜样精神的关键之举。道德榜样的言谈举止备受公众的关注，其影响力不言而喻。因此，要加强道德榜样的道德纪律建设，严格规范道德榜样的行为，杜绝道德失范，使道德榜样始终发挥引领新时代中国道德风尚的作用，使道德榜样精神深入人心。另一方面，建立和健全榜样的激励和保障机制，处理好宣传学习道德榜样和关爱道德榜样的关系。首先，要建立健全关爱关怀机制，确保具体可见的荣誉和物质奖励得以实现，维护道德榜样的荣誉和形象。其次，需要建立健全法律制度。法律是治国之重器，良法是善治之前提。针对目前社会上恶意丑化、亵渎道德榜样的现象，必须通过法治手段给予回击，维护道德榜样的基本诉求和正当权益，确保道德榜样始终引领新时代中国道德风尚。

第二节　社会主义核心价值观教育

社会主义核心价值观是社会主义先进文化的集中体现，它具有指导性的作用。它不仅是文化战斗力的重要推动者，帮助抵御外来侵蚀、保证发展方向、扩大文化影响，同时也是中华优秀传统文化和革命文化的集中继承与深刻反映。大学时期是形成正确世界观、人生观、价值观的关键时期，将社会主义核心价值观深入校园、融入课堂、渗透到大学生的心灵深处，对于塑造大学生的精神风貌、人格魅力和思想深度至关重要，有助于把大学生培养成担当时代重任的"大写的人"。积极培育和广泛弘扬社会主义核心价值观，不仅是实现中华民族伟大复兴的必要手段和有效路径，而且成为推动我国持续发展的关键动力。这种教育不仅要涵盖理论知识的传授,更要注重价值观的实践和内化。多样化的教育方式,如课堂教学、社会实践、文化活动等,可以使大学生深刻理解社会主义核心价值观的深远意义,培育他们的道德情操、社会责任和历史使命感。此外,应强化思想道德建设和人文精神培养,促进大学生全面发展,使他们成为具备良好职业素养、创新精神和国际视野的复合型人才。

一、当代大学社会主义核心价值观教育的意义

(一)引导学生全面发展

随着社会经济的快速发展以及当前特殊环境下所引发的不同文化背景下的价值观冲突,各式各样的价值观念纷繁浮现,对大学生群体产生了前所未有的影响。错误的价值观有可能被不经意间接受,从而对个人成长及社会的和谐发展造成不利影响。因此大学加强价值观教育显得尤为重要,它能帮助大学生在学习和成长过程中树立和巩固正确的价值观念,对各种价值观进行理性分析和选择,确保其内化的价值观与社会发展的需求相匹配,从而为社会的进一步发展贡献力量。

从大学文化的角度出发,加强价值观教育意味着大学教育不仅要传授专业知识,还要深入探讨和传承人类文化的精髓,引导大学生理解和尊重多元文化,培养具有国际视野和文化自信的现代人。开展丰富多样的文化教育活动,如文化论坛、历史讲座、国际交流等,可以增强大学生的文化素养,使他们能够在全球化的背景下,坚守和发展社会主义核心价值观。此外,大学还应当鼓励学生参与到实际的社会实践中去,通过实践活动让学生有机会将所学的价值观知识转化为实际行动,以此来深化学生对正确价值观的理解和认同,促进学生个人道德素养和社会责任感的提升,为构建和谐社会、推动社会进步提供坚实的价值观支撑。

以大学文化的视角加强价值观教育,不仅可以帮助大学生建立起符合时代发展的正确价值观,还能够促使他们成为具备高度文化素养、道德情操和社会责任感的复合型人才,为推动社会的全面发展进步作出积极贡献。

(二)顺应社会发展需求

在经济快速发展和全球价值观分歧加剧的背景下,大学作为文化传承和创新的重要阵地,肩负着塑造学生正确价值观的重要使命。大学文化的深厚底蕴和开放性为学生提供了一个独特的环境,既能让他们接触和思考多元化的价值观,也能在这个过程中辨识和选择与社会主义核心价值观相一致的理念。在此氛围中加强价值观教育,可以有效地引导大学生在广泛的文化交流和碰撞中,培育出既符合个人成长,又适应社会发展需求的正确价值取向。大学文化的传播和实践活动,在丰富学生的校园生活的同时也潜移默化地影响着他们的价值观的形成和发展,使大学生能够在复杂多变的社会环境中保持清晰的价值导向,形成健全的人格和高尚的情操。

因此,大学文化在塑造学生价值观中发挥着不可替代的作用。加强大学文化建设和价值观教育,可以促使大学生在理论学习与文化实践中形成广阔的视野和深厚的文化素养,为社会发展进步贡献自己的智慧和力量。

(三)完善思政教学体系

在当前阶段,高等教育机构的责任远不止于向大学生传授专业知识和技能,引导学生学会做人亦是高等教育机构的重要使命。这一教育理念不仅能让大学生更好地满足社会发展的需求,还能加速社会主义现代化建设的步伐。将社会主义核心价值观融入日常教学中,能够有效地完善思想政治教育体系,提升大学生的思想道德修养,促进他们的全面发展和进步。

从大学文化的视角来看,整合资源,创新教学方法可以构建一个既注重专业学术,又强调人文关怀和社会责任的教育环境。如此可在培养出具备高专业水平的人才的同时确保这些人才拥有良好的道德修养和强烈的社会责任感,从而全面促进社会发展,为社会主义现代化建设提供坚实的人才支持和精神动力。

二、当代大学社会主义核心价值观教育现状

（一）教育模式较为单一

近年来,随着国家对当代大学生社会主义核心价值观建设的重视,全国高等院校纷纷落实社会主义核心价值观教育,展开了一系列相关的教育活动。这些活动体现了各高校的积极态度,如通过组织专题讲座、建立相关主题网站等形式来践行社会主义核心价值观教育,但仍出现了一些问题。主要问题在于这些活动往往过于侧重理论讲授,缺乏吸引力,且更新频率较低,导致学生参与热情不高。从教学活动的具体实施来看,大多数活动缺少趣味性和创新性,难以有效激发学生的学习兴趣。

针对当前的教育现状,我们需要采取多元化的教育手段,融入更多互动性、趣味性和实践性的教学活动。例如可以通过案例分析、角色扮演、社会实践等形式,让学生在参与和体验中学习和理解社会主义核心价值观。同时可以利用数字媒体和网络平台,创造生动有趣的学习内容,提高更新频率,吸引学生的关注和参与。此外,鼓励学生参与到活动的策划和执行中来,让他们成为社会主义核心价值观教育的参与者、实践者和传播者。只有通过不断创新教学方法和手段,充分调动学生的主动性和创造性,才能真正做好当代大学生的社会主义核心价值观教育,培育出既有理想信念又能担当时代责任的新时代青年。

（二）核心价值观教育保障不足

在高校开展社会主义核心价值观教育的过程中,面临着教育保障不足的问

题,这主要体现在法治建设和经济支持两个关键方面。

法治建设不足主要表现为针对大学生行为与社会主义核心价值观不符的言行,高校往往缺乏有效手段进行针对性管理和引导。这种状况使得高校在维护价值观教育纪律上存在盲区,缺乏必要的约束机制,从而导致部分学生对社会主义核心价值观的认识不够重视,甚至忽视这一教育方向。经济支持方面的不足也严重制约了社会主义核心价值观教育的深入开展。高校由于财政预算有限,在举办相关教育活动时常常面临资金不足的问题,导致活动无法达到预期的效果,难以在学生心中留下深刻的印象。这种经济上的制约不仅直接影响了活动的质量和影响力,也间接影响了教育成效。

针对这两方面的问题,高校在开展社会主义核心价值观教育时需要采取有效措施进行改进。在法治建设方面,高校应进一步完善相关规章制度,明确学生行为的界限和后果,加强对价值观教育纪律的执行力,确保教育措施的有效性。同时,高校也应加大与社会资源的合作,争取更多的外部支持和合作机会,拓宽经费来源,增强教育活动的吸引力和感染力。

三、当代大学社会主义核心价值观教育优化策略

(一)提高社会主义核心价值观认同敏感度

在新形势下,当代大学生对社会主义核心价值观的认同度较低成为一项亟待解决的问题。提升大学生对社会主义核心价值观的认识和认同,使他们能够自觉、积极地接纳并实践这一价值体系,是提升教育成果的关键。为实现这一目标,我们必须从以下两个维度入手。

首先,应引导大学生深刻理解社会主义核心价值观的重要性。这一过程包括两个方面:一方面,通过思政教育课程,介绍我国在复杂国际环境下面临的挑战与付出的努力,包括近年来面对的特殊状况,使大学生充分理解党和国家解决

这些问题的决心和成就。另一方面,针对大学生普遍关注社会热点问题的特点,着重介绍我国在解决社会问题、消除腐败、缩小贫富差距、维护国际立场等方面的努力及成就。展示特殊时期涌现的英雄事迹以激发大学生认识到坚持社会主义核心价值观的必要性。其次,将价值观教育与大学生的日常生活紧密结合。目前社会主义核心价值观教育往往局限于思政课堂,缺乏与学生日常生活的实际联系。在新形势下,高校应采取灵活多样的教育方式,以契合学生生活的形式开展教育。具体措施包括利用网络平台传播正面新闻和社会思潮,展示特殊时期的英雄事迹及其背后的精神;构建有监管和过滤功能的网络交流平台,提供安全的学习交流环境;开展大学生心理、价值观和思想动态的调查,了解并引导学生的思想趋向;严厉打击网络上的违法行为和不良信息,保护学生免受负面影响。这些措施可将社会主义核心价值观教育与学生的日常学习生活紧密融合,从而实现教育目标。

从大学文化的视角看,深化对社会主义核心价值观的理解和实践,不仅能够促进大学生个人品德和思想的成长,还能够丰富大学文化的内涵,构建一个充满活力、积极向上的校园环境。这种教育策略既体现了对学生全人发展的关怀,也契合了社会主义现代化建设的长远需求,为培育具有国际视野、社会责任感和创新能力的新时代人才奠定了坚实的基础。

(二)提高当代大学生社会主义核心价值观教育保障力

为了深化当代大学生对社会主义核心价值观的理解与实践,构建与社会主义核心价值观教育相配套的法治体系及加强经费保障显得尤为关键。

首先,建立社会主义核心价值观教育的法治体系,是大学生践行社会主义核心价值观的重要保障。应通过法律手段明确界定诋毁社会主义核心价值观的后果,强化法律约束与教育引导相结合的机制。其次,经费保障是社会主义核心价值观教育顺利实施的基础。当前,针对社会主义核心价值观教育经费在一些地区和高校存在不足的情况,国家层面亟须加大支持,设立专项资金以保障教育质量和效果。可以采用政府和高校合作的方式,利用专项经费支持学生免费访问博物馆、革命纪念馆等具有教育意义的场所,使学生在亲身体验中深化对社会主义核心价值观的认识。同时,建立严格的经费监管体系,确保每一笔资金的有效利用,对于任何贪污腐败行为,都要严肃查处,确保教育经费的正当使用,促进社会主义核心价值观教育的健康发展。

从大学文化的角度来看,这些措施不仅是对社会主义核心价值观教育形式和内容的创新,也是对大学生精神面貌和价值观念培养的深化。通过建立健全的法治体系和加强经费保障,大学生能在一个更加稳定、充分的学习环境中,深刻理解和积极践行社会主义核心价值观,进而使大学生群体成为一个具有强烈社会责任感、道德理念和法治意识的群体,为培育和传承优秀的大学文化贡献力量。

(三)发挥大学文化的作用

大学文化深深地影响着学生的意识形态和价值观念的塑造。因此,将大学文化作为一个重要的教育资源,以其独有的影响力和吸引力,将社会主义核心价值观融入大学生的日常生活中,是一种效果显著且行之有效的教育策略。

利用大学文化对学生进行社会主义核心价值观教育,不仅能够有效地利用大学文化的传承和影响力对学生进行正面引导,还能在学生群体中形成广泛的共识和深远的影响。大学文化中的历史传统、优良风气、艺术创作、学术活动等元素,都可以成为传播社会主义核心价值观的载体。可以组织丰富多彩的文化和教育活动,如主题教育周、价值观主题演讲比赛、社会实践等,让大学生在参与和体验中感受社会主义核心价值观的魅力和力量。高校还应该借助现代科技手段,如校园网、社交媒体平台等,广泛传播与社会主义核心价值观相关的知识和信息,创建积极向上的网络文化环境,以此来扩大社会主义核心价值观在校园中的影响力。同时,高校还应重视校园环境的精神文化建设,如校园标语、雕塑、壁画等,将社会主义核心价值观元素融入校园的每一个角落,以视觉和空间的形式强化对学生的正面引导和教育。

将社会主义核心价值观教育与大学文化深度融合,不仅能够加强大学生对这些价值观的认同和实践,还能够丰富和提升大学文化的内涵,创建一个充满正能量、促进学生全面发展的良好校园氛围,从而有效地促进大学生的价值观念形成和人格成长,为培养担当民族复兴大任的时代新人提供坚实的文化支撑和精神动力。

第三节　文化育人的根本在于立德

党的二十大报告中明确强调:"育人的根本在于立德。"①习近平总书记指出:"中华优秀传统文化已经成为中华民族的基因,植根在中国人内心,潜移默化影响着中国人的思想方式和行为方式。"②中华优秀传统文化蕴含着丰富的思政教育资源,与新时代高校提升大学生思想政治素养和道德修养的目标具有内在的一致性。通过挖掘中华优秀传统文化中的道德思想、哲学观点、人文精神等教育意义深远的内容,可以为大学生提供精神支撑和道德引领。因此,将中华优秀传统文化自觉融入立德树人的实践,不仅是高校的职责和使命,也是不断提升

---

① 习近平.高举中国特色社会主义伟大旗帜　为全面建设社会主义现代化国家而团结奋斗:在中国共产党第二十次全国代表大会上的报告(2022 年 10 月 16 日)[N].人民日报,2022 - 10 - 26(01).
② 习近平.论党的宣传思想工作[M].北京:中央文献出版社,2020:406.

立德树人实践成效的重要途径。高校应多维度、全方位地整合中华优秀传统文化资源,积极响应时代的呼唤,不仅要展现中华优秀传统文化丰富的人文思想,更要服务于立德树人的教育目标。大学生在接受传统优秀文化熏陶的同时,应潜移默化地实现自身道德品质的提升、理想人格的完善、家国情怀的培育以及政治素养的增强,从而成长为能够担当民族复兴大任的时代新人。

一、新时代大学立德树人的价值逻辑

(一)实现"四维育人"和谐统一

《高校思想政治工作质量提升工程实施纲要》明确提出了构建"三全育人"格局的重要性,将"十大"育人体系的建设作为其基本任务和核心内容,为新时代高校大学文化的育人工作指明了方向并提供了基本遵循。这一策略的提出,不仅明确了高校育人工作的重要性,也强调了全面培养学生的系统性需求。在"四维育人"的具体实践中,课程、文化、管理、服务四个维度的协同作用尤为关键。"课程育人"侧重于通过各类课程的内容和教学过程,实现对学生全面素质的培养。"文化育人"侧重于通过文化的力量进行人的培养,把大学文化建设作为文化育人的基础平台,不断丰富和深化大学文化内涵,以此塑造学生的价值观和人生观。"管理育人"强调在科学管理的基础上,营造良好的大学文化环境,通过"软硬兼施"的方式,更有效地利用大学文化的无声润物之力进行育人。"服务育人"则是以师生为中心,通过在服务过程中解决实际和思想问题,实现育人目的,强化学生的社会责任感和实践能力。

加强大学文化建设,不仅是实现"四维育人"和谐统一的重要途径,也是高校构建"三全育人"格局的必要条件。这要求高校在大学文化建设中,不断探索和创新,形成一套符合时代发展需要、具有本校特色的大学文化育人模式,以大学文化为载体,深化思政教育,培育全面发展的社会主义建设者和接班人。通过这种方式,高校能够在培养学生的过程中,实现从知识传授到价值引导、从能力培养到品格塑造的全面提升,为学生的全面发展和社会的长远发展贡献力量。

(二)落实立德树人根本任务

在新时代背景下,高校面临的人才培养任务更加复杂而深远,科学地回答"培养什么人、怎样培养人、为谁培养人"这一根本问题,显得尤为关键。立德树人是高校教育的核心,而思政教育则是其先导。因此,高校应重视通过文化的力量进行人的培养,通过组织多样化、积极向上的大学文化活动,不仅可以培育新时代的青年人才,同时也可以兴旺大学文化,展示学校形象,让文化建设与思政教育形成良性互动,促进文化育人与思政育人深度融合,实现教育目标的全面达成。

在立德树人的大背景下,高校承担的责任与使命更加重大。大学文化为当代大学生提供了良好的成长环境,是大学生形成正确价值观和人生观的重要抓手,也是开展新时代爱国主义教育和公民道德建设的有效内容,成为高校实现立德树人根本任务的重要支撑。以文化的力量培养人才,不仅能够培养出德才兼备的社会主义建设者和接班人,还能在全社会形成推动社会主义核心价值观普及和实践的强大动力。

(三)培养德智体美劳全面发展的时代新人

随着社会主义建设的深入发展,由"德智体"到"德智体美",再到现阶段的"德智体美劳"的逐步完善与丰富,体现了我国教育目标在实践中的不断深化。在这一发展过程中,德育始终是教育工作的核心,它不仅铸就学生的灵魂,还指导着学生的全面发展。德育的先行,智育的启迪,体育的提升,美育的滋养,劳育的塑造,构成了全面发展的教育理念。五育并举,其中德育居于首位,是塑造学生健全人格的关键。

大学文化活动作为高校德育实施的重要载体,提供了一个展现德育实践的平台。组织丰富多样、内涵深厚的大学文化活动,特别是将中华优秀传统文化融入这些活动中,不仅能够丰富学生的精神世界,也有助于德育理念的深入人心。这种文化的传承与创新,能够在无形中提升学生的道德修养,引导他们形成正确的价值观和世界观。在现代教育体系中,学生的学习不能仅限于课堂内的知识传授,更包括大学文化等第二课堂活动中的全面成长。这些活动提供了一个平台,让学生在参与中实践、在实践中成长,从而更好地促进其德智体美劳全面发展。构建高质量的大学文化,不仅能够帮助学生正确开启人生旅程,更能培养出适应新时代要求的全面发展的新人。

高校在推动学生全面发展的过程中,应充分利用大学文化活动这一独特资源,通过丰富多彩的实践活动,融入中华优秀传统文化等元素,深化德育教育的实施。这样不仅能够为学生提供一个全方位成长的环境,更能够确保他们以正确的道德观念和价值取向迈向人生的下一个阶段,成为德智体美劳全面发展的社会主义建设者和接班人。

二、新时代立德融合育人的问题逻辑

(一)育人实践的现存问题

文化育人在实践过程中取得了一定成效,但仍然存在一些问题。一是内涵挖掘深度不够。有的高校在各类教育评估中弱化文化指标,对挖掘大学文化底蕴和构建人文环境的重视程度不够。二是缺乏特色和创新。一方面,高校管理工作和学生社团活动中的形式主义现象较为普遍,在大学文化建设中未能体现高校的办学特色。另一方面存在较为严重的理念趋同、内容趋同和形式趋同,未能体现高校个性化和差异化的优势。三是目标定位不清晰。部分高校对建设什么样的文化没有明确的目标和定位,盲目追逐文化热点而忽视了本校的内在优势。

（二）立德树人如何与育人实践相融合

高校在推进文化育人时，需要紧紧围绕立德树人的核心教育任务，以问题为导向，明确大学文化建设的方向和重点。一是要建设以社会主义核心价值观为引领的大学文化。社会主义核心价值观从国家、社会、公民三个层面进行倡导，是高校文化建设的价值旨归。二是要建设具有本校特色的大学文化。要从本校实际出发，在文化建设中融入本校特色，创新文化的表现形式。三是要建设内容和形式符合社会期望、时代需求的文化。应将出发点与落脚点立足于师生的全面发展和服务社会主义文化强国建设的大局。

三、新时代立德融合育人的实践逻辑

（一）建立机构，健全制度

为了更有效地强化大学文化在育人中的作用，高校需要从队伍建设和制度保障两个维度入手，确保大学文化建设的质量和深度。

首先，将大学文化建设纳入学校内涵发展的核心议程，这一策略的关键在于由学校党委宣传部牵头负责大学文化的建设与管理。学校党委宣传部需负责制定大学文化建设的具体实施方案，指导学生管理部门和二级学院共同推进大学文化的建设工作，通过组织多样化的文化活动和创建文明校园等措施，来激发大学文化的活力。其次，成立专门的大学文化建设组织机构，该机构由负责意识形态工作的领导、师生代表等组成，旨在全面组织和指导大学文化建设工作。这样的机构不仅能确保大学文化建设工作的系统性和整体性，也增强了大学文化建设的协同性。在此基础上，利用学生志愿服务队、各类文体协会等非正式组织作为推动大学文化建设的辅助力量，进一步拓展大学文化的影响和覆盖范围。最后,建立健全大学文化建设制度保障体系,对校训校风、师风学风、班级管理等进行制度化,是确保大学文化育人功能有效发挥的关键。这包括制定相关的评价和监督机制,将大学文化的价值观内化到每位师生的心中。这种方式可以将思想教育和制度保障有机结合,不断优化和完善大学文化建设制度,从而实现大学文化在铸魂育人方面的功能,推动大学文化建设向高质量发展转变。

总之,高校在强化大学文化育人功能的过程中,应注重队伍引领和制度保障的双重作用,通过系统性的组织指导和制度性的支撑,深化大学文化的内涵,营造风清气正的校园环境,为培养全面发展的社会主义建设者和接班人提供坚实的文化基础。

（二）彰显特色,打造品牌

大学文化既应体现出各高校的共性特征,也要凸显每所学校独有的文化特色,实现共性与个性的有机融合。高校的独特性不仅体现在学科设置和专业建设上,更应在大学文化的建设中得到充分展现。

首先,可以利用新生入学、毕业典礼、五四青年节、校庆等重要时刻和特殊节日,通过发放校徽、吉祥物、纪念册等具有代表性的纪念品,播放杰出校友传记、优秀教师育人案例等视频资料,使大学文化的可见性得以增强。这种形式的大学文化活动,不仅让大学文化的物质载体"看得见",更是通过具象化的表达,传递学校精神和文化理念,加深师生对大学文化的认同感和归属感。其次,应积极发挥各学科专业的特色和优势,鼓励学生参与社会服务和志愿活动,通过专业知识服务社会,展现高校和学生的责任意识和社会担当。例如,广州中医药大学第一临床医学院的"邓铁涛铁杆中医红色传承"志愿服务队在暑假期间到各地开展宣讲和义教义诊活动,不仅体现了专业特色,也弘扬了爱国主旋律,使大学文化"听得到"。最后,应充分利用多样化的育人资源,在大学文化建设中引入多元化的文化叙事方式。可以借助多媒体技术,构建富有吸引力的大学文化叙事格局,通过创新大学文化育人叙事体系,让大学文化的故事和精神"记得住"。这种方法不仅让大学文化的传播更加广泛和深入,也让大学文化在师生心中留下深刻印象,增强了大学文化的影响力和持久性。

高校大学文化的建设应着重在增强其可见性、听觉感受和记忆度上下功夫,通过丰富多样的文化活动和多媒体叙事方法,充分展现高校的特色和精神风貌,进而形成具有影响力的大学文化,为培养德智体美劳全面发展的社会主义建设者和接班人提供助力。

(三)夯实阵地,挖掘内涵

大学文化作为一种深刻的隐性德育资源,不仅体现了学校的核心价值观和教育理念,而且在无形中塑造着师生的价值判断和选择。为了夯实大学文化建设的基础,高校需要从两个方面入手:一是挖掘和传承学校的历史文化底蕴;二是根据学校的办学特色,策划并组织一系列丰富多彩的大学文化活动,以促进大学文化的持续发展和创新。

首先,高校应通过整理和利用校史、院史等宝贵资源,引导学生深入了解学校的发展历程和文化传统,激发学生成为学校历史和文化的自觉传承人。这种传承不仅仅是对过去的回顾,更是一种对未来的期许和引导。其次,高校需针对自身的办学特点,举办各式各样的大学文化活动。这些活动应被设计为沉浸式、体验式和互动式活动,让学生在参与过程中感受到大学文化的魅力,进而积极参与到大学文化的传承与创新中。通过这些措施,高校可以有效强化大学文化的育人功能,使之成为促进学生德智体美劳全面发展的重要力量。综合运用历史传承与现代科技,不仅能够让大学文化更加生动有趣,更能在学生心中留下深刻印象,促进其健康成长,为培养新时代的社会主义建设者和接班人奠定坚实的文化基础。

（四）守正创新，担当使命

中华优秀传统文化、中国共产党领导人民所开创的革命文化以及社会主义先进文化，构成了高校大学文化建设的宝贵财富与深厚思想基础。在立德树人教育理念的指导下，高校大学文化建设应采取双管齐下的策略：一方面是自信而自立地传承与弘扬现有的先进大学文化；另一方面则是以社会主义核心价值观为指导，不断追求改革与创新。

首先，高校应自觉继承和发扬积极的大学文化传统，通过多种形式如宣传优秀事迹、树立模范典型、建设名师名人纪念馆等手段来丰富和活化大学文化内涵，从而赋予大学文化新的生命力。这一过程不仅能够强化师生的文化自信，还能进一步激发创造潜能。其次，高校需要把社会主义核心价值观融入大学文化建设的全过程中，将其作为行动的指南针，始终坚持改革创新的方向。这包括在理论层面加强大学文化建设及其育人功能的深入研究，以及在实践层面上，从组织架构、教学方法、宣传策略到行为规范等多个维度进行探索和实践，促进大学文化理论与实践的良性互动与创新发展。此外，高校还应着重于大学文化环境的优化、活动形式的多样化以及校园媒体的有效利用，力求实现三者的有机统一。推出一系列丰富多彩、形式多样的大学文化产品和活动，不仅可以极大地丰富大学文化生活，还能有效促进大学文化的繁荣发展，为建设具有鲜明时代特色和学校特色的高水平大学文化提供强有力的支持。

总之，高校大学文化建设应当立足于传承与创新的统一，通过持续努力和探索，建设既能够反映时代精神又富有学校特色的大学文化，为培养全面发展的社会主义建设者和接班人提供坚实的思想文化基础。

第七章　以文化人的大学文化

文化即教化,所谓"明道之谓文,立教之谓文,可以辅俗化民之谓文"①,古代"文"与"德""道""文明"等相互联系,所谓"文以载道",而"化"既有改变、变化之意,又有教化、形成之意。文化从一开始便具有教化世人、启迪智慧、稳定秩序的属性和功能,其目的是"观乎人文,以化成天下"(《周易·贲卦》)。大学文化作为高等教育的重要组成部分,同样必须发挥其教化、育人的作用,这是大学文化的价值追求,也是大学文化的根本属性。育人不仅是大学文化的基本作用,也是大学文化建设的逻辑起点②。中国的大学文化在助力国家完成从人力资源大国向人力资源强国质的飞跃,从根本上实现"人的现代化"的过程中,也逐渐形成了以文化人、以文育人的目标追求,将人的自由全面发展作为衡量自身发展的重要标准。

第一节　文化育人的目标在于促进人的全面发展

一、大学文化育人的本质

文化作为一种深刻的社会力量,对个体的成长和发展有着不可忽视的作用。

---

① 宋濂. 文说增王生黼[M]//宋濂全集:芝园续集. 杭州:浙江古籍出版社,1999:1568.
② 眭依凡. 大学文化理性与文化育人之责[J]. 中国高等教育,2012,48(12):6.

习近平总书记曾指出:"文化兴国运兴,文化强民族强。"①文化作为人类独特的生活样式,其实质是育人,促进人的个性解放、实现人的全面发展是文化的根本功能。人类的实践活动创造了文化,同时,人类的精神生活和道德品行也受到文化潜移默化的影响。换言之,文化的创造既是文化的形成历程,也是塑造人的过程②。新时代,以习近平同志为核心的党中央高度重视文化教育工作,将其置于重要的战略地位,强调文化育人,以文化人,这就为当前我国大学文化建设指明了方向。从根本上说,大学就是一种"以文化人"的文化机构,大学文化本质上就是育人文化,"文化育人""以文化人"是大学的根本职能。大学的教育教学过程本质上是一个有意识、有组织、有明确目标的文化活动过程。文化育人不仅仅是传授知识,更重要的是通过文化的力量塑造人的全面素质,包括道德观念、审美情趣、社会责任等各个方面。大学的教书育人、管理育人、服务育人、环境育人,核心就是文化育人、以文化人,旨在培养既有深厚文化底蕴又具备现代科学知识的全面发展的人才。具体来说,文化育人就是大学要将自身生产和保存的知识、道德、核心信仰、艺术等精神和制度文化传递给学生,将体现人文主义和大学精神的自由思想、民主意识、独立人格和良好的心理素养传递给学生,帮助学生在接受这些文化熏陶的同时,形成正确的世界观、人生观和价值观。

现代生活极大地拓展了物质技术的空间,科学技术的发展为社会带来了大量的物质财富,却也导致了精神空间不断地被物质欲望充斥。人的活动受工具理性和技术理性的支配,人的价值有被物的价值代替的趋势。"与我们在物质上的非独立性一样,我们在精神上的非独立性程度也日益加深。"③人们被物所

---

① 习近平.决胜全面建成小康社会 夺取新时代中国特色社会主义伟大胜利:在中国共产党第十九次全国代表大会上的报告[M].北京:人民出版社,2017:40-41.
② 王永友,董承婷.高校文化育人质量的出场语境:概念、要素及评价[J].思想政治教育研究,2021(1):129.
③ 施韦泽.文化哲学[M].陈泽环,译.上海:上海世纪出版集团,2008:115.

包围，陷入对物质财富的狂热追求，甚至将大量的财富作为人生追求的目标，导致人的三观出现扭曲，精神世界空洞虚无。此外，经工业化程序生产出来的标准化、齐一化和程式化的大众文化产品充斥文化市场，这类文化产品内容深度有限，严重羁绊了人的精神世界的发展。在这种情况下，人的精神层面不可避免会有虚无感，精神世界空洞虚无，精神素养提升缓慢。当前，功利主义、享乐主义、拜金主义、利己主义、官僚主义、形式主义等不良倾向冲击着高校文化的健康发展，个别师生陷入功利化和形式主义的困局，存在不同程度的理想信念模糊、价值取向扭曲、诚信意识淡薄、社会责任感缺失等问题。文化育人的重要使命就在于必须赋予个体一种全面的人性，从各个方面展示人类生活的价值与意义。我们要把大学文化育人理解为一种以人的现代化为核心的系统工程，关注人的精神世界，让个体理解道德、社会责任和人类的精神追求，引导他们反思自身在当代社会的定位和作用，使每个个体经过长期的心灵滋养，形成一种自知、自主、自决的精神状态并不断将其强化，着眼于"完整的人"的塑造。

二、以文化育人促进人的全面发展

马克思将"人的全面发展"定义为："人以一种全面的方式，也就是说，作为一个完整的人，占有自己的全面的本质。"[①]马克思关于"人的全面发展"的阐释是以"现实的人"为基础的，马克思认为"现实的人"是具体的、有生命的、发展中的、能够从事物质资料生产的人。"人的全面发展"思想的特征表现为人的需要、人的发展能力、人的社会关系和人的个性的全面发展。实现人的全面发展，是马克思主义追求的崇高理想和价值归宿，是社会主义区别于其他社会形态的本质特征，也是我国科学社会主义的出发点和落脚点。党的二十大报告中将

---

① 马克思,恩格斯.马克思恩格斯全集:第42卷[M].中共中央马克思恩格斯列宁斯大林著作编译局,编译.北京:人民出版社,1982:123.

"人的全面发展、全体人民共同富裕取得更为明显的实质性进展"作为 2035 年我国发展总体目标的重要内容①。在快速变化的社会和经济背景下,人的全面发展也成为教育领域的重要议题。

在社会角色上,文化人或知识分子一方面是知识的创造者与传播者,同时也是道德的立论者与阐释者。知识和道德分别从真和善两个方面构成了文化的基本内涵。北宋司马光言:"才者,德之资也;德者,才之帅也"(《资治通鉴·周纪一》)。德与才,是辩证统一的两个方面,二者缺一不可,才能是德行的凭借,德行是才能的统帅。中外教育理论始终主张人要实现知识和道德的统一,例如,中国先贤提倡"君子尊德性而道问学",认为"非学无以广才,非志无以成学";西方哲学家也强调"知识即美德""美德即知识"。新时代大学文化育人必须把培养德才兼备的人才作为一个整体来认识和把握,坚持知识教育和道德教育并驾齐驱,促使学生将追求科学真理和追求道德价值相统一。单一的道德教化和片面的知识灌输都不利于学生的全面发展。在教育过程中,如果片面强调崇德,只注重灌输道德观念,而忽视学生的学科知识和专业技能培养,将导致学生缺乏所需的专业素养,无法适应当代社会的发展需求。相反,如果一味地强调知识的重要性,而忽视德行的培养和教化,则失了育人之根本。蔡元培先生曾指出德育实为完全人格之本,"若无德,则虽体魄智力发达,适足助桀为恶"②。文化育人要高度强调立德树人,因此,高校在人才培养过程中,要将"修德"和"求知"统一起来,不仅重视知识的学习掌握,更要重视个体道德修养的培养,把立德树人作为育人的根本任务,恪守立德树人规律和原则。

人的全面发展,不仅涉及人的单一技能,也包括人的综合能力,不仅要求掌握单科性知识,也需要具备多学科修养,这就牵涉专业教育和通识教育的问题。

---

① 深刻把握扎实推进共同富裕的重要意义[N].人民日报,2023 – 07 – 26(09).
② 蔡元培.蔡元培全集:第三卷[M].高平叔,编.北京:中华书局,1984:8.

专业教育的主要目的在于培养学生掌握某一特定知识和技能,具有明显的专业性倾向,而通识教育则是学生在学习某一专业领域的知识之后,还要接受一些相关学科的基础知识,具有较强的综合性。通识教育是高等教育中的一种综合性的人才培养理念和模式,有利于培养全面发展的知识人才,是大学为适应社会经济发展和高等教育自身发展而采取的一种新型高等教育模式。兼顾专业教育和通识教育,促进学生个性发展和全面发展的统一,是大学文化育人的重要内容。专业教育帮助个体深入了解和掌握某一特定领域的知识和技能。通过专业教育,个体可以通过系统学习和实践,获得对某一领域深刻的理解和专业的技能,使得个体能够在专业领域中独立工作并作出贡献。例如,医学、工程学、艺术等领域的专业教育为人们提供了专业技能,使人们能够在相关领域作出重要的贡献。但光有专业知识是远远不够的,专业教育可以帮助主体成为一种"有用的机器",但是不能帮助主体成为一个和谐发展的人。如果个体只接受专业教育而缺乏通识教育,未来在面对新领域时可能会缺乏创新力和跨学科的思维,进而影响其在不同领域的适应能力和问题解决能力。同时,仅有专业知识的个体可能会难以理解和适应多样的社会需求和问题。通识教育注重培养个体的综合素养和跨学科的能力,使其能够更好地适应多变的社会环境,具备全面发展的素养。通过通识教育的培养,个体可以获得广泛的知识,理解各个学科领域的关系,培养综合性的思考能力。与此同时,通识教育还培养了个体的社会责任感和公民素养,使他们具备为社会服务和参与社会活动的能力。专业教育和通识教育在文化育人中相互促进,协调发展。专业教育使个体能够深入学习某一领域的知识,通识教育则为个体提供了广泛的知识基础和跨学科的能力,专业教育和通识教育共同构建了促进个体全面发展的教育体系,使个体在个人层面和社会层面都能够获得更大的成就。

实践是人特有的存在方式。马克思指出,哲学家重要的不在于解释世界,而在于改造世界。从根本上说,实践教育是人类实践特性在教育上的反映。实践教育强调"知行合一",既要让学生学会学习、掌握知识,还要培养学生的动手能力、动脑能力和实际操作能力,这也是文化育人的重要内容。理论教育提供了学科知识,而实践教育则是将这些理论知识应用于实际生活和工作中的关键环节,这种结合可以促使学生更全面地理解和掌握知识,培养解决实际问题的能力。在育人过程中如果只重视理论教育,缺乏实践能力的培养,就会导致学生无法将所学知识更好地应用于解决实际问题,从而使他们失去学习的实际意义。为此,大学在开展"文化育人"工作时,要切实增强对实践育人工作重要性的认识:加强实践育人工作总体规划,增加实践类课程的设置,深化实践教学方法改革,系统开展社会调查、生产劳动、志愿服务、科技发明等社会实践活动;加强与企业、行业的合作,开展校企合作项目,鼓励学生参与实际项目、实习和实践活动,让他们接触到真实的工作环境和问题;建设实践基地,提供现代化的实验室、工作室等设施,为学生提供良好的实践条件和平台,从而引导学生在社会大课堂中接受教育、增长才干、作出贡献。

三、小结

无论是坚持知识教育和道德教育、专业教育和通识教育的统一,还是强调理论教育和实践教育的兼顾,大学"文化育人"的核心都在于帮助学生形成健全的、独立的人格,在于塑造"完整的人",实现人的全面发展。如果缺乏一定的道德和科学修养,学生在处理人与自然、人与人以及人与社会的关系时,就会囿于知识的局限或视野的狭窄而无法全面看待和解决问题,难以形成独立的人格,难以实现人的全面发展。文化教育是造就独立人格的基本途径,有助于个体获得全面发展所必需的知识,提高人的素质和能力,帮助个体形成健全的人格。就此而言,中国特色世界一流大学文化建设应该始终坚持文化育人导向,切实增强思想意识和行动意识,将"文化育人"作为推进教育现代化的重要使命,培养人的独立人格,不断培育、锻炼和增强学生的独立判断意识、独立自主精神和自力更生能力,从而实现人的全面发展。

第二节　学以为己,以文化人

一、学以为己的理念

梁漱溟指出,"最好的文化就是增盛人的生命活动的文化"[①],评判文化时应当看它是否弘扬了人的生命精神,是否使文化与人的生命得到统一。此观点正好回应了传统儒家主张的"学以为己"的理念。"学以为己"最早出自《论语·宪问》:"古之学者为己,今之学者为人。"这句话是说古人追求学问的根本目的是提升自身修养和德行,追求个人的全面发展,而今之学者则更多地将学问用于对个人功利的追逐。荀子在《劝学》中指出:"古之学者为己,今之学者为人。君子之学也,以美其身;小人之学也,以为禽犊(馈献之物)。"在荀子看来,君子之学是以提高自身道德修养和完善自我为目的,而小人之学则是为了获取外在的物质利益、社会地位和名声,这一观点重在强调内在的学习动机和目标,强调学习的价值在于提升自身而非获得外在功利。朱熹在《论语集注》中说:"程子曰:'古之学者为己,其终至于成物。今之学者为人,其终至于丧己。'"[②]"为己"之学在于使自己的内心有所得,最终的结果是成己成物,而"为人"之学则是为了

① 梁漱溟. 梁漱溟全集:第二卷[M]. 济南:山东人民出版社,1990:537.
② 朱熹. 四书章句集注[M]. 北京:中华书局,1983:156.

显摆自己,取悦他人,最终反而会使自己迷失。范晔也在《后汉书·桓荣传论》中言:"为人者,凭誉以显物;为己者,因心以会道。"①事实上,这些内容都是在强调"学以为己"的理念,即学习应当以提升自身的道德修养为根本目的,而不能为了沽名钓誉、功名利禄。学习要使"心有所得",从而不断充实自己、完善自己、实现自己。

"学以为己"的思想是中国传统教育思想中一个十分基本的理念,也是先秦儒家倡学的基本目标。它至少包括两个重要内涵:其一,"学以为己"倡导以修身为目的,强调提高道德修养首先应该从自身做起,通过学习领会做人做事的道理,来弥补自身的某些不足,进而不断完善自我。这种不断完善自我的过程是一个持续努力的过程,要求我们时刻反思、不断改进,以实现更高层次的自我提升,成为更有益于社会和他人的人格完整的个体。需要注意的是,"学以为己"的理念首先强调个人道德的完善,之后才是对社会的功用。但这并不意味着"学以为己"的思想否定了学习和德育的社会责任,相反,它更多的是强调两者的一致性,并且认为这种一致性的基础和出发点是个人的修行与道德修养②。首先,这是因为唯有道德的完善才能使个体真正具备为社会作出积极贡献的能力。当个人道德得到提升和完善后,他们将更加谨慎地行事,对他人更加尊重,同时也更愿意为社会发展进步贡献自己的力量。其次,一个道德完善的个体不仅能够建立起健康、积极的社交关系,还能对社会各个方面产生良好的影响,从而推动社会朝着更加和谐的方向发展。因此,"学以为己"不仅仅是培养个人道德修养的要求,也是对社会和他人负责任的表现。其二,"学以为己"重视践履,强调躬行实践。在《论语集解》中,何晏引孔安国语:"为己履而行之,为人徒能言之。"③

---

① 范晔.后汉书[M].北京:中华书局,1965:1262.
② 谢维和.学以为己的德育传统:立德树人的逻辑与实践研究之五[J].人民教育,2017(11):46.
③ 阮元.十三经注疏[M].清嘉庆刊本.北京:中华书局,2009:5459.

这句话主要突出的是躬行实践的重要性,认为为己之学在于能履而行之,学到了知识就会付诸实践,而为人之学则仅仅将知识停留在口头上,无法将其内化于心、贯彻于行动。儒家思想强调"学以为己"一定是身体力行的,即必须把学到的东西贯彻到自己的行动中。孔子认为君子之道可分为四种,即"行己恭""事上敬""养民惠""使民义"(《论语·公冶长》),其中,"行己恭"是指一个人在言谈举止中表现出的谦逊和恭敬的态度,这是孔子关于"学以为己"思想重视践行的核心观念。孟子讲:"夫人幼而学之,壮而欲行之。"(《孟子·梁惠王下》)这句话是说,人从小时候开始学习,长大后就会想要将所学的知识付诸实践。孟子以"幼学""壮行"强调对"学而行"的重视。荀子讲:"君子之学也,入乎耳,著乎心,布乎四体,形乎动静。端而言,蠕而动,一可以为法则。"(《荀子·劝学》)在荀子看来,"君子之学"(为己之学)能够内化学问,将所学知识内化于心,并贯穿于行为,使其真正成为自己言行的准绳。可见,"学以为己"要求学习者必须把学到的知识贯彻到自己的言谈举止中,如此才能真正实现自身修养的提升。当然,"学以为己"并非一蹴而就,而是伴随着人一生的发展而持续进行,需要不断地反省和实践。

二、文化的育人价值

文化塑造人的心灵。它提供了一种工具,这种工具不仅构建了世界,还建构着人的自我观念和力量①。在我国,文与化的联用,最早见于《周易·贲卦》"观乎天文,以察时变;观乎人文,以化成天下"。古人讲"化成天下""人文化成",其中的"化"指的就是教化、感化。《现代汉语词典》中对文化的解释是指人类在社会历史发展过程中所创造的物质财富和精神财富的总和。文化的本质可以说是

---

① 　BRUNER J. The culture of education [M]. Cambridge:Harvard University Press,1996.

"人化"和"化人"。人化指的是人类按照自己的方式来改造世界,使所有事物都带上人文的性质。这意味着人类通过自身的行为、观念和文化对周围的环境和事物进行影响和塑造,赋予它们以人文的特征和意义。这个过程体现了人类对世界的能动作用,同时也反映了人类与环境之间相互作用的内在联系。"化人"则是用这些改造世界的成果来培养人、武装人、提高人,使个体的发展更全面、更自由、更深刻。文化是人类文明的积淀,包括社会的价值观念、风俗习惯、艺术表现、制度规范等等,是人类在社会生活中创造和传承的物质财富和精神财富的总和,具有保存、表达、传递社会信息的作用。文化的核心在于内在的价值观念和思维方式,它以知识为传播载体,贯穿于人类的各种活动及所创造的成果,并深入影响着个体的精神境界和情感态度。这种文化的渗透不仅体现在人们的行为表现中,更是融入人的血脉之中,塑造了个体的认知结构和道德标准。文化能够渗透、熏陶和塑造人们的内心品质,因为文化承载着人类精神的高尚境界,是人们心灵得到精神滋养的显现。这种影响贯穿于个体的价值观念、道德标准、思维方式、情感表达和行为习惯等方面,使人们在文化的熏陶下不断提升自我修养,增强社会责任感,并追求更高层次的精神追求。文化的精神力量是一种"渗透性"存在,融入人的全面发展的各个方面,对人的发展具有潜移默化的影响。

三、以文化人的系统建构

文化不是孤立存在的,从某种意义上说,教育即文化,教育的本质是人与文化之间相互作用、相互影响的建构过程。教育不仅是传授文化知识和技能,更重要的是引导个体理解、接纳并积极参与特定文化的形塑和发展。同时,文化也通过教育为个体提供认知框架、行为规范和情感情境,成为教育不可或缺的重要组成部分,这种相互交融对于塑造人的身心素养和社会责任感具有重要意义。在教育实践过程中,不能一味地强调知识的学习,更要重视个体道德品质的培养,正如儒家"学以为己"思想所强调的"成人先于成才"。人仅仅靠自己的天性并不能成为应该成为的人，因为人的内在理性、情感和欲望都需要经过塑造和培养，才能相互渗透融合，使心灵品质得到内在、整体的提升，这一过程将是一个长期而系统的"化人工程"。只有通过教育、文化熏陶以及个体自我修养等途径，不断引导人们完善自己的内心世界，才能实现全面的精神成长与发展。而"人类的制度文明、文学艺术、哲学科学、伦理道德等等文化样式就是涵养、塑造我们心灵品质的最好素材，因为它们展示了人们交往的普遍规则、高尚的情怀境界、严谨的理性推理、崇高的道德精神"①，这些文化形式蕴含了人类的集体智慧和历史积累，通过学习和领悟，我们能够得到深刻与全面的心灵滋养，不仅提升个体的审美情操和文化修养，更能引导我们树立正确的人生观、价值观和行为准则。道德教化的最终目的就是要使人们获得修养，塑造内在的心灵品质，形成美德。大学教育不应仅限于传授知识，而更应注重塑造学生的人格品质和道德修养。如果教育只是简单地将知识传授给学生，那就如同一种"智识"交易，并没有真正实现对学生全面发展的关怀和引导。只有通过培养具备基本道德美德的个体，人们才能更好地遵循道德规范，而缺乏道德品质的个体则可能陷入个别性的粗鄙状态，即便其认知到道德原则，也难以按照道德原则行事。学以为己，以文化之，我们应当以自我修养为己任，通过文化的熏陶，避免人格的腐败和精神的贫乏。大学文化在"以文化人"的过程中通过不断丰富人们的精神世界，促使理性、欲望和情感相互渗透、融合，并相得益彰，从而使内心得到全面提升和成长。

---

① 詹世友.学以为己与以文"化"之[J].华中科技大学学报(社会科学版),2012(2):25.

第三节　修己以敬，止于至善

一、修己以敬的精神态度

《论语·宪问》中，子路问孔子如何成为君子。子曰："修己以敬。"曰："如斯而已乎？"曰："修己以安人。"曰："如斯而已乎？"曰："修己以安百姓。修己以安百姓，尧舜其犹病诸！"孔子的三个回答都强调了"修己"二字。可见，在孔子看来，"修己"是成为君子的核心要义。"修己"，"己"即自己，"修"从字的本义上讲为"饰也"（《说文解字》），"修己"即修养、提升和完善自己。当然，它有一个不言而明的前提即"己"是有待塑造、修正的存在者①。个体拥有内在的力量和潜能，只有激励个体不断追求进步和完善，才能实现自我价值的最大化。孔子明确将"敬"作为一种对待自己的态度。"修己以敬"的基本意思是指在修身的过程中，要始终保持"敬"这一精神状态和品质。这包括在与他人相处时保持应有的尊敬之心，对待事物时保持真诚和认真的态度。这种精神状态不仅体现了个体的内在修养和道德素养，也有助于促进社会关系的融洽与和谐。在孔子看来，"敬"是一种高端、高雅的气度和精神状态，个体一旦拥有，则具有坚定意志支持内心的道德律令，也有足够的定力抵御欲望。儒家反复强调君子自处应当"反求诸己"，从而与逐物外求的世俗态度划清界限。"敬"的后面是"为己之学"的精神取向，以"敬"对待自己是个体对自我德性生命的一种高度关注。这也意味着个体应当不断审视自身的言行与选择，从而承担起全面的自我管理和自我塑

---

① 陈立胜."修己以敬"：儒家修身传统的"孔子时刻"[J].学术研究,2020(8):34.

造的责任。这种态度不仅有助于提升个体的道德品质和内在修养,更有利于促进个体的成长与发展,以及构建积极健康的社会环境和社会关系。

"修己以敬"作为一种自处之道,其本质上是一种"为仁"之道①。作为一种道德修养和追求,"仁"价值的实现需要"敬"思想的加持,需要"居处恭,执事敬,与人忠"(《论语·子路》),"敬"是儒家修身成仁的重要法门。"敬"是个人重要的修行原则,也是个人修养的目标,其不仅可使心不妄思,同时也是约束身与行的重要内容。在培养理想人格的过程中,孔子主张培养君子,即具有卓越品行和德才兼备的个体。在如何成为君子的问题上,孔子的第一回复就是"修己以敬",说明"敬"对个体自我修养具有独特的作用。根据孔子对"敬"的使用,我们可以从自身修养与外在处世两个角度去理解。

从自身修养的角度,首先,孔子认为君子应"行己恭"与"事上敬",无论是待人抑或执事(接物),君子要保持谦恭的态度,日常起居恭谨端正,严格要求自己;在处理各项事务的时候,尽心竭力,恪尽职守,认真负责。君子有"九思",而其中之一即"事思敬",这里的"敬"代表着对待事务时应持认真态度,强调做事要怀着恭敬之心,认真严谨,全力以赴。其次,将"敬"作为礼的核心,规范自己的行为以合乎礼的要求,同时在理性层面认同礼所表达的秩序和规则,即"克己复礼"。子曰:"克己复礼为仁。"(《论语·颜渊》)。"克己复礼"指个体通过不懈努力实现对自身欲望的约束,逐渐达至非礼勿为,从而不断发挥出本性中善的一面。"克己"即为"敬","敬"即要做到慎独,认真审察自己,抑制情性,控制自己的欲望;"复礼"则要依从礼乐规范行事,"克己"和"复礼"看似是两个方面,实为二而一。若一味通过礼的外在规范约束自己,则不免有被动、强制之嫌。礼应当是人内心的自觉意识,只有源自内心,自觉、自主地实行"复礼",才能被称

---

① 陈立胜."修己以敬":儒家修身传统的"孔子时刻"[J].学术研究,2020(8):35.

为接近于仁。这意味着真正的"礼"应当来自个体内在的自发和自觉,而非机械执行的外在形式。这就要求发挥主体内心的自觉性与主动性,心正不倚。孔子言于颜渊"为仁由己",强调个体应当具备仁的主动性,通过自身的道德意志来开启通往仁的道路。而要做到这一点,核心就在"修己以敬"。"敬"可使人收敛身心,在精神上庄严、警觉,保持清醒、戒慎,从而抑制私心杂念。立己实际上就是立于礼,个体要通过对自身情、欲的约束,使自身的行为合乎礼的规范。人生而有欲,心受欲望的蒙蔽,呈现出不同的善恶状态,因而必须常怀谨慎、警惕,"敬"能使心保持本然、真实的状态。从外在处世来讲,"敬"是孝与礼的必备修行,是人际交往的重要态度。君子九思中的"貌思恭"即指对人要保持恭敬的态度。施"敬"于亲为真孝,在侍奉父母时,应"居则致其敬"(《孝经·纪孝行章》),对父母的孝不仅在于养,更在于敬。孝是要敬爱父母,敬亲爱长,唯有对父母恭敬至诚才是对父母的真孝,要让父母快乐、为父母解忧,恭敬认真地照顾父母。往外延伸则是尊敬与父母同辈之人,敬爱自己的兄弟姐妹等,以敬爱的情感推己及人。"敬"与礼也紧密结合,"礼主于敬",敬而无失,恭而有礼,则可四海皆兄弟。在国家事务上,臣子要"为人臣止于敬""临之庄以敬"等。在"敬"的处世原则下,形成和谐的人际圈。

二、止于至善的人格追求

"修己以敬"是内求,是君子成德的内在功夫,是君子修道成德的根本。在修身的过程中,"敬"贯穿一切人与事,在不断修养"敬"的过程中,主体内心保持谨慎、专一,心才不会放逸、偏斜,进而使人"复明性德,体仁达仁"。儒学是建立在人伦社会基础之上的。君子修道成德,就是在人伦社会中,在日常处世中体验和体知的一个过程。对于如何成为君子,孔子在回答"修己以敬"后,又进一步提出"修己以安人""修己以安百姓"。君子不仅要"修己以敬",还应当做到"修己以安人""修己以安百姓"。"修己以安人",君子所安的这个"人"是包括亲族、朋友、臣子等在内的与"己"交往的身边人。在人伦社会中,人与人之间都是相互联系、相互影响的。人在修养和提升自我的过程中必然会影响他人的价值观念和道德修养,从而实现"修己"的"安人"功能,这一观念体现了个人的修养对社会的重要影响。"修己以安百姓"是指身居高位的君子在修己的过程中还要有"兼济天下"的情怀,通过感同身受、安抚百姓来提升自己的修养,同时再将这种完善的德行展现出来以安顿百姓。从"修己以敬"到"修己以安人""修己以安百姓"的哲理内涵可以看出,这是一个由内到外、由近及远的过程。君子修己之道要求我们在修养和完善自身的同时推己及人,从而达到"至善"的完美境界。

孔子的"修身"思想与"大学之道"具有内在统一性。儒家传统经典《大学》开篇说道:"大学之道,在明明德,在亲民,在止于至善。""大学"二字有"大学问""大学校""大人之学"之意。这三种解释虽然各有侧重,但都具有"教化"的作用。从教化的角度来看,"修己"的根本在于"明明德",而"安人"的意义在于"亲民"。在这一理念中,"修己"与"安人"相互联动,旨在达到至善境界。在儒家看来,所谓大学之道,在于彰显光明的德性,在于使民众除旧布新,以达到"至善"的完美境界。"止于至善"不仅是儒家所推崇的最高人格理想,也代表着以追求卓越为核心要义的至高境界①。汉代郑玄注曰:"止,犹自处也。"孔颖达将其解释为"言大学之道,在止处于至善之行"(《礼记正义》)。在儒家看来,所谓大学之道,从根本上来说就是修身成人之道,"明明德"和"亲民"的最终目的和归宿是要达到"至善"。朱熹在《大学章句集注》中解释说:"止者,必至于是而不迁之意;至善,则事理当然之极也。"②"止"在此引申为"达到以……为目的"。一个人若能达到内心深处的宁静与坚定,不受外界的干扰,则会具备一种稳定不

① 孙德玉.论《大学》"止于至善"的价值意蕴[J].高等教育研究,2017(6):93.
② 朱熹.大学章句集注[M].上海:世界书局,1936:1.

移的心境。"至"是"极""尽","至善"即善的最高境界,表示对道德和事理的极致追求。在儒家哲学中,至善代表着在道德修养方面达到最高水平,具备卓越的品德和行为表现,以及对他人和社会的无私奉献和博爱精神。王阳明诠释:"至善者,性也。性元无一毫之恶,故曰至善。"①在王阳明看来,至善之性是人类固有的本性,而"止"就是一种对本性的复归。"止于至善"就是旨在达到一个人做人的最高人格境界和理想,这种境界要求个人内心达到宁静与稳定,同时将道德和善行融入日常生活中,并持之以恒地践行,这也就要求主体通过努力不断提高自身道德修养从而达到并保持人类最高的善。

三、"大学之道"的实践路径

"大学之道"的三个纲领为"明明德""亲民""止于至善"。其中"止于至善"是儒家最高的道德目标和道德准则的体现,也是大学文化以文化人的最终目标,而"明明德"(修己)、"亲民"(安人)正是达到至善的步骤和方法。在具体实践中,将"明明德"的内在修为和"亲民"的外在事功发挥到极致也就自然达到"至善"了。具体来说,"明明德"是对自己而言,前一个"明"为动词,意为彰明、彰显;"明明德"即彰明、彰显出人们所固有的光明的德性。儒家认为,每个人都拥有内在的光明德性,但这种德性并非自动显现,而需要通过自我修养和启蒙来彰显。因此,儒家强调了"明明德"的重要性,即通过自我启蒙和不断提升,使自己内在的善行得以彰显。这种观念强调了个体内在潜能的开发和完善,是儒家所倡导的道德修养与人格完善的重要途径。"亲民"是对人而言,古代儒家对这个"亲"字有不同的理解,明代王阳明认为"亲"如其字,有亲近、爱护之意②,"亲民"就是指要亲近、爱护老百姓,通过做出实际的事功来为人民大众谋福利。与

---

① 王阳明. 传习录[M].郑州:中州古籍出版社,2008:135.
② 王守仁. 王阳明全集[M].上海:上海商务印书馆,1927:1.

此相异，朱熹认为"亲"作"新"解，"新者，革其旧之谓也。言既自明其明德，又当推以及人，使之亦有以去其旧染之污也"（《大学章句》）。新者，有革新、除旧布新之意；"亲（新）民"，则是指在个体修明天赋的光明德性之后，还应以自身卓越的品德教化引导民众，使整个社会的道德风貌可以更加向善。"明明德"是对自身道德修养的要求，"亲民"是推己及人的圣人要务，也是明德推己及人的落实，将"明明德""亲民"都做到极致就是儒家追求的"止于至善"的最高生命境界与人格追求。"止于至善"这一理想境界在修养过程中十分强调主体的自觉意识和实践精神。完善道德修养要靠主体的自觉意识以及主体自身内在的反省、体验和感悟，修养是他人不能替代、必须身体力行的，只有通过主体的主观努力和实际行动，才能真正实现理想的道德境界。儒家不仅强调发挥道德主体的自觉意识，更注重把这种道德自觉精神体现在实际行动中。孔子在道德修养问题上倡导"躬行践履"，他认为对理想人格的理性认知务必要在具体实践中得以体现。在讨论道德理论与道德实践的关系时，儒家特别强调知行合一的辩证统一，将"力行"和"躬行"视为道德修养的重心。这意味着不仅要有正确的道德认知，更重要的是将道德观念付诸实际行动，并通过亲身实践来提升个体的品德境界。这一观念深刻地影响了中国教育思想史，对高校和社会发展产生了深远的影响。

"大学之道"的实践路径对于新时代中国特色世界一流大学文化的发展具有深远的借鉴意义。"止于至善"不仅是一种人格理想，更是一种人生态度。这种思想观念强调了个体在道德修养上的追求与努力，体现了儒家文化对道德境界的高度重视以及对个体自我完善的呼唤。新时代中国特色一流大学通过"以文化人""文化育人"，注重对个体思想的启蒙和道德修养的培养，致力于弘扬人的美德，教人弃恶从善、革旧布新、争做新人，以达到一种"至善"完美的境界。

第四节　格物致知，内圣外王

《大学》继"明德，亲民，止于至善"的"三纲领"后，又进一步提出"格物、致知、诚意、正心、修身、齐家、治国、平天下"的"八条目"。其中，"修身"是中心环节，"格物、致知、诚意、正心"是以修身为目的，旨在通过自身心性的修养以增强自我的德行，属于"内省"层面，"齐家、治国、平天下"则是修身之后的外在事功，即通过自我道德的扩展以影响他人，达到一种治理天下的目的，属于"外治"层面①。它们之间的关系是"内圣"而后"外王"，"内圣外王"一词最早出现在《庄子·天下》之中，庄子认为，一个完备的人不仅要在内在道德上做一个圣人，而且要在王道上泽及百姓，最终达到一个"全"的状态。近代以后，学者将儒家学说归纳为"内圣外王"，认为儒家教育是主张培养"内圣外王"的人才的教育，即内修圣人之德，外施王者之政或外务社会事务。这一思想不仅表明了个人的良好修养在国家治理中起着重要作用，同时在社会治理方面更加强调人才培养和以文化人的极端重要性。

一、格物致知

"八条目"以"格物"为起点，以"平天下"为最终的奋斗目标，是一个由内到外、关乎个体与社会、从理论到实践的有机进程，一个穷尽内圣外王之道的思想理论体系，是实现大学之道的具体途径和方法。朱熹在《四书章句集注》中有言："格，至也。物，犹事也。穷至事物之理，欲其极处无不到也。"②即穷尽事物

---

① 李翔海.内圣外王:儒家的境界[M].南京:江苏人民出版社,2017:129.
② 朱熹.四书章句集注[M].北京:中华书局,2011:5.

所以然之理,无不知晓之意,也就是说要深入探究和理解事物的道理,从而达到无所不及的境地。对于"致知"之意,朱熹云:"致,推极也。知,犹识也。推极吾之知识,欲其所知无不尽也。"①致,意为推而极之,即达到极致的境界。知,则是指知道和了解善恶吉凶的终始,以及事物的缓急先后,即智慧之意。"致知"是希望自己所掌握的知识能够尽善尽美,无一不被了解。朱熹为《大学》作"格物致知"补文曰:"所谓致知在格物者,言欲致吾之知,在即物而穷其理也。盖人心之灵,莫不有知,而天下之物,莫不有理。惟于理有未穷,故其知有不尽也。"②朱熹认为格物是通过即物而穷尽事物之天理,致知是将这种天理内化为自己的知识,并且让这些知识推广到极致,两者相互渗透、相互包含。从格物到致知的过程可以看作是一种外部知识内化的过程。在这个过程中,格物强调了主体通过观察和实践来觉证万物之天理的方法和过程;而致知则强调了主体对天理觉证的程度,格尽物理,则知尽③。致知并非仅仅是对事物之理的观察,而是要参透事物背后蕴含的天理,因此,要达到"致知"的境界,就需要在接触事物时深入探究其中的道理。人的心灵是极为灵敏和细腻的,可以洞察很多事情,而世间万物也都有其内在的道理。只不过由于某些道理我们尚未深刻领悟,所以所得知识会存在不完全之处。只有通过不断地钻研与观察,才能够逐渐完善自己的知识体系。朱熹在补文中强调"格物致知"是为学之本,其正确地揭示了知识的来源和人的认知规律,即知识来源于实践。认知过程是一个由已知到未知,再从未知到更深层次已知的不断循环升华的过程,主体要通过实践和领悟不断完善自己的认知水平和知识体系。因此,《大学》的精神要求学生在接触事物时,根据已经掌握的道理去深入探究,以求达到极致。

①　朱熹.大学章句集注[M].上海:世界书局,1936:1.
②　朱熹.大学章句集注[M].上海:世界书局,1936:3.
③　朱熹.朱子语类:第1册[M].黎靖德,编.北京:中华书局.1986:295.

二、诚意正心

"物格知至,则知所止矣。意诚以下,则皆得所止之序也。"①"诚意"是八条目的一目,居"格物""致知"之后。朱子以为"物格知至"以后,主体还需要诚意。所谓诚意,即"毋自欺也。如恶恶臭,如好好色,此之谓自谦。故君子必慎其独也"。朱熹认为,主体的内在真诚要与外在行为保持一致,君子在做任何事情时都应自我谦卑而不欺骗自己,秉持本心,独立修身,保持内外言行的一致。这一理念强调了个人品格和行为的真诚性、一致性,提倡在具体的生活和实践中要始终保持真正的自我和道德操守。诚意把"知至"之后内心对天理的觉证,上升为一种道德情感,这种道德情感把社会伦理道德作为主体社会实践和为人处世的指导原则,要求主体自觉地把自己作为社会整体的一部分,以社会伦理准则约束自己。在具体的社会实践和为人处世中,要求通过高度的自觉性不断磨炼自己的道德意志,时时用道德规范来约束自己的言行。

正心是诚意之后的进一步修身要求,所谓"修身在正其心"。一个人的意识决定着他的行为举止,如果内心端正、无私心杂念的干扰,那么身体各部分都将服从内心的指引,主体在实践中便能合乎情理,因此修身必当先正其心。常人有忿懥、恐惧、好乐、忧患等情绪,若心为情感所动,就很难做到心性端正。这就要求人们在修身养性过程中首先要摒弃、清除内心的私心杂念,做到内心的清明与专注。心是身体的主宰,只有不断净化心灵,做到精力集中,专心致志,摈除外界因素的干扰和不良情绪的影响,才能言行不偏。心不得其正,是因为心中的私心杂念能动其心,动其心就使主体内心不能保持清醒、理智的状态,在认识事物的时候就会带有偏见,从而不能正确、合理地认识事物。正心就是要使内心不受外

---

① 朱熹.大学章句集注[M].上海:世界书局,1936:1.

界影响,摆脱情绪的控制,时刻保持一种清醒、理智的状态,从而更准确地认知和理解事物。

三、修身为本、内圣外王

"自天子以至于庶人,壹是皆以修身为本。"①儒家传统认为要培育完善的人格和成就社会的最高理想,修身既是内在的目标,同时也是实现这一目标的根本途径。通过修身,个人得以提升道德修养、完善品德,从而成为具备高尚品质和道德操守的人。同时,修身也被视为创造和谐社会、实现社会理想的基础,因为修身不但可以带来心灵的净化与道德的提升,在社会层面上也能促进和谐共处、推动社会发展。"正心以上,皆所以修身也。齐家以下,则举此而措之耳。"②修身是通过自我修养、道德提升和品德修正来完善个人的内在品质和外在行为。修身对内修己,格物、致知、诚意、正心,皆是内在功夫,修身是格物、致知、诚意、正心的终点。所谓"诚于中,形于外",修行的结果是通过个人的言谈举止得以显现的,而这种修行的目的则是为了实现内心品质的提升,即达到"修身"的目标;修身对外治人,齐家、治国、平天下都是外在功效,修身是齐家、治国、平天下的起点。在这个由内到外的过程中,个体通过不断深化对道德原则和伦理准则的认识,并将其付诸日常行为实践之中,推己及人,以达到"内圣外王"的至善境界。人是处于人伦社会中的人,不可能隔绝他人而独自修身。相反,个人的修身道德提升是在日常的人际交往和社会实践中逐步完善和提升的。一个人修身的成果不仅可以在个人品行上得以体现,也能够影响到家庭的和睦、国家的治理以及整个社会的稳定。因此,个人的修身不仅是对个体品德的追求,更是对整个社会伦理秩序的建设与维护。从范围上

---

① 朱熹.大学章句集注[M].上海:世界书局,1936:1.
② 朱熹.大学章句集注[M].上海:世界书局,1936:1.

讲,修身、齐家、治国、平天下是由近及远的渐进过程,"身"在"家"中,"家"在"国"中,"国"在"天下"中,这是一层层的被包含关系。"身修而后家齐,家齐而后国治,国治而后天下平。"①身修是家庭安宁的基础,而家庭的和睦又是国家治理的前提。当每个家庭都注重个人品德的提升,整个国家秩序才会更加稳定有序,最终才能实现天下大治。要治理好自己的家庭,就必须提高自身的道德修养,孝敬父母、疼爱妻儿、兄友弟恭,这样才能做到身修而后家齐。"孝者,所以事君也;悌者,所以事长也;慈者,所以使众也。"②维护家庭内部关系的"孝""悌""慈"等准则同样适用于君臣之间、官民之间的相处关系,当这些儒家伦理道德在整个社会得到践行时,国家治理的善治才能得以实现,进而带来天下太平。

儒家哲学思想,甚至可以说中国传统哲学一直致力于追求和关注内心世界的修养与外在实践的统一。内心修养的实现离不开对外在事务的践行,而外在事务的展开也需要内心修养的指引与支撑。因此,儒家强调内外相通、内外相依,认为只有内心修养与外在实践相统一,才能实现个人与社会的和谐发展,带来真正的意义与价值。儒家"内圣外王"的道德目标和人格境界要求个体以自身的品行去改造和同化民众,净化人的心灵,提升人的道德水准,使社会"止于至善"。古代"大学之道"的教育理念,由推己及人到与人为善,具有划时代的价值和意义,这对于今天我们处理好个人与集体、公民与国家、公民与社会的关系,培育和践行社会主义核心价值观,实现立德树人的教育目标,都具有十分重要的意义和影响。中国特色大学文化致力于培养学生正确的理想、信念和健康的人格,以便学生毕业后在社会活动中会自然而然地把这种精神传递给社会中的个人和群体,使大学文化所彰显的道德理想和崇高精神在社会上广为传播和辐射,

---

① 朱熹.大学章句集注[M].上海:世界书局,1936:1.
② 李翔海.内圣外王:儒家的境界[M].南京:江苏人民出版社,2017:129.

从而影响和提高公众的道德素养,促进社会和谐发展。大学文化不仅是对学生个体成长的引领和激励,更是对整个社会价值观念和道德风貌的塑造与传承。因此,中国特色大学文化要始终坚持"以文化人""文化育人"的培养理念,以其独特价值观念,为社会培养出更多具有高尚品格和崇高精神的新一代公民,为社会和谐发展注入强大的正能量。

第八章　守正创新的大学文化

调整与变革是当代大学理念的时代主题,"创新文化是决定大学兴衰的文化之魂"①。"周虽旧邦,其命维新"(《诗经·大雅·文王》),创新的思想早已熔铸于中华文化的骨髓中,成为中华民族共同的历史记忆,形成了独具特色的创新理念。在守正中创新,在创新中守正。习近平总书记在党的二十大报告中强调:"守正才能不迷失方向、不犯颠覆性错误,创新才能把握时代、引领时代。"②守正指的是恪守正道,强调对传统文化、价值观念和规范的尊重和继承。创新则是指推陈出新,开拓进取,不拘泥于传统,在现有基础上进行改革和更新,以求得更好的发展。守正与创新相辅相成,体现传统与变革、继承与发展、原则性与创造性的辩证统一。只有在创新的过程中守正,才能避免故步自封,做到与时俱进、推陈出新;只有在守正的基础上创新,才能坚持正确方向,实现根深叶茂、源远流长。面对百年未有之大变局,中国特色大学文化同样应该遵循守正与创新的辩证统一。唯有坚持"恪守正道、革故鼎新、与时俱进、守正创新",方能使中国特色大学文化不断焕发出历久弥新的生机活力。

---

①　眭依凡.创新文化:决定大学兴衰的文化之魂[J].中国高等教育,2007,43(7):7.
②　习近平.高举中国特色社会主义伟大旗帜　为全面建设社会主义现代化国家而团结奋斗:在中国共产党第二十次全国代表大会上的报告(2022 年 10 月 16 日)[N].人民日报,2022 – 10 – 26(01).

第一节 革故鼎新，与时俱进

一、坚持"故"与"新"的辩证统一

创新意味着变化，"变"是中国传统文化的核心特质之一，正所谓"日中则昃，月盈则食；天地盈虚，与时消息"（《易传·彖传下》）。世间万物无不在一直变化，此时的完美就意味着彼时的不合时宜，那么作为自然界一部分的人又怎能顽固到一成不变呢？"明者因时而变，知者随事而制"（《盐铁论·忧边》），"穷则变，变则通，通则久"（《易传·系辞传下》），唯有时刻保持警醒，直面挑战，不断革除旧势力，方能具备蓬勃向上的朝气。大学文化的发展规律亦是如此，只有在目标方向、体系机制、方式方法上不断除旧布新、与时俱进，才能持续激发出中国特色世界一流大学文化的强大生命力与内在竞争力。革故鼎新是中华优秀传统文化中关于创新的一个重要观念，所谓"革，去故也；鼎，取新也"（《易传·杂卦传》），革故鼎新有革除旧状，破除陈规，改革创新之义，强调改天换地的新旧变革，而不是那种修修补补的改良。只有革故鼎新，才能"变"，才能"通"。在不同的发展阶段，社会肯定要有所变革；即使在同一发展阶段之中，社会也会发生某种变化。"革"是必然的，只有在"革"中才有可能推动历史的发展。然而，中华文化中的创新并非建立在一种二元对立的思维模式上。尽管革故鼎新强调根本性的变革，但并非全盘否认过去和传统，而是强调对于那些落后的、不合理的制度和事物固然要坚决摒弃，但对那些被历史和实践证明的优秀的、积极的因素则应当继承和发扬。"故"与"新"之间是两极相通的同一整体，而不是互相割裂、截然对立的存在，诸如"革故鼎新""推陈出新""历久弥新""温故知新"等大量新旧一体的概念,都证明了"新"与"旧"之间这种相辅相成、前后相续、对立统一的关系特征,所以说"革故"与"鼎新"不能简单地割裂开来,片面地怀疑批判或是推倒重来都是不可取的,新旧之间更多的应当是继承与变革,相争而不相离。继承和创新是大学文化发展的两翼,缺一不可。离开继承,大学文化就会失去活力;离开创新,大学文化就会失去生命力。在继承中创新,在创新中继承,是新时代大学文化发展的规律。

二、推动中华优秀传统文化创造性转化和创新性发展

新时代中国特色世界一流大学文化的发展和建设,必须坚持"革故"与"鼎新"的辩证统一,坚持与时俱进,守正创新,在继承中扬弃、在创新中转化,引导中国特色大学文化不断迭代向前发展。只有忠于继承传统精华并勇于革新,大学文化的优质文脉才能持久延续并充满生机活力。中华民族有着悠久的文化传统和丰富的教育实践,在数千年文明发展中积累了深厚的知识智慧和理性思辨智慧,形成了富有特色、博大精深的文化思想体系,源远流长并且一脉相承,从未中断,这是中国大学文化发展的独特优势,也是我们今天发展高等教育的文化基础。例如,重视"修己以敬""止于至善"的人格养成观,"以天下为己任"的责任观,"学以为己"内化育人的学习观,"知行合一"培养学生身体力行的知行观,"言传身教"的师德观等,这些都积淀着中华民族对于教育和人才培养的精神追求和行为规范,形成中国教育思想的恢宏气象和深远影响,奠定了中华民族最为深沉、最为持久的教育和文化自信。习近平总书记指出要扎根中国大地办大学①。扎根中国大地办大学就是要为大学文化与教育发展注入"中国特色"这一灵魂,那么,中国特色从何而来? 这就要求我们必须深扎在中华优秀传统文化

---

① 习近平.习近平致中国人民大学建校 80 周年的贺信[N].人民日报,2017 - 10 - 04(01).

中,从优秀传统文化中汲取力量与智慧,同时立足中国实际,致力于解决中国问题,不断推进优秀传统文化创造性转化和创新性发展。中国式现代化的大学文化,不仅要以人类历史发展和教育实践为基础,更要以中国特有的历史文化传统和教育思想为根基,革除腐朽文化,继承中华民族优秀的传统文化和教育思想,并广泛吸收世界各国优秀文明成果,增强新时代中国大学文化的创新性,从而形成具有中国特色的大学文化体系。

三、肩负与时俱进的文化使命

历史是镜子,不是尺子。中国传统文化理念与教育精神可以为今天的大学文化发展提供精神资源和思想源泉,但无法提供现实的标准尺度。我们要吸收传承古代优秀文化及教育思想,但不能复制或全面照搬照抄过去与传统,必须对传统文化理念与教育精神进行创造性转化和创新性发展。单是守护中国特色大学文化传统,不足以穷尽中国特色大学文化的魅力,我们还要不断创新大学文化,从而使中国特色大学文化更具时代感。中国特色大学文化既要具有稳定性,又要具有与时俱进的创新性。与时俱进的核心内涵是时代性、规律性、创新性。与时俱进思想要求人们不拘泥于过去,而是根据当下的情况不断调整和改善自己的认知和行动,以适应社会的发展和变化。与时俱进要求我们灵活机智、不拘一格,以开放的心态面对变化,勇于接受挑战并主动寻求创新。现代社会生产方式不断变化,科学技术日新月异,风险形态变化多样。新时代大学正确认知和把握时代发展趋势对于大学文化的发展和建设具有十分重要的意义。面对当前科技、网络、多媒体等多种因素对大学文化的冲击,抱残守缺或文化傲慢都是不可取的,我们不能把大学文化看作一种静态的、僵化的事物,大学文化应随时代发展而不断变化并进行创新,从而产生新的生命力。

新时代中国特色世界一流的大学文化建设要担负起新的文化使命,坚守中国特色社会主义文化强国建设这一文化理想,聚焦这一战略目标,加强大学文化引领作用,强化机制建设。高校应通过人才培养体系建设、制度体系建设等,全面提升大学文化的创新引领能力,充分发挥大学作为重要的文化创造基地的作用。此外,高校应利用高校的人才和智力资源的优势,综合开展中国特色社会主义文化内涵和建设方面的创新研究,充分发挥高校在思想道德研究、宣传以及科学文化培育等方面的独特功能,以确保高校文化能够与时俱进,与时代同步发展,始终走在社会主义文化前列。此外,文化不能孤立地存在和发展,中国特色社会主义大学文化要保持对新观念和新思潮的接纳和包容,不断地批判和吸纳世界优秀文化,不断丰富和完善自身,从而促进文化的创新与发展。中国特色大学文化应当展现更加开放的姿态,勇敢自信地吸收、融合主流文化与其他亚文化,避免将大学文化建设为自我封闭的"围墙文化"。在这一过程中,大学要积极主动地加强与政府部门、研究机构以及其他社会机构等文化主体的交流与合作,积极推动不同区域间的文化交流,吸收不同地区社会文化的精华,从而创造出属于中国、满足时代需求的大学文化。

革故鼎新、与时俱进要求人们在认识世界、处理事务和推动社会发展时,时刻保持更新,走在时代前沿,不能总是将思想停留在落后陈旧的观念当中,要顺应时代潮流。习近平总书记强调:"我们通过守正创新形成了中国特色社会主义理论体系,守正就不能偏离马克思主义、社会主义,但不是刻舟求剑,还要往前发展、与时俱进,否则就是僵化的、陈旧的、过时的。"[①]守正不是故步自封,也不是停滞不前,守正意味着传承,也蕴含着创新和超越。随着经济全球化和中国对外开放的深入推进,一方面,大学文化必须充分汲取中华优秀传统文化的精华,培植文化定力、坚定文化自信;另一方面,大学文化还需要不断激发文化创新活

---

① 习近平.思政课是落实立德树人根本任务的关键课程[J].奋斗,2020(17):8.

力,勇于探索新的教育内容和方式,从而让大学文化建设真正成为引领社会文化发展的高地。总而言之,彰显中国特色世界一流大学文化优势,既要薪火相传、代代守护,又要与时俱进、推陈出新。

第二节　守正是大学文化发展的根基

一、守正的内涵和意义

大学作为知识的殿堂和思想的摇篮,其文化发展不仅关系到学生个体的成长,还对整个社会的文明进步产生深远影响。守正,即坚守正道,保持本色,对于大学文化发展而言,具有不可或缺的重要作用。首先,守正是大学文化传承的基石。大学的文化传承功能至关重要。守正意味着在大学文化发展过程中,要坚持对传统文化的尊重与传承,弘扬优秀的民族文化,确保大学文化的连续性和稳定性。同时,守正也要求大学在传承中不断创新,结合时代特点和社会需求,为传统文化注入新的活力和内涵。其次,守正是塑造大学精神的重要保证。大学精神是大学文化的核心和灵魂,它体现了大学的办学理念和价值取向。守正要求大学在塑造精神文化时,坚守学术独立、思想自由、道德高尚的原则,为学生和教职工提供一个良好的精神家园。这种坚守不仅有助于培养师生的道德品质,还能激发他们的创新精神和责任意识,为大学的长远发展奠定坚实的基础。再次,守正是促进大学学术繁荣的关键。学术是大学的生命力所在,守正对于促进大学学术繁荣具有重要意义。这要求大学在学术研究过程中,坚守学术诚信,尊重学术规律,追求真理和卓越。同时,守正也意味着要抵制学术浮躁和功利化倾向,为师生创造一个安静良好的学术环境,激发他们的创造力和探索精神。此外,守正还有助于提升大学的国际影响力。在全球化的今天,大学之间的国际交流与合作日益频繁。守正要求大学在保持自身文化特色的同时,积极吸收和借鉴国际先进的教育理念和文化成果,提升大学的国际竞争力。通过坚守正道,大学不仅能够向世界展示其独特的文化魅力,还能在国际舞台上发挥更加重要的作用,为推动人类文明进步作出贡献。综上所述,守正在大学文化发展中具有不可替代的重要作用。它不仅是大学文化传承的基石,也是塑造大学精神的重要保证,更是促进大学学术繁荣和提升国际影响力的关键。因此,大学文化的发展应该始终坚持守正的原则,在文化传承、精神塑造、学术研究和国际交流等方面不断追求卓越,为培养更多优秀人才和推动社会文明进步作出更大的贡献。

二、大学文化创新必须做到正本清源

"摇镜,则不得为明;摇衡,则不得为正"(《韩非子·饰邪》),我们在创新过程中如果不能坚守正确的是非观、义利观、历史观,那么整个社会的思想观念和价值准则都会发生紊乱,这就如同大海上航行的巨轮会因失去坐标而面临沉没的危险。中国大学文化的发展亦是如此,中国特色大学文化不仅要具备现代大学这种外在的"形",更要具有内在的"根"与"魂",因此中国的大学文化创新也务必做到"正本清源、守正创新"。大学文化发展只有先做到正本清源,把握好"方向盘",才能进行创新发展,实现文化的薪火相传和与时俱进。

正本清源是大学文化实现创新发展的基础,它关乎大学文化的健康成长和正确导向,为大学的持续发展提供了坚实的基础和清晰的路径。首先,正本清源是确保大学文化朝着正确方向发展的关键。大学文化作为社会文化的重要组成部分,其发展必须符合国家和社会的发展要求,体现社会主义核心价值观。正本清源强调从源头上把握文化的正确方向,确保大学文化在发展中不偏离轨道,始终沿着正确的方向前进。这也有助于培养大学生的正确价值观,引导他们成为有担当、有责任感的社会公民。其次,正本清源有助于塑造大学文化的独特性和品牌。每所大学都有其独特的历史传统和文化底蕴,这是大学文化的独特性和品牌所在。正本清源要求大学在文化发展中深入挖掘和传承自身的优秀文化,同时结合时代特点进行创新和发展,形成具有自身特色的大学文化。这种独特的大学文化不仅能够增强师生的归属感和自豪感,还能提升大学的知名度和影响力。此外,正本清源有助于营造风清气正的大学文化环境。大学文化环境对于师生的成长和发展具有重要影响。正本清源强调清除文化发展中的不良因素,营造健康、和谐、积极向上的文化氛围。这有助于激发师生的创造力和创新精神,促进学术的繁荣和进步。同时,风清气正的大学文化环境还能提升大学的吸引力和凝聚力,吸引更多优秀人才加入。在当今社会,大学文化的发展受到了各种复杂因素的影响,如果没有做到"正本清源"而一味地追求现代化发展,大学文化可能会迷失方向,盲目追求潮流和时尚,从而忽视对自身文化的传承和创新,这不仅影响大学的凝聚力和发展动力,也将导致大学文化的同质化。此外,文化的健康发展需要一个良好的内部环境,如果未能营造出积极向上的学术氛围和诚实守信的道德风尚,就可能滋生学术不端、道德滑坡等不良现象。不仅如此,在全球化的背景下,大学文化的国际化发展至关重要。如果大学没有做到正本清源,其文化特色和价值观就可能无法得到国际社会的认可和尊重,这将导致大学在国际文化交流中失去话语权和影响力。因此,为了确保大学文化的健康发展,大学必须重视正本清源的过程,坚守文化发展的正确方向,传承和创新自身的优秀文化,营造积极向上的内部环境,并积极参与国际文化交流与合作。只有这样,大学才能在激烈的竞争中保持独特性和品牌,为社会文明进步作出更大的贡献。

三、正本清源在大学文化发展中的具体要求

大学文化建设应首先致力于为本国培养引领时代、服务人民的优秀人才。因此在大学文化发展过程中，无论是学习、借鉴其他国家大学文化的先进理念，还是继承、弘扬本民族的文化传统，都不能偏离马克思主义的正确方向，不能抛弃社会主义核心价值观的正确引导，必须坚持马克思主义的指导地位，以习近平新时代中国特色社会主义思想为指导，深入贯彻党的二十大精神，推动社会主义道德观教育与实践，筑牢大学生的共产主义信仰，增强"四个意识"、坚定"四个自信"、做到"两个维护"，注重文化自信和文化育人的引领作用，着力推进新时代大学文化建设，坚守时代的正道、大道，坚守中国特色世界一流大学文化的初心使命，并使之焕发出旺盛的生机和牢固的定力。

中国共产党的领导是中国特色社会主义最本质的特征。新中国成立以来，特别是新时代以来，在中国共产党的坚强领导下，我国文化建设取得了举世瞩目的辉煌成就，为经济社会发展提供了强大的思想保证、精神动力和智力支持。这一成就的取得，充分证明了没有中国共产党的坚强领导，就没有社会主义文化的繁荣发展。中国共产党的领导确保了大学文化发展的正确方向。在全球化、多元化的背景下，大学文化面临着各种思潮和价值观的冲击。中国共产党的领导能够引领大学坚守社会主义核心价值观，坚持正确的政治方向，确保大学文化在发展中不偏离社会主义道路。这种方向性的保障，为大学文化的健康发展提供了根本遵循。新时代的大学文化除了从属于社会主义文化外，也从属于大学自身的建设发展。在第二十三次全国高等学校党的建设工作会议上，习近平总书记明确提出："加强党对高校的领导，加强和改进高校党的建设，是办好中国特

色社会主义大学的根本保证。"①中国特色社会主义大学的最大的优势和最显著的特征就是始终坚持党的全面领导,始终坚持社会主义办学方向。坚持中国共产党的领导是我国的大学文化建设区别于其他大学文化建设的本质特征,起着决定性、根本性作用。坚持中国共产党的领导有利于确保大学文化发展始终保持正确的价值取向和学术导向,有利于引导大学文化服务国家战略需求,促进大学文化与国家发展战略相协调、相契合。可以说,唯有坚持中国共产党的领导,全面贯彻党的教育路线和方针,才能保证大学文化建设始终朝着正确的方向迈进,从而更好地推动大学文化发展,使大学的人才培养真正实现四个"为谁服务"②的时代使命。

随着全方位对外开放战略的进一步深化,价值观多元化成为当前和未来中国的显著特点之一。中西文化的交流为广大师生提供了更多学习、吸收世界优秀文化和文明成果的机会。但与此同时,文化的交融碰撞也带来了文化冲突,冲击着主流意识形态。新时代的大学文化建设,必须始终坚持马克思主义在意识形态领域的指导地位,牢牢把握正确的文化建设方向。在价值观多元化和文化多元化的大环境下,如果没有坚持马克思主义的根本指导地位,或者马克思主义的指导地位出现了动摇,可能会给党和国家整体事业的发展带来无法挽回的损失。文化发展总是处于变化和更新之中,只有坚守住马克思主义在意识形态领域的主导地位,才能做到不盲从、不动摇,才能更好地展示中国特色大学文化,更好地促进中国文化的软实力的提升。新时代坚持马克思主义在大学文化建设中

---

① 习近平就高校党建工作作出重要指示[N].人民日报,2014－12－30(01).
② 习近平.把思想政治工作贯穿教育教学全过程 开创我国高等教育事业发展新局面[N].人民日报,2016－12－09(01).

的根本指导地位最根本的就是以习近平总书记关于中国特色社会主义文化建设的一系列重要论述为遵循。在实践中,大学文化应当与充分体现科学性、民族性与大众性的中国特色社会主义文化保持高度一致性,以社会主义核心价值观为重点,加强宣传教育,防范各种不良信息在大学校园里蔓延,创建凝聚大学文化的主流氛围,使得大学文化建设能够在守正中不断创新①。

社会主义核心价值观是我国主流意识形态,是国家倡导的价值理念,凝结着社会各阶层和全体人民共同的价值追求。新时代中国特色大学文化必须以社会主义核心价值观为根本遵循,将其融入大学师生的理想信念、价值理念、道德观念之中,把社会主义核心价值体系切实融入大学文化建设中,使之成为大学文化建设中最基本、最重要、最深沉、最持久的内容,使大学主体拥有共同的道德信念,逐渐形成各校主流价值取向。这也就要求中国特色大学文化要做到系统规划、整体推进、分步实施,把培育和践行国家、社会、公民三个层面的社会主义核心价值观融入教学、科研、实践体系,贯穿于教风学风建设各环节,不断强化中国特色,彰显中国元素,坚定"四个自信",自觉承担起培养合格建设者和接班人的重要职责。高校应以社会主义核心价值观引领大学文化建设,立足改革发展大局,教育青年学子弘扬爱国主义、集体主义的主旋律,将爱党、爱国、爱社会主义统一起来,并引导他们将个人理性融入为中国人民谋幸福、为中华民族谋复兴的伟大实践中。

大力发扬具有时代精神、鲜明风格的中国特色大学文化,要坚定中华文化的理论自信。中华文化五千年文明积淀而成的独特的智慧思维和价值取向是新时

---

① 白双翎. 新时代大学文化建设的使命及要求[J]. 理论视野,2021(08):71.

代大学文化的生命之源和初心所在,对于高校培养一流人才、攻坚一流学科、迈进一流大学具有深远影响。首先,大学文化应该是一个具有深厚历史底蕴和文化传承的有机整体,如果失去了中华文化的指导,大学文化就可能失去其根基和灵魂,变得空洞和浮躁。这样的大学文化将难以让师生形成文化认同和归属感,也无法为大学的长远发展提供有力的精神支撑。其次,大学是培养高素质人才的重要基地,而这些人才不仅应具备专业知识和技能,还应具备深厚的文化素养和民族情怀。如果大学文化失去了中华文化的指导,就难以培养出具有全面素质和民族自豪感的人才,这将对国家的发展产生不利影响。中华文化包含丰富的历史底蕴和传统价值观念,如崇尚孝道、尊重师长、注重礼仪等,坚持中华文化立场有助于弘扬这些优秀品质和行为规范,加强民族认同感,提升国家和民族的凝聚力。在迈向中国式现代化第二个百年奋斗目标的新征程上,我国要建设中国特色世界一流大学,必须坚守中华文化立场,从中华优秀传统文化中汲取养分,坚持民族文化本源传承与时代创新发展协调推进,以更稳健的步伐开创大学文化建设的生动局面,实现大学内涵式发展与"双一流"建设共同推进①。

新时代中国特色世界一流大学文化在创新过程中,必须把握好"方向盘",用习近平新时代中国特色社会主义思想武装全党、教育人民,坚持以人民为中心,坚持以社会主义核心价值观引领文化建设,坚持以服务党和国家、民族发展为宗旨,以推进文化自信自强、社会主义文化不断向前发展为己任,以培养德智体美劳全面发展的社会主义建设者和接班人为中心任务,坚持不忘初心、牢记使命,不断推动文化传承和创新发展。

---

① 杨胜才,谭高贵.以中华文化推进大学文化建设刍议[J].学校党建与思想教育,2022(24):86.

第三节　创新是大学文化发展的内在动力

一、在守正中创新

在守正中坚持创新，是指在坚守传统的基础上，寻求突破与发展，实现传统与现代的融合。它要求我们在保持传统精髓的同时，运用现代思维和技术手段，为传统注入新的活力，实现传统与现代的和谐共生。一方面，守正是创新的基础。任何创新都离不开传统的根基，只有深入理解和尊重传统，才能在其基础上进行有意义的创新。守正意味着我们要保持对传统的敬畏之心，深入挖掘传统的价值，传承和弘扬其精髓。这需要我们具备深厚的文化素养和历史意识，对传统有深入的理解和认识。另一方面，创新是守正的延伸和发展，是文化发展的源泉和动力。创新意味着我们要以开放的姿态，勇于尝试新的思路和方法，将传统与现代相结合，创造出符合时代需求的新文化。创新需要我们有前瞻性的眼光和创新的思维，敢于挑战传统，勇于突破旧有的框架和束缚。在守正中创新，需要我们在传统与现代之间找到平衡点，这就要求我们要有深厚的文化素养和创新意识，既要尊重传统，又要敢于创新，时刻关注现代社会的需求和变化，运用现代思维和技术手段，为传统注入新的活力。

中华优秀传统文化具有数千年的悠久历史，承载着丰富的文化积淀和传统智慧，是大学文化发展的宝贵财富，毋庸置疑，传承好中华优秀传统文化是新时代大学文化发展的基础。但大学文化的发展绝不能简单地复制历史文化，唯有创新才能激发出无限的创造潜力和创新活力，才能跳出包裹自己的外壳有所突破，并实现超越。回应新时代中国特色大学文化发展的新要求，应对新时代中国特色大学文化面临的新挑战,解决新时代中国特色大学文化面对的新难题,需要对中国特色大学文化的创新作出必要的解答。在构建中国特色大学文化建设的进程中,大学应该自觉地成为传承文化的高地和促进创新文化的"孵化器",坚决抵制复制外国教育的做法。只有顺应时代的需要和环境的变化,站在中国的立场上,从中国的实际情况和自身的教育方向出发,深入挖掘中华文化的肥沃土壤,从中华文化千百年来的积累中汲取智慧和力量,将当代中国发展的文化优势同中国式现代化的内在需求相结合,以"世界怎么了""人类向何处去"为时代命题,以回应中国之问、世界之问、人民之问、时代之问为历史责任,才能推动中华优秀传统文化的创造性转化与创新性发展,努力打造属于中华民族的文化品牌,才能创造出适应时代发展要求的先进文化,为提升国家文化软实力作出高等教育的积极贡献。

二、创新与大学文化发展

习近平总书记在党的十九大报告中指出:"世界每时每刻都在发生变化,我们必须在理论上跟上时代,不断认识规律,不断推进理论创新、实践创新、制度创新、文化创新以及其他各方面创新。"[①]创新是一个民族进步的灵魂,是一个国家兴旺发达的不竭动力。没有创新,就没有发展。"苟日新,日日新,又日新"(《礼记·大学》)。任何事物的发展都是在继承中发展,在发展中继承。任何一种思想、一种理论、一种制度、一种文化都是在不断创新中实现自身的完善和进步。创新,是任何事物实现自身发展的必要条件。大学作为一个以知识创新为使命的组织,没有创新,就会失去生存发展的土壤和生态环境,大学的生命就会枯竭。因此新时代大学文化发展必须始终坚持创新,从而保持文化的生机活力。

---

① 习近平.决胜全面建成小康社会 夺取新时代中国特色社会主义伟大胜利:在中国共产党第十九次全国代表大会上的报告[M].北京:人民出版社,2017:26.

大学文化创新要求大学在自身发展过程中,对既有的文化传统、价值观念、行为准则等进行创造性转变和提升,以适应时代的发展和社会的需求。这种创新不仅体现在精神文化层面,如学术理念、教育观念、创新精神等,也反映在制度文化和物质文化层面,如管理制度的完善、教学设施的更新等。大学文化创新是推动大学自我发展的内在动力源,是衡量大学是否与时俱进、是否符合社会先进生产力发展需求的重要标准。通过文化创新,大学能够形成个性化的办学模式,引导师生员工树立更符合发展规律的价值观念和行为准则,进而提升大学的综合实力和竞争力。大学文化创新的核心是理念文化的创新。大学理念是一所大学的理想、信念和价值追求,它决定了大学的发展方向和办学特色。因此,大学在进行文化创新时,必须首先进行理念文化的创新,以引领整个文化创新过程。此外,大学文化创新还包括教学方法、课程设置、学术研究等方面的创新。例如,通过引入新的教学手段和技术,提高教学效果;通过优化课程设置,培养学生的创新能力和综合素质;通过推动跨学科研究,促进学术交流和合作等。总之,大学文化创新是一个系统工程,需要全校师生员工的共同努力和持续推动。只有不断创新,大学才能在激烈的竞争中立于不败之地,为社会发展作出更大的贡献。

然而无论是大学观念创新、理论创新、知识创新还是科技创新、制度创新,都需要大学创新文化的激发、滋养和支撑。对于以知识创新为立身之本的大学而言,其创新性和创新力的大小更取决于良好创新文化存在与否。可以说,创新文化是决定大学兴衰的文化之魂,是现代大学制度建设中的重要精神支柱,是创新人才培养的基础,也是大学多年来形成的核心学术价值取向。那么,何为创新文化? 创新文化是一种激发创新意识、弘扬创新精神、鼓励创新活动、推动创新发展的文化生态。这种文化倡导和弘扬敢于独创、敢于竞争、敢于引领潮流、敢于承担风险的科学进取精神,营造了一种让人们勇于尝试、接受失败并从中学习的环境,激发了人们对新思想、新方法和新技术的追求,并为创新提供了持续的动力和支持。由此可见,创新文化是一种先进文化,它是人类的本性和本能,也是社会进步的动力。

大学的发展必须重视创新文化,这不仅是由创新文化的特性决定的,也是由大学自身的责任和使命决定的。首先,大学本身就是负有选择、批判、传承和创造人类文化职能的社会组织[1],没有创新文化,大学就不能称为大学,更无法引领社会的进步和发展。其次,大学是科研创新的重要基地,科研成果的产出和转化对于推动社会进步和经济发展具有重要意义。创新文化不仅能够激发教师的科研热情,促进跨学科合作,推动科研团队之间的交流和合作,为科研创新提供有力的支持,而且还能够推动大学与产业界、社会组织的合作,促进科研成果的转化和应用,为大学的社会服务和经济发展提供支持。此外,大学肩负着培养具有国家责任感的建设者和接班人的重要使命。大学创新文化能够激发学生的创新意识和能力,培养学生解决问题和创造价值的能力,从而为未来社会培养更多创新型人才。当然,注重创新意识,营造创新氛围也是大学适应社会发展的必然选择。随着科技的快速发展和社会的不断变化,大学需要不断调整和优化自身的教育和研究方向,以满足社会的需求。注重创新的文化氛围可以促进大学内部的改革和发展,推动大学在教育模式、管理机制、课程体系等方面的创新,使大学更加适应社会的变化和发展。

总之,大学是孕育和创造新知识的摇篮,离开创新,大学将沦为思想僵化、行动迟缓、故步自封的守旧老人,失去朝气,最终被社会所淘汰。在新的历史时期,中国特色世界一流大学文化应当始终保持创新精神,始终引领社会文化的发展,自觉地站在时代的前列,站在新知识、新思想、新理论的前列,成为先进文化的真

---

① 眭依凡.创新文化:决定大学兴衰的文化之魂[J].中国高等教育,2007(7):7.

正发源地。

三、大学文化创新的实践要求

大学文化创新是推动大学持续发展的内在动力,是塑造大学特色与品牌的关键所在,更是培育创新型人才、服务社会发展的必由之路。通过文化创新,大学能够激发师生的创造活力,形成具有时代特色的校园文化氛围,为高等教育质量的提升提供有力支撑。同时,大学文化创新也有助于增强大学的国际影响力,提升其在全球高等教育舞台上的地位。因此,新时代大学文化发展必须高度重视文化创新工作,不断推动大学文化的繁荣发展。

第一,要深入挖掘传统文化的精髓。中华文化博大精深,蕴含着丰富的思想资源和精神力量。大学作为文化传承与创新的高地,应当从中华优秀传统文化中汲取养分,并结合现代社会的需求,进行创造性转化和创新性发展。在大学文化发展实践中,开设传统文化精品课程、举办系列文化讲座、开展丰富多样的文化交流活动等文化实践形式,有助于师生感受传统文化的魅力,坚定文化自信,从而激发文化创新的灵感。

第二,要树立创新教育理念,培养创新精神。在大学文化发展过程中,树立创新教育理念并培养创新精神是至关重要的。这不仅关乎大学自身的学术进步和人才培养质量,更是对社会文化创新和科技发展的有力推动。创新教育理念是将创新作为教育的核心价值和目标,并贯穿于教育教学全过程,旨在培养具有创新精神和实践能力的人才。这一理念强调教育不仅要传授知识,更要注重激发学生的创新潜能,培养其独立思考、勇于探索的精神。在快速变化的现代社会,创新能力已经成为衡量人才价值的重要标准。因此,大学必须转变教育观念,将创新教育贯穿于教育教学的全过程,注重培养学生的创新思维、创新能力和创新人格。

第三，要推动学术创新，引领学科前沿。推动学术创新，引领学科前沿，是大学文化发展的核心使命与关键任务。这一目标的实现，不仅关乎大学自身的学术声誉与地位，更对国家的科技进步和社会发展具有深远影响。在全球化、信息化的时代背景下，学科领域的竞争日益激烈，大学要想在激烈的竞争中脱颖而出，就必须在学科领域取得突破。这就要求大学在进行文化创新时首先要注重跨学科融合与交流。不同学科之间的交叉融合，往往能够产生新的思想火花和创新点。大学应当打破学科壁垒，鼓励不同学科之间的交流与合作，促进知识的共享与碰撞，通过设立跨学科研究中心、举办跨学科研讨会等方式，为师生提供跨学科交流的平台，推动文化创新的深入发展。其次，大学在进行文化创新时还应该加强与国际社会的对话与交流。国际交流与合作是提升学术创新水平的重要途径，大学应积极参与国际学术活动，与国际一流大学和研究机构建立合作关系，通过引进国际优秀人才、开展国际合作研究等方式，吸收国际先进的学术理念和研究方法，提升大学的学术创新能力和国际影响力。同时，大学还应建立完善的学术激励机制，为学者提供良好的创新环境，通过设立创新基金、奖励优秀创新成果等方式，激发学者的创新热情和积极性。

第四，要营造开放包容的文化氛围，激发创新活力。营造开放包容的文化氛围，激发创新活力，对于大学乃至整个社会的发展都具有极其重要的意义。这种文化氛围不仅能够为个体提供自由表达、探索未知的空间，还能够促进不同思想、观点的碰撞与融合，从而催生更多的创新成果。开放包容的文化氛围是培育创新活动的沃土。在这样的环境中，个体能够摆脱束缚，敢于挑战传统，勇于提出新的想法和观点。这种自由的环境能够激发人们的创造力和想象力，推动创新活动的不断涌现。在营造开放包容的文化氛围方面，大学应该采取以下措施：一是倡导多元文化，尊重个体差异。大学应该鼓励师生保持开放的心态，接纳不同的文化、思想和观点。同时，要尊重每个人的个性和特长，为每个人提供展示自我、实现价值的平台。二是建立包容失败的机制,鼓励大胆尝试。创新往往伴随着风险,失败是创新不可避免的一部分。因此,大学应该建立一种包容失败的机制,让失败成为成功的垫脚石。对于在创新过程中遭遇失败的师生,要给予理解和支持,鼓励他们从失败中吸取教训,继续前行。三是加强学术交流与合作,拓宽创新视野。大学应该积极举办各类学术活动,邀请国内外专家学者进行学术交流与合作。通过参与这些活动,师生可以了解最新的学术动态和前沿成果,拓宽创新视野,激发创新灵感。

第五,要强化产学研合作,促进创新成果转化。强化产学研合作,促进创新成果转化,是推动大学文化创新发展和经济社会发展的关键举措。为更好地促进大学文化创新和科学成果的转化,大学首先要推动建立产学研合作平台。一般由政府、企业、高校和研究机构共同搭建合作平台,为各方提供交流合作的机会。这些平台可以包括技术转移中心、产学研联合体、创新联盟等,旨在促进信息共享、资源整合和技术交流。其次,加强科研项目对接。高校和研究机构应与企业紧密合作,共同申报和承担科研项目,通过联合攻关,实现科研成果与市场需求的有效对接。同时,建立科研成果转化机制,确保研究成果能够及时转化为实际生产力。再次,推动人才培养与交流。高校和研究机构应为企业培养高素质的创新人才,提供技术支持和咨询服务。同时,鼓励企业人员参与高校的科研活动和学术交流,实现人才资源的双向流动。最后,完善成果评价体系。建立科学的成果评价体系,对产学研合作项目的成果进行客观评价。注重成果的实用性、市场潜力和经济效益,为成果转化提供有力支持。

总之,新时代我们应树立科学发展、持续创新、追求卓越、力争一流的大学文化发展理念,总结并提炼出新时代大学精神内涵,用符合自身发展需要的大学精神来体现大学文化的独特性,积极开展内容新颖、充满活力、精致高雅的精品文化活动,创建一批校园文化建设示范基地和优质文化平台,从而激发师生的创造力、促进学术交流,提升大学的综合实力和核心竞争力;我们应在科学研究中大力培养科学精神,引领大学积极适应时代需求,鼓励追求真理、锐意进取、敢为天下先的创新精神,培养具有创新精神和卓越能力的人才;我们应大力发展研究型教学,改革科研管理体制机制,鼓励教师和学生开展前沿科研项目和探索性学术研究,推动学术领域的成果创新;我们应加大科学研究与人才培养的融合力度,建立以学术自由为特征、以提高学术水平为核心目标的大学制度,弘扬求真务实精神,倡导严谨求实作风,鼓励自然科学和人文社会科学的融合与渗透,使大学成为创新精神、创新思想、创新知识、创新人才的"孵化器"。

世界一流大学不是单一向度的,新时代彰显中国特色大学文化的优势,需要坚持守正与创新相统一,守正创新为中国大学提供了底蕴和学养。中国特色大学文化离开守正就失去了根基,离开创新就失去了生机和活力,缺乏创新的守正便是抱残守缺、不思进取,缺乏守正的创新便是无源之水、无本之木。因此,守正与创新应当相辅相成,相互促进,以求在保持中华优秀文化传统的基础上不断焕发出新的活力。

第九章　经世致用的大学文化

大学作为社会文明的灯塔和人才培养的摇篮,承载着传承与创新、探索与引领的双重使命。大学文化建设不仅关乎学术繁荣与知识创新,更在于能否站在时代的前沿,引领社会发展的方向。中华优秀传统文化,作为中华民族的精神基因和文化灵魂,为大学文化建设提供了丰富的思想资源和精神滋养,也为高等教育提供了深厚的文化底蕴和广阔的思想空间。大学文化应秉持"士志于道,不志于利"的崇高理念,坚守学术的独立性和纯洁性,追求真理、探索未知、服务社会,致力于"经世致用,知行合一"的实践精神,把学术研究与社会实践紧密结合,将理论知识转化为解决实际问题的能力,从而为社会进步和人类发展贡献智慧和力量。

第一节　士志于道，不志于利

在源远流长的中华文明中,"士志于道,不志于利"的传统理念铸就了无数仁人志士的坚韧品格与崇高追求。这一思想根基深深植根于中华民族的集体记忆中,成为引领一代代学人不断前行的精神灯塔。在飞速发展的现代社会,这一理念依然闪耀着智慧的光芒,为现代大学文化建设提供了坚实的思想支撑。大学文化,作为一种独特的精神文化现象,是高尚道德示范的引领者,更将培养能够服务国家战略需求、担当民族复兴大任的时代新人作为使命。

一、中国深厚的传统"士"文化思想根基

中国传统文化尤其是中国传统大学文化是一种以儒家思想为基础的"士"文化。在中国传统知识分子中,"士志于道""明道济士""解民倒悬"等思想根基深厚,中国传统知识分子从未把人生的价值局限于外在的物质财富和功名利禄上,而是遵从着一定的内在价值排序。"士"崇尚圣贤之道,"道"的践行就在于"齐家、治国、平天下",最终追求的是一种以天下为己任的社会责任感,这种社会责任感早已熔铸在民族血脉之中,支撑着民族发展与变革的每一步,而大学也向来就负载着民族与国家振兴的殷切希望。

以天下为己任的责任意识深深植根于中国传统知识分子对"士志于道"的坚定追求中。孔子在《论语·里仁》中明确指出:"士志于道,而耻恶衣恶食者,未足与议也。"这句话强调了仁人志士应该将追求真理、推动社会发展作为自己的终身使命,应该具备当仁不让的宝贵品质,勇于担当社会责任,而非仅仅关注个人的物质利益。曾子云:"士不可以不弘毅,任重而道远。仁以为己任,不亦重乎? 死而后已,不亦远乎?"(《论语·泰伯》)读书人常常将张载所讲的"为天地立心,为生民立命,为往圣继绝学,为万世开太平"[1]作为座右铭。"中国的'士'不能坐视世界的衰落而无动于衷,他们无论在平时或在乱世,都不能忘情于怎样变无道为有道。"[2]因此,中国传统知识分子往往是"敢为天下先"的先锋,他们立志参与到社会政治变革中,以成为德才兼备、内外兼修之人,亲近民众为社会作贡献的为民请命之人。这种强烈的社会责任感是他们精神世界的核心和灵魂,不仅塑造了他们的人格特质,也通过影响他们的行为推动着社会变革。

---

① 张载.张载集[M].北京:中华书局,1978:320.
② 余英时.士与中国文化[M].上海:上海人民出版社,1987:215.

诞生于民族存亡之际的中国近代大学深深烙印着"以天下为己任"的士文化传统。中国传统知识分子以追求真理和社会发展为己任的精神,在中国近代大学中得到了充分体现。北京大学校长蔡元培始终强调学术要为国家和社会服务,鼓励学生以国家为己任,将学术研究与社会实践相结合,为国家的发展作出贡献;马寅初在北京大学 29 周年校庆时提出了北大之精神即牺牲主义的观点,他认为大学应该不顾一己之私利,服务于国家社会;清华大学在抗战时期提出了"科学救国"的口号,鼓励师生通过科学研究和技术创新,助力国家独立和民族富强;南开大学校长张伯苓指出中国教育应以"认识中国,服务中国,以中国历史、中国社会为背景,以解决中国问题为目标",确定了"允公允能,日新月异"的办学精神,其"目的在培养学生爱国爱群之公德,与夫服务社会之能力";北洋大学(今天津大学)提出了"不在纸上逞空谈,要实地把中华改造"的治校思想;厦门大学创始人陈嘉庚在办学极端困难的情况下依然坚守着"宁卖大厦不卖厦大"的爱国情怀;浙江大学校长竺可桢在每年浙大新生的开学典礼上都会明确指出,"大学教育目标,决不仅是造就多少专家如工程师医生之类,而犹在乎养成公忠坚毅,能担当大任,主持风会,转移国运的领导人才"①。中国大学提出的教育目标和发出的时代强音,都体现了中国大学文化中精忠报国的爱国情怀和兼济天下的理想抱负,也是当代大学文化传承和创新的宝贵财富。

二、大学文化是高尚道德示范的引领者

立德树人是教育的根本任务,关乎党的事业的承继,关乎国家前途命运。然而,当前的多元文化对大学造成了一定的冲击,功利主义、拜金主义、利己主义、享乐主义、官僚主义、形式主义等歪风,影响了大学文化的建设和发展②。其一,

---

① 樊洪业,段异兵.竺可桢文录[M].杭州:浙江文艺出版社,1999:68.
② 蔡红生,胡中月.新中国 70 年大学文化审视[J].中国高等教育,2019(20):14.

商业化趋势对大学文化的冲击不容忽视。随着市场经济的发展和互联网流量营销方式的出现,"大学教授—媒体明星—专栏作家"三位一体的现象开始出现,"明星教授"介入经济、社会的"热点",个别人甚至以其出位言论成为"焦点"①。这种现象无疑将侵蚀公众对于大学的认同和信任,损害大学作为道德示范引领者的形象。其二,各种原因导致的学术不端行为时有发生。个别学者和学生忽视了学术研究的严谨性和道德责任,导致抄袭、作假等学术不端行为的发生。这些行为不仅损害了学术界的声誉和科学精神,也严重破坏了学术秩序和道德风尚。此外,个别大学忽视了对学生道德品质的培养和引导,导致一些学生价值观扭曲,缺乏社会责任感和奉献精神。如若不能正确处理好大学与市场、立场与利益之间的关系,历史虚无主义、民粹主义等不良社会思潮就很有可能干扰社会主义办学方向,影响我国社会主义大学健康、有序、和谐发展。

大学是研究高深学问、探索真理的知识殿堂,也是高学历、高层次人才相对集中的地方,大学文化承担着影响、辐射、引领社会文化的功能。一所大学倘若失去了其文化"根脉"或"家底",其生命必然会枯萎。大学精神更是大学文化的灵魂,它不仅承载着大学的历史底蕴和精神追求,更蕴含着深厚的道德底蕴和高尚的道德示范价值。校训作为大学的精神标识,往往蕴含着丰富的道德理念和价值观念。清华大学的校训"自强不息、厚德载物",强调了个人修养和社会责任的重要性,不仅激励着师生们不断追求卓越、探索真理,更在无形中传递着道德的力量和示范的作用。浙江大学的校训是"求是创新","求是"体现了对真理的追求和对事实的尊重,是科学精神和道德责任的重要体现,"创新"则鼓励师生勇于开拓、敢于创新,是推动社会进步和发展的重要动力。南京大学的校训是"诚朴雄伟,励学敦行"。"诚朴"要求人有独立人格,得势时不霸道,失意时不媚

---

① 陈兴德. 守望与超越:中国大学文化建设反思[J]. 现代大学教育,2010(02):52.

俗,体现了诚恳朴实的道德要求;"雄伟"则鼓励师生为人、为学要有远大志向,体现了对崇高责任感、使命感的追求;"励学"意味着勉励师生勤奋求学,注重知识的学习、素质的提升、品格的塑造、精神的超越、心灵的净化、思维的创新,这是对个人自我完善和社会贡献的强调;"敦行"则强调动手的能力、实践的作风和对道德的践履,要求师生将所学所得付诸实践,做到知行合一。这些历史悠久的名校凭借其校训所蕴含的崇高道德观念,构建了更加稳固、广泛和深厚的大学文化自信。许多大学的校园建筑以校史、校训等大学精神为灵魂,通过每一处细节、每一片绿意,无声地传递着大学的文化和精神,使学生深深感受到大学文化的熏陶和精神的激励。

三、大学文化以培养能够服务国家战略需求的人才为育人使命

中国大学文化,根植于深厚的中华文化传统,在实现中华民族伟大复兴的征途上,肩负着培养能够服务国家战略需求的人才的使命。"育人不仅是大学文化的基本作用,也是大学文化建设的逻辑起点。"①从根本上讲,服务国家战略体现了新时代大学服务国家和人民的深刻理念、卓越智慧、全面布局、精心方略和创新精神的多元融合,是大学师生道德品质、能力才干、宽广胸怀、开阔视野和英勇胆识等个人特质的内在统一和全面展现。习近平总书记指出:"要坚持中国特色世界一流大学建设目标方向,为服务国家富强、民族复兴、人民幸福贡献力量。"②正如习近平总书记所强调的,大学文化必定要坚持中国特色世界一流大学建设目标方向,把握时代脉动,强化使命担当,积极响应党的二十大报告、我国"十四五"发展规划与2035年远景目标所提出的"国家战略需求"。因此,新时

---

① 眭依凡.大学文化理性与文化育人之责[J].中国高等教育,2012(12):6.
② 习近平.习近平在清华大学考察时强调 坚持中国特色世界一流大学建设目标方向 为服务国家富强民族复兴人民幸福贡献力量[N].人民日报,2021-04-20(01).

代大学文化积极服务国家战略,既是天职所系、使命所在,也是大势所趋、民心所向;既是实现"第二个百年奋斗目标"的时代要求,也是应对世界百年变局,赢得国际影响力、竞争力和话语权的必由之路。目前,高校要求教师在教学过程中不仅要传授知识,更要做好学生社会责任感的引导者,将思想政治教育贯穿到课程实践中,加强理想信念教育,并通过言传身教、榜样示范,引导学生树立正确的价值观和国家观念;在课程设置与学术导向方面,大学课程、学术研究和课题往往围绕国家重大战略和社会热点问题展开,引导学生关注国家大事,理解国家需求,鼓励学生从学术角度思考如何为国家和社会作出贡献;在文化活动方面,开设与国家和社会责任为主题的讲座、展览、志愿服务等,鼓励学生参与到社会实践中,如暑期社会实践、社会调研、志愿服务等,旨在使学生体验服务国家和社会的意义,并在实践中锻炼和提升为党和国家作贡献的能力。中国大学通过文化育人的形式,使学生更好地了解社会、融入社会、服务社会,不断提升和增强学生服务国家战略的专业素质和责任意识。

第二节　经世致用，知行合一

"经世致用,知行合一"不仅是中华文化的精髓,更是教育领域的黄金法则。这一思想强调理论与实践的紧密结合,倡导将所学知识运用到实际生活中,实现知识的价值最大化。在推动建设中国特色世界一流大学文化的实践中,大学文化对"经世致用"精神和"知行合一"思想的继承显得尤为重要。大学应当成为实践"经世致用"精神的热土,鼓励学子将所学知识与实际问题相结合,通过实践探索解决方案,为社会进步贡献力量。同时,大学还应当成为践行"知行合一"思想的典范,培养学子在获取知识的同时,注重道德修养和实践能力的提升,实现全面发展。

一、大学文化对经世致用精神和知行合一思想的继承

我国的经世致用精神,强调知行合一、经世济民,兼重文事武备、明体达用,反对空谈高调。经世致用是学术精髓,倡导学以致用,以知识推动社会进步。知行关系体现良知与现实、理论与实践的统一,是哲学的核心议题。先秦诸子之学,皆为"入世"之学问。诸子献身学问之始,所求学问之终,皆在于解决现实社会之难题。他们的治学之道,非超脱于世事之外,去探寻那所谓的"纯粹学问",而是心怀时代之识,自觉肩负影响乃至改造时代之重任,将理论与实践相结合,以行动改善当下之境。"人能弘道,非道弘人"(《论语·卫灵公》),这句话深刻阐释了人在追求真理、弘扬道义中的主动性与决定性角色。这意味着只有通过个体的积极实践与努力,才能使道的理想转化为现实。因此,知行合一显得尤为关键。在中国传统文化中,"行"的重要性被特别强调,它超越了对知识的单纯理解或听闻。正如《荀子·儒效》中所言:"不闻不若闻之,闻之不若见之,见之不若知之,知之不若行之;学至于行之而止矣。"这句话强调了从无知到有知,再到实践的逐步深化过程,强调了实践在知识转化中的最终和决定性作用。即使是最微不足道的事情,如果没有通过实践去验证和执行,那么它就永远无法真正成功。这种重视实践的文化传统,提醒我们在追求知识和道义的过程中,不仅要知,更要行,只有这样才能真正实现个人的成长和社会的进步。因此,中国传统知识分子追求学问的目的,并非只是构建理论体系或表达思想与观念,而是力求言行一致、知行合一。他们注重将所学应用于实践中,确保自己的言论与身心修炼相一致。他们强调知与行的互动,即按照自己的信念生活,并通过身体力行来展现知识与美德的结合,致力于不断提升自我修养,追求超越的境界,以实现个

人与社会的和谐统一。

中国大学文化对于经世致用和知行合一的传承在大学精神上有着明显的体现。校训、校史是一个大学精神的集中体现,复旦大学的校训"博学而笃志,切问而近思",鼓励学生广泛学习并坚定志向,同时强调在提问和思考时要贴近实际、注重实践,将所学知识应用于实际问题的解决中;宁波大学的校训"实事求是,经世致用",既体现了对真实学问的追求,也强调了学问的实际应用和社会价值;东北大学的校训"自强不息,知行合一",既表达了对不断进取的精神的追求,也强调了知识与行动的统一;中山大学的校训"博学、审问、慎思、明辨、笃行",强调了学习的广泛性、深入性,以及实践的重要性,注重培养学生的综合素质和实践能力。

中国大学文化对于经世致用和知行合一的传承更贯穿于大学的教育理念和实践中。经世致用和知行合一作为传统文化的精髓,为大学文化提供了深厚的根基和指引。它们强调学问的实用性和社会价值,鼓励学生在学习中关注知识的实际应用,并通过实践将知识转化为解决问题的能力。这种理念促使大学在教育中注重实践教学、社会实习和科研项目的开展,为学生提供更多实践机会和平台。同时,大学也致力于培养具有实践能力和创新精神的学生,为社会和国家的发展作出贡献。可以说,中国大学文化在继承和发扬经世致用、知行合一的传统文化的过程中,不断塑造和提升自身的教育品质和社会责任感,为培养优秀人才、推动社会进步发挥着重要作用。

二、大学文化是引领学子投身中国式现代化实践的灯塔

中国式现代化需要一支具备高度实践能力和创新精神的青年人才队伍作为支撑。我国正处于中华民族伟大复兴战略全局和世界百年未有之大变局之中,国际格局发生了巨大变化,经济全球化、社会信息化深入发展,全球局势正在发

生历史性的深刻变化。在这样的背景下,中国正积极寻求自身的发展道路,以中国式现代化推动中华民族的伟大复兴。千秋伟业,关键在人。人才资源是中国式现代化建设的重要动力。中国式现代化是一个充满挑战与机遇的历史进程,在"两个大局"交织的背景下,我们越来越需要扎根中国大地培养拔尖实干型和创新型人才,需要一代又一代青年学生的积极参与。大学作为培养现代化人才的重要基地,其文化导向和价值追求应当与国家的发展目标紧密相连,引导青年学生将个人理想与国家发展紧密结合起来,将个人奋斗融入建设社会主义现代化强国的伟大实践中。因此,好的大学文化不单单能够在思想层面反映社会意识,更要具备实践导向,能够自觉回答"中国之问、世界之问、人民之问、时代之问",引领广大青年积极主动地参与到社会实践当中,满足国家和社会发展的现实需要。

大学文化有利于塑造投身于中国式现代化的全面发展的高素质人才。中国式现代化高等教育必须坚持"为人民服务,为中国共产党治国理政服务,为巩固和发展中国特色社会主义制度服务,为改革开放和社会主义现代化建设服务"的目标导向,发展面向世界科技前沿、面向经济主战场、面向国家重大需求、面向人民生命健康的现代化高等教育,致力于实现全体人民共同富裕的远大目标。大学文化的核心使命就是通过文化育人的作用,教会学生不断去探究自己的生存价值和使命,使学生不仅具备丰富的专业知识和技能,同时也能够从世界发展的整体趋势和人类文明进步的高度去思考自己应秉持的态度,把个人追求和国家命运相结合,从而培养社会责任感和担当精神。

其一,校风学风的熏陶。校风学风是大学文化的重要组成部分,它体现了一所大学的办学理念和治学态度。良好的校风学风能够营造出一种积极向上、严谨求实的学术氛围,学生在这种氛围中受到熏陶和感染,自觉地追求真知、追求卓越。在实现中国式现代化的过程中,需要大批具备创新精神和实践能力的高素质人才,而良好的校风学风正是培养这类人才的摇篮。良好的校风学风鼓励学生勇于探索、敢于创新,不畏艰难、不惧失败,从而为国家的现代化建设提供源源不断的智力支持。其二,校训校史的引领。校训是一所大学的精神旗帜,它凝聚了大学的办学理念和价值追求;校史是一所大学的发展轨迹,它记录了大学在不同历史时期与国家发展同呼吸、共命运的奋斗和成就。广大师生通过学习和领悟校训的深刻内涵,了解校史和国家发展史的关系,感悟杰出人物对国家建设的贡献,从而在服务人民、融入社会、传承民族精神文化中坚定理想信念,厚植家国情怀,成为担当民族复兴大任的时代新人。其三,师德和学生榜样的示范。教师是大学文化的传承者和创造者,是塑造学生品德和修养的重要力量。师德对学生的影响是全方位的。教师不仅能够为学生提供学术上的指导和帮助,他们的敬业精神、严谨态度、创新精神和人格魅力也能够直接影响学生的价值观和学术态度。另外,优秀的学长学姐、杰出校友以及在校期间的优秀学生代表,尤其是他们在乡村振兴、西部建设等事业中所展现出的优秀品质、卓越成就和无私奉献精神,更能够感染学生积极投身社会建设、服务基层,为实现中国式现代化贡献青春力量。在这个过程中,大学文化不仅培养了学生的实践能力和创新精神,更塑造了他们坚定的理想信念和社会责任感。

第三节　大学文化要能引领时代发展方向

习近平总书记强调:"新时代新征程,世界百年未有之大变局加速演进。中华民族伟大复兴进入关键时期,战略机遇和风险挑战并存,宣传思想文化工作面临新形势新任务必须有新气象新作为。"①在新时代新征程的背景下,大学文化建设也必须有新气象新作为。要深刻理解世界百年未有之大变局的内涵与特征,准确把握中华民族伟大复兴的历史使命和时代要求,以更加开放的视野、更加创新的思维、更加务实的举措,推动大学文化建设不断迈上新台阶,担当起引领未来,推动时代发展的重要责任。

一、大学文化面临的时与势

大学文化作为教育的灵魂和核心,承载着传承历史智慧、塑造现代人才、引领未来发展的崇高使命。在经济全球化、文化多元化、社会信息化的今天,世界经济正处于新旧增长动能转换的关键时期。我国高等教育已步入崭新的发展阶段,大学作为知识的殿堂和创新的摇篮,必须完善高等教育体系、建设世界一流大学以应对时代所提出的新课题。中国大学文化作为国家文化软实力的重要组成部分,更应积极回应社会的呼唤,跳出传统的教育框架,以更加开放、包容、创新的姿态,融入经济社会发展的大潮中,在纷繁复杂的内外部环境中找准自己的定位,遵从发展规律,勇于变革,敢于创新,不断完善和提升自身的教育水平和综合实力,承担好时代重任和使命担当。

从外部环境来看,世界百年未有之大变局意味着全球政治经济格局的深刻调整和国际力量对比的重新洗牌,综合国力竞争日益激烈,特别是在科技、文化、人才等领域。新一轮科技革命和产业变革正在加速演进,重大颠覆性技术不断涌现,世界经济正处于新旧增长动能转换的关键时期。与此同时,当前中国正沿着中国特色社会主义道路奋力前进,经历着历史上最为广泛而深刻的社会变革,

---

① 习近平. 习近平对宣传思想文化工作作出重要指示强调 坚定文化自信秉持开放包容坚持守正创新 为全面建设社会主义现代化国家 全面推进中华民族伟大复兴提供坚强思想保证强大精神力量有利文化条件[N]. 人民日报,2023 - 10 - 09(01).

中华民族伟大复兴的战略全局为大学文化的发展提供了广阔的舞台和深厚的历史底蕴。从内部环境来看,高等教育普及化使得大学文化的内涵与外延不断丰富,科技革命与产业变革要求大学文化加强对学生创新意识和实践能力的培养,教育信息化发展趋势则推动了大学文化传承、创新和传播方式的变革。同时,大学新生作为互联网时代的"原住民",他们的思维方式、认知范式、交际行为和价值观选择都与以往的学生大不相同,这对大学文化引导学生践行社会主义核心价值观,深入了解传统文化,遏制不良社会思潮对理想信念的侵蚀等提出了新的要求。面对深刻变化着的时与势,我国大学文化应立足现实、放眼未来,以更加开放的姿态、创新的思维和务实的态度,肩负起人才培养、科技创新和文化传播等使命,服务于国家核心竞争力提升,为中国式现代化贡献智慧和力量。

二、大学文化需要顺应时代需求、促进社会进步

大学不仅与生俱来有着传承人类文化和文明的职能,而且随着时代的进步发展,越来越有责任和能力创新创造,推动人类文化文明的繁荣发展。近代中国大学文化在促进民族觉醒、增强民族凝聚力,服务国家大局、培养优秀人才方面发挥了至关重要的作用,为人民幸福和民族复兴提供了智力支持、动力源泉和精神支撑。以北大师生为中坚,高举"民主""科学"旗帜的新文化运动,旨在推翻封建文化,引进民主与科学,催生马克思主义在中国的传播,而在这次思想解放运动中,大学成为新文化运动的重要发源地。蔡元培担任北大校长后,提倡"兼容并包"的办学方针,吸引了一批具有新思想、新文化背景的学者和学生。正是在这种主动的"适应"与"服务"中,大学的功能得以展现,地位得以确认,大学文化的价值得以彰显。交通大学在 1956 年响应国家号召西迁,是一次大学文化在时代变迁中的积极应对与自我革新,孕育了以"胸怀大局,无私奉献,弘扬传统,艰苦创业"为核心内容的西迁精神,体现了大学文化对于国家发展的责任感

和使命感,展现了大学在服务国家重大战略需求方面的文化自觉。

大学文化的首要任务是培养符合时代需求的高素质人才,积极服务于国家战略,为国家的发展提供智力支持和人才保障。其一,随着科技的飞速发展和社会的不断变革,人才培养模式也需要不断创新和优化。在全球化和信息化的大背景下,国家之间的竞争日益激烈,科技创新和人才培养成为国家竞争力的核心。大学文化应当紧密围绕国家重大战略需求,关注行业发展趋势,引导学生不断提升自身的实践能力和创新能力。其二,大学文化还应强调学生的全面发展,注重培养学生的道德修养、社会责任感和团队合作精神,使他们成为具有国际视野和竞争力的高素质人才,以应对国际形势变化的挑战。其三,大学文化还应注重培养学生的自主学习能力和终身学习的意识。在知识更新速度日益加快的今天,自主学习能力成为人才成长的关键。大学应当通过营造良好的学习氛围、提供丰富的学习资源等方式,激发学生的学习兴趣和动力,培养他们的自主学习能力和终身学习的意识,使他们能够适应不断变化的社会环境。

大学文化作为传承和创新文化的重要载体,应当积极承担起传承和创新中华优秀传统文化的历史使命。其一,大学文化要全面贯彻党的教育方针,以理想信念教育为先导,牢牢掌握意识形态主导权,以社会主义核心价值观凝聚共识,维护社会主义文化的政治方向和中华文化主体性地位,聚焦大学精神文化建设。其二,大学文化建设应加强文化研究,传承中华优秀传统文化、革命文化,发展社会主义先进文化,弘扬民族精神和时代精神,提升文化品位,引导学生深入了解和认同中华优秀传统文化,增强文化自信。其三,大学文化建设应当注重创新和发展,鼓励师生进行文化创新和实践探索,推动校园文化的繁荣发展。大学可通过加强校园文化建设、推广文化创意产业等方式,构建特色鲜明的校风,推动大学全方位建设,以更好地服务党和国家战略需求。

三、大学文化需要发扬批判精神、引导社会前进

中国特色世界一流大学文化不仅仅要适应社会，为社会发展服务，还要发扬学术批判精神，引导社会前进，做到服务性与批判性的辩证统一。大学并非不谙世事的"象牙塔"，更不能成为顽固、保守、落后、孤立、钱权的代名词，而是应自我批判、自我革新、服务社会、引领社会之地，是人文精神和科学精神的摇篮，是理想信念和高尚人格形成之所，是追求科学真理和社会理性良知的重要支撑。曾任西安交通大学校长的王树国曾言："能不能走在社会前列，标志着一所高校办学水平的高低"，"原来是大学高高在上，引领社会发展。第四次工业革命背景下，已变为了社会实践走在大学前面。因此，大学必须主动置身社会中，把社会实践中的科学问题提炼出来，上升到理论层面，进而引领社会发展。这是第四次工业革命中大学应做的事情"①。因此，大学是时代精神的推动者和引领者，大学必须走在时代的最前沿，方能体现大学的思想库和动力源角色。大学要引领时代潮流，大学文化就要在继承和发展中批判和创新，在借鉴和交流中发展和超越，使历史与现实、传统与现代耦合统一，使大学文化真正成为民族文化的体现。

大学文化作为大学的思想库和动力源，应该具备前瞻性和创新性，走在时代的最前沿。其一，大学文化本身应富有批判精神与创新意识。创新往往意味着否定。大学文化的批判精神首先体现在对待学术研究的严谨态度上，好的大学文化应该鼓励学者们独立思考、质疑权威、挑战传统，不断推动学术研究的深入发展，揭示事物的本质和规律。这种批判精神和创新意识不仅有助于打破僵化的社会结构和思维模式，也能够为社会的繁荣和发展注入新的活力。其二，大学

---

① 杜玮,王树国.第四次工业革命中大学应该做什么？［J］.协商论坛,2022(03):36-39.

文化应保持自身的独立品格和价值追求。大学文化不应被政治文化所左右，也不应被商业文化所吞噬，更不能被教条所束缚。大学文化在顺应和引领社会发展的同时，不能被利益所裹挟，而是应该自觉地发挥追求真理的学术批判精神，以其新思想、新知识和新文化对现实社会中的不良倾向进行独立的批判，推动社会风气的积极转变，引导社会前进，成为发展人类先进文化的重要力量。其三，大学文化应该做把握时代主旋律的先行者。大学作为社会的智囊团和思想的策源地，作为社会的良心和民众的代言人，其文化应该始终站在时代的前沿，大学应该关注社会的热点和难点问题，通过深入调研和科学分析，提供有益的价值导向和行动指南。

第十章　有容乃大的大学文化

在推动中国特色世界一流大学文化建设的过程中,中国大学文化不仅要立足国情和文化传统,还应当在多元文化交流的过程中具备面向世界的国际视野和有容乃大的包容心态,展现出中国大学文化的独特魅力。对外要遵循"求同存异"的交往原则,促进不同文化之间的平等交流、和谐共存与充分融合,为中国大学文化的发展注入新的活力与灵感;对内要坚持"和而不同"的文化准则,在吸收先进文化的同时,坚定文化自信,坚守文化底色,确保大学文化在多元中保持和谐,在融合中彰显特色。

第一节　求同存异,推动中国大学文化走向世界

在世界多元文化交织的今天,中国大学文化的建设与发展被赋予新的时代内涵。如何在保持自身特色的同时,积极融入世界文化潮流,成为摆在我们面前的重要课题。中华优秀传统文化中的求同存异思想为大学文化的国际化交流提供了有益启示。求同存异强调在尊重差异、包容多样的基础上,寻求共同点,实现和谐共处。中国大学文化应具有和谐共存的包容胸怀和面向世界的国际视野,在保持对自身文化的自信与坚守的同时,吸收和借鉴世界各国优秀教育与文

化成果,实现平等对话与交流,推动中国大学文化走向世界。

一、中华优秀传统文化中求同存异的交往思想

中华优秀传统文化中的求同存异思想,体现了谋求大同、容存小异的智慧,体现了交往中对不同文化和观点的尊重与包容。中国人从来不会以排斥、对抗、征服的态度对待与自己不同的观念和事物,也从来不会追求单一、静止、无差别、无竞争的和谐统一。我们所追求的是在"同"与"异"之间保持动态平衡和适度张力,为建设一个良性竞争的和谐社会、和平世界注入生机与活力,这就是中华文化"和"的智慧。随着全球化的深入发展,文化交流与互鉴已经不仅仅是一种选择,而是成为推动人类文明进步的重要动力。在这一大背景下,大学作为培养未来人才、研究学术、传承文化的重要场所,其在文化交流中扮演的角色愈发重要。大学必须站在时代的前沿,以更加开放、包容的态度,在多元文化交流的舞台继承和发扬中华优秀传统文化中求同存异的交往思想,在借鉴中发展自身,在交流中展现魅力,在尊重中彰显胸怀,不断提升大学文化体系的国际软实力,打造中国特色世界一流大学文化新高地。

中华文明自古以来秉持"求同存异""兼容并蓄"的多元文化理念。《孟子·滕文公上》言:"夫物之不齐,物之情也。"阐明了万物普遍存在差异性。"抱朴子曰:观听殊好,爱憎难同"(《抱朴子·外篇》),差异是普遍存在的,不同的个体、族群或生活在不同环境中的人都有不同的价值理念和行为准则。《礼记·乐记》明确表达了如何对待差异,提出了不同文化的最佳相处之道,"乐者为同,礼者为异。同则相亲,异则相敬,乐胜则流,礼胜则离"。大致是说乐的特征是求同,礼的特征是存异;求同能够让人们相亲相爱,存异能够让人们保持尊重;让人们之间互相关爱、敬重,并能保持应有的秩序,就是礼乐的功能。因此,"万物并育而不相害,道并行而不相悖,小德川流,大德敦化,此天地之所以为大也"(《礼

记·中庸》）。中国传统文化中"求同存异"的思想，回答了"在经济一体化的当代，文明是否也需一体化"这一问题。作为一个多民族国家，中华文明自古以来坚守着"求同存异"和"兼容并蓄"的理念，从"各美其美"的自我欣赏，到"美人之美"的相互欣赏，再到"美美与共"的和谐共处，展示出深厚的文化包容性和对文化差异的深刻理解。这种传统的交往和发展理念，为推动人类文明新形态的建设提供了坚实的文化基础。在当今世界，这种理念显得尤为重要，它鼓励我们平等交流，尊重差异，欣赏多元，共同创造一个开放包容、多元共生的文明新形态。这不仅是对中华优秀传统文化的传承和发扬，更是对人类文明进步的重要贡献。

二、中国大学文化应具有和谐共存的包容胸怀

中国大学文化要以习近平总书记所提出的"共同倡导尊重世界文明多样性"①的重要论述为指导，将大党大国的包容胸怀和责任担当贯彻到中国大学文化走向世界的实践中。一个民族的文化，是其历史、传统、习俗和精神的集合体，它深刻地反映了该民族的独特性和价值。习近平总书记指出："文明没有高下、优劣之分，只有特色、地域之别，只有在交流中才能融合，在融合中才能进步。"②"每一种文明都扎根于自己的生存土壤，凝聚着一个国家、一个民族的非凡智慧和精神追求，都有自己存在的价值。"③"文明是包容的，人类文明因包容才有交流互鉴的动力。""只有交流互鉴，一种文明才能充满生命力。""文明因交流而多彩，

---

① 习近平.携手同行现代化之路：在中国共产党与世界政党高层对话会上的主旨讲话（2023 年 3 月 15 日）[N].人民日报，2023 – 03 – 16（02）.
② 习近平出席中华人民共和国恢复联合国合法席位 50 周年纪念会议并发表重要讲话[N].人民日报，2021 – 10 – 26（01）.
③ 习近平.深化文明交流互鉴 共建亚洲命运共同体：在亚洲文明对话大会开幕式上的主旨演讲（2019 年 5 月 15 日）[N].人民日报，2019 – 05 – 16（02）.

文明因互鉴而丰富。文明交流互鉴,是推动人类文明进步和世界和平发展的重要动力。"①因此,在推动中国大学文化走向世界的过程中,应以习近平文化思想为指导,具备和谐共处的包容胸怀,学会尊重其他国家文化所坚守的价值原则,搁置在价值观和利益上的对立与冲突,转而寻找彼此的共识,以构建一种和平共处、和谐共存、美美与共的文化交流氛围,实现各方的交流、合作、共存、共赢和共荣。

中国大学文化应该在尊重文化差异的基础上寻求共同点,构建一种和谐共存的文化关系,在发掘自身文化中树立文化根基,在汲取"他文化"中壮大自己,以此引领世界文化潮流。习近平总书记在文化传承发展座谈会上指出:"中华文明具有突出的包容性。中华文明的包容性,从根本上决定了中华民族交往交流交融的历史取向,决定了中国各宗教信仰多元并存的和谐格局,决定了中华文化对世界文明兼收并蓄的开放胸怀。"②在全球化的浪潮中,任何民族的文化都不再是孤岛,而是相互交织、相互影响。对待外来文化,我们应采取一种审慎而明智的态度。既不能盲目地全盘接受,也不能简单地全面拒绝。健康的大学文化理应具备开放的心态、多元的形式、鲜明的特色和超越物质利益的价值取向,既要积极"走出去",展示我们的文化魅力,又要热情"请进来",在汲取世界各地的文化精髓,在与世界优秀文化交互共融中打好底色、创建特色、彰显本色。因此,中国大学文化不仅要深深植根于本土传统,也要胸怀全球视野,广泛采撷各国文化的精华,借鉴人类一切优秀文化成果,积极吸纳世界各国先进的教育经验和文化养分,通过有机融合中外文化,将其内化为自身独特的文化价值,为我所用,以自己独有的方式成为世界文化不可或缺的一部分,展现中华民族深厚的包容性、广阔的开放性和坚定的文化自信,最终建立起世界一流的中国特色大学文

---

① 文明交流互鉴是推动人类文明进步和世界和平发展的重要动力[N].人民日报,2019－05－02(01).

② 习近平.在文化传承发展座谈会上的讲话[N].人民日报,2023－09－01(01).

化体系,为世界文化的多元发展贡献中国智慧和中国方案。

三、中国大学文化应具有面向世界的国际视野

中国式教育现代化不是闭门造车,而是一个多层次、多向度的全面变革过程,大学文化的发展亦是如此。大学文化是在传统与现代、民族与世界的交融互动中发展的。在这个过程中,大学文化中的优秀传统内核在与现代文化的冲突、吸收、借鉴中不断"推陈出新",走向现代文明,在保持大学精神和坚守中国特色的同时,与世界多元文化交流和碰撞,走向国际化。当今世界是个开放的世界,其实质是文化的开放。中国大学文化的发展不仅仅应做好对传统文化的传承与弘扬,更应当具备一种面向世界的国际视野。这种国际视野是指大学文化建构中不应该故步自封,而是应该博采众长,通过开放办学,积极引进国际教育资源,推动大学文化的国际化,使中国大学在全球教育舞台上发挥更加重要的作用。

中国大学应加强国际交流与合作。首先,中国大学需要积极拓展国际交流渠道,通过校际交流、师生互访、合作研究等多种方式,举办或参与国际教育展览、论坛等活动,加强与国际教育界的联系,以此来增进相互了解,促进教育资源的共享和学术成果的共创。其次,推动国际合作项目是中国大学的重要任务。大学应鼓励师生积极参与国际合作项目,如国际科研合作、国际课程开发等,促进学术资源的共享和创新成果的产出,以此吸收借鉴先进的教育理念和方法,提升自身的科研水平和国际影响力,培养师生的国际合作精神和跨文化交流能力。最后,大学应鼓励和支持本校教师参与国际学术交流活动,提升大学师资队伍的国际化水平,提升他们的学术素养和国际视野,为中国大学教育带来不同的文化视角和思维方式。

中国大学应培养具有国际视野的人才。首先,中国大学应当紧跟全球发展趋势,优化课程设置,增加国际化内容。这包括引入国际政治、世界经济、跨文化

交际等课程,让学生深入了解全球治理、国际经济一体化、文化多样性等国际议题。同时,鼓励开设全英文授课课程,为学生提供与国际接轨的学习环境,培养他们的国际语言能力和跨文化沟通能力。其次,通过实践教学培养学生的国际视野和跨文化交流能力。中国大学应当积极组织学生参与国际实习、海外志愿服务等实践活动,让学生亲身体验不同国家的文化和社会环境,拓宽学生的国际视野,培养他们的全球意识。最后,举办国际文化活动。中国大学可以定期举办国际文化节、国际学术讲座等活动,使学生能够深入了解不同国家的文化特色和价值观念,增进对不同文化的理解和尊重,同时传播和弘扬我国优秀传统文化,在多元文化交流中展现中国大学文化的魅力,增强学生的民族自豪感和文化认同感。

中国大学应积极向世界弘扬中华优秀传统文化。首先,充分利用自身的特色文化资源,搭建中华文化传播平台。通过孔子学院、国际文化交流中心等平台,举办文化展览、艺术表演等形式多样的活动,向国际友人展示中华文化的历史底蕴和现代价值,加深对中华文化的了解和认同。其次,加强中华文化与世界文化的对话。中国大学应鼓励和支持学者深入研究中华文化与世界文化的交流与互鉴等相关课题,用学术成果为中华文化在世界范围内的传播与发展献策,用国际学术交流推动中华文化与世界文化的和谐共处与共同发展。最后,培养国际传播人才。通过开设相关课程、举办培训班等方式,培养具有中华文化素养和国际传播能力的专业人才,使他们成为推动中国大学文化走向世界的重要力量,向世界展示中华文化的独特魅力。

第二节 和而不同，永葆中国大学文化精神底色

　　"和而不同"这一哲学传统强调在多样性中寻找共性，在差异中寻求和谐。这一理念不仅是对传统文化中"和为贵"思想的继承，也体现了对现代社会多元文化的深刻认识。在推动中国大学文化走向世界的过程中，本土化与国际化的矛盾也不可避免地浮现。如何在保持本土特色的同时，实现与国际文化的有效对接，是中国大学文化建设必须面对的挑战。此外，中国大学文化还应增强文化自信与文化自觉，在全球化的大潮中保持定力，坚守精神底色，实现持续创新与发展。

一、中国"和而不同"的哲学传统

　　习近平总书记指出："以和为贵、和而不同、化干戈为玉帛、天下大同等理念在中国世代相传。"[①]"和"是中国文化的悠久传统。先贤深刻阐明了"和"与"同"的辩证关系，"和"不是泯灭差异，也不是绝对同一，而是在尊重差异基础上的求同存异，在承认多样性的前提下和谐共处。以和为贵、爱好和平，融入了中华民族的血脉中，刻进了中国人民的基因里。"求同存异"与"和而不同"都强调在多样性中寻求统一性，即在尊重各自不同意见和特点的基础上，达成和谐的结果。但是两者又各有侧重，"求同存异"强调的是在寻求共同点的同时，也要接受和尊重彼此的差异；"和而不同"则更侧重于在保持各自独特性的基础上，寻求和谐共处。因此，在推动中国大学文化走向世界的过程中，要正确处理好

"和"与"同"的辩证关系,不仅要"走出去"和"请进来",更要"守得住",捍卫大学的基本理念、坚守大学的精神内核、守卫大学的文化品格和核心价值,这也是大学文化建设的基石和准则。

中国传统哲学强调"和实生物,同则不继"(《国语·郑语》)。西周末年史伯认为"以他平他谓之和",单一的"同"是难以持续发展的,而多元的"和"则是生机勃勃、富有创造力的。多元要素之间通过互动、互补达到平衡、和谐状态。"和"是一种能够将不同因素有机融合的力量,它促进事物的多元化和进步,催生新事物的产生。相反,"同"只是简单地将事物堆砌在一起,缺乏深入思考和辨析,无法孕育出新的事物。"和"与"同"的根本区别在于,"和"承认并尊重差异的存在,它要求我们在理性思考的基础上,审慎地辨别是非,避免原则性错误的发生,旨在推动事物的持续发展。而"同"则往往掩盖真实的想法,追求表面的和谐,甚至不惜放弃原则,盲目服从权威或他人,这往往导致错误的滋生和事业的失败。正如《论语·子路》中所言:"君子和而不同,小人同而不和。"真正的智者能够在差异中寻找和谐,而盲目追求一致的人,往往只能在表面的和谐中迷失方向。因此,在多元文化交流中,中国大学文化应该承认不同,在不同的基础上形成"和",才能形成自己的更高层次的文化特色。如果一味追求"同",不仅不能发展,反而会衰败。高校要牢牢把握中国大学文化的中国特色,坚定不移地维护教育自信、文化自信和文化自觉。正确处理好本土化与国际化之间的矛盾,避免因多元文化交织而出现的价值迷失,在坚守本民族文化传统的基础上加强对先进文化、先进教育经验的学习,使大学文化的发展不走向"同"的无序,也不脱离"和"的统一,真正实现和谐共生、多元一体的发展格局,在国际先进教育交流和多民族文化融合中不断发展壮大①。

---

① 李重,张浩瀚.中国特色世界一流大学文化的生成逻辑、丰富内涵和实践路径[J].西安交通大学学报(社会科学版),2024(01):10.

二、中国大学文化应正确处理好本土化与国际化之间的矛盾

和而不同既是大学文化发展的策略、遵循的总原则，更是大学文化培育的理念。在大学文化传播、变迁、冲突与整合中，大学需要妥善处理内部和外部的各种矛盾关系，实现大学文化的内部和谐与外部协同进步。在多元文化的交融与碰撞中，大学应不断深化对自身本质和教育规律的理解，并在保持各自独特文化传统和哲学思想的基础上，创办出具有鲜明本土特色的大学。这一过程体现了大学文化本土化和高等教育国际化的辩证统一，是大学在全球化背景下保持自身独特性和创新性的关键。大学文化的本土化强调的是传统文化在新的历史和社会条件下的更新和变迁，是指大学必须植根于中国文化的土壤，以培养本民族优秀人才、反映民族科学实际、传承民族文化为根本使命的事实和状态。大学文化的国际化是指大学在建构自身文化时，不应局限于传统的框架或本土的经验，而是应当保持开放的态度，积极吸收和借鉴国际高等教育的先进办学经验，实现大学文化的多元化。因此，正确处理大学文化的本土化与国际化的关系问题，实际上是要厘清"一元"文化与"多元"文化的关系问题，要处理中国大学文化与西方大学文化的关系以及如何借鉴和吸收的问题①。

中国大学文化要做到本土化与国际化的融合，既不做守旧的卫士，也不做西化的附庸，永葆中国大学文化精神底色。国际化是从本土化向跨国家和跨国界范围的延伸。大学文化的国际化使社会的发展具有更宽广的视野和更远大的前景，有利于促进全球性的资源交流和共享，有利于促进不同文化的理解、沟通和合作，也有利于解决人类面临的共同问题。本土化是文化得以生存的基础，也是

---

① 姜素兰.论大学的文化嬗变、守护与超越[J].北京联合大学学报（人文社会科学版），2014，12（03）：122.

一种文化能否真正参与国际合作、交流的基础，是一国文化吸收异域文化的基础①。没有本土化，中国高等教育和大学文化就成为他国教育和文化的附庸，会出现"水土不服"的问题，中国大学文化的特色和优势就无从彰显。因此，中国大学文化既不能过度本土化而失去国际视野，也不能过度国际化而失去文化根基。要不忘本来，吸收外来，理顺本土文化与外来文化的界限。一方面，大学文化应该立足于中华优秀传统文化的土壤，不断发掘和创新传统文化中的生命力因子；另一方面，也应面向世界，积极借鉴和吸收其他国家大学的先进思想和理念进行创造性超越，形成具有中国特色、中国气派、中国风格的现代教育体系和大学文化。

三、中国大学文化应增强文化自信与文化自觉

中国式现代化是物质文明和精神文明相协调的现代化，而要拥有高度的精神文明，则离不开民族文化的自信与自觉。习近平总书记指出："文化自信，是更基础、更广泛、更深厚的自信。在 5000 多年文明发展中孕育的中华优秀传统文化，在党和人民伟大斗争中孕育的革命文化和社会主义先进文化，积淀着中华民族最深层的精神追求，代表着中华民族独特的精神标识。"②在经济全球化浪潮和中国对外开放政策的持续深化下，大学作为东西方文化及各种思潮汇聚、交流、碰撞的重要场所，以及意识形态工作的重要前沿，肩负着独特的使命与责任。为此，大学必须坚定自身的文化立场，增强对本土文化的深刻理解与自觉传承，同时保持对全球多元文化的开放与包容，不忘本来、吸收外来、面向未来，在各种文化冲突和思潮激荡的复杂环境中坚守自身的文化基因，真正成为引领社会文化潮流、推动文明进步的重要高地。

---

① 胡弼成,徐跃,蒋婷轶.和而不同:大学文化培育论[J].清华大学教育研究,2008(05):32.
② 习近平.在庆祝中国共产党成立 95 周年大会上的讲话[N].人民日报,2016 - 07 - 02(02).

中国大学文化必须坚持马克思主义在大学文化建设中的根本指导地位，才能更加自信地向世界展示中国大学文化的特色和魅力。随着全方位对外开放战略的进一步深化，全球步入"知识经济"时代，人口素质普遍提升，加之互联网发展迅速，网络空间成为人们发表言论、传播观点的重要平台与渠道。越是思想活跃期、文化繁荣期，越是不能放松意识形态工作。在价值多元化和文化多元化的大环境下，中国大学文化作为中国社会主义文化的重要组成部分的属性不能变。理论上，中国大学文化建设必须始终以习近平文化思想为指导，坚持社会主义文化的总方向，坚持马克思主义文化观，坚持马克思主义在意识形态领域的指导地位。只有牢牢把握正确的文化建设方向，才能够做到不盲从不动摇，才能向世界更好地展现中国的大学文化，才能更有效地提升中国文化的软实力。实践中，要以社会主义核心价值观为重点，加强宣传教育、研究阐释，抵制西方意识形态对我国大学校园的侵蚀，防范低俗、庸俗和媚俗等不良信息在大学校园里传播，坚决维护健康、积极的学术氛围和文化环境，使得大学文化建设能够在守正中不断创新。

中国大学文化必须进一步提升文化自觉、增强文化自信，承担起文化传承与创新的重任，推动全面建设中国特色大学文化。文化自觉是一种内在的精神力量，是指一个民族、一个国家以及一个文化主体在文化上的自我觉醒、自我反思和自我超越。文化自信是一个民族、一个国家以及一个文化主体对自身文化价值的充分肯定和积极践行，并对其文化的生命力持有坚定信心。文化自觉是文化自信的前提，文化自信是文化自觉的推动力，二者紧密联系、相互作用，推动文化健康、和谐发展①。中国大学的文化自觉应体现在对自身文化的清醒认识，对文化发展趋势的敏锐把握，对文化交流与融合的积极参与等方面。因此，中国大

---

① 张玉霞,张彪.现代性视阈下的大学文化建构[J].广西社会科学,2014(05):192-193.

学首先应自觉弘扬传统文化,善于从学校的发展历程中总结、提炼具有闪光点的文化传统,并加以继承和发扬光大,逐步形成具有特色的传统文化和学校的文化品牌。其次,应推动现代大学文化创新,鼓励和支持师生进行学术研究和艺术创作,积极与企业、文化机构等建立合作关系,将创新成果应用于社会实践,并通过网络媒体宣传优秀大学文化创作成果,丰富大学文化的内涵,提升大学文化的品质,提高大学文化的知名度。最后,应培育文化自信与文化自觉的文化氛围,尤其是大学教育者要以自身优良的作风引领学风、教风和校风,扬正气,抵制歪风邪气,加强对文化现象的引导和分析,使大学形成积极、健康的思想文化氛围,营造出良好的校园文化,使学生在自信自觉的文化氛围中树立正确的文化价值观,培养学生作为文化传承者、传播者和建设者的意识和担当。

第三节 构建具有中国特色的大学文化叙事体系

构建具有中国特色的大学文化叙事体系,不仅是高等教育事业发展的内在要求,也是文化软实力建设的重要组成部分。中国特色大学文化,作为中华优秀传统文化的传承者和创新者,拥有独特的优势和魅力,这些优势为中国大学文化的国际影响力提供了坚实支撑。然而,在彰显这些优势的过程中,大学文化必须谨防历史虚无主义、西方意识形态、不良社会风气所带来的挑战。在应对这些挑战的同时,要构建起具有中国特色的大学文化叙事体系,更好地展示中国特色大学文化的独特魅力,提升中国大学的国际竞争力,并为国际高等教育提供中国智慧和中国方案。

一、中国特色大学文化的优势

中国特色大学文化包含着两层含义,一是大学文化,二是中国特色。这里讲的中国特色大学文化不是专指中国特色社会主义大学文化,而是泛指具有中华民族特色的大学文化[①]。2014 年 5 月,习近平在考察北京大学时指出:"办好中国的世界一流大学,必须有中国特色。没有特色,跟在他人后面亦步亦趋,依样画葫芦,是不可能办成功的。"[②]这是新时代中国高等教育的重要使命,也是推动大学文化建设的要求。教育部、财政部、国家发展改革委印发的《关于高等学校加快"双一流"建设的指导意见》明确提出:"培育理念先进、特色鲜明、中国智慧的大学文化,成为大学生命力、竞争力重要源泉。立足办学传统和现实定位,以社会主义核心价值观为引领,推动中华优秀教育文化的创造性转化和创新性发展,构建具有时代精神、风格鲜明的中国特色大学文化。"不仅提出了构建中国特色大学文化的要求,也指明了中国大学文化建设的优势、特色和着力点。

中国特色大学文化的优势主要体现在以下三个方面:第一,中华优秀传统文化的深厚底蕴。中华优秀传统文化是在五千多年文明发展中孕育而成的,它铸就了中华民族的精神命脉,塑造了中华民族的鲜明品格,成为中华民族的突出优势和最深厚的文化软实力,为中国大学文化的健康发展提供了丰富滋养和强劲动力。中国传统文化是中国大学治理的根与魂,中国大学治理模式的形成正是中国传统文化孕育、改造和变通的结果,若没有传统文化或中华文明作为底色,中国大学将无法真正成为"中国的大学",而只能是"在中国的大学"[③]。中国大

---

①　王冀生.中国特色大学文化论纲[J].现代大学教育,2008(02):1.

②　习近平.青年要自觉践行社会主义核心价值观[N].人民日报,2014 – 05 – 05(02).

③　王建华,贾佳.中国大学的文化性格:缘起、变迁与省思[J].苏州大学学报(教育科学版),2016,4(01):21.

学的建设深深扎根于中国的传统文化，"自强不息，厚德载物"的坚韧品质，"日月光华，旦复旦兮"的不懈追求，"格物致知，诚意正心"的实践智慧，"勤学善思，知行合一"的学习方法等，都体现了中国传统文化精髓与中国大学教育理念的相得益彰；中华民族自强进取、爱国奉献、以天下为己任等优秀的文化遗产一直是支撑中国大学奋发前进的不竭动力；中华优秀传统文化所蕴含的哲学思维和人文关怀、道德伦理与社会责任、艺术审美和创造力等，形成了独具特色的中国大学教育、文化和审美风格，为大学的文化创新提供了源源不断的动力。

第二，社会主义核心价值观的引领作用。社会主义核心价值观不仅是中国特色社会主义的精神旗帜，更是中国特色大学文化的核心价值所在。社会主义核心价值观在中国特色大学文化中的优势主要体现在价值导向与行为准则上，这种价值观导向使得中国特色大学文化在培养学生的全面发展方面更加注重德育的培养，将中国传统美德与马克思主义德育观有机结合，指明了新形势下思想道德建设的价值取向，将社会主义核心价值观作为衡量学生行为是非、善恶、美丑的标尺，引导学生们在实践中自我约束、关爱他人、奉献社会，共同营造出和谐、美丽的大学文化氛围[①]。同时，它也决定了中国特色社会主义文化的发展方向。坚持社会主义核心价值观对中国特色大学文化的引领作用，有助于提升中华文化的感召力，更好地推动中华文明在世界舞台上展示其独特的魅力和价值。

第三，民族精神和时代精神的融合发展。中国精神即以爱国主义为核心的民族精神和以改革创新为核心的时代精神，深深植根于中华民族的历史传统和现代社会的发展实践，以爱国主义为根基展现民族气节，以改革创新为动力引领时代潮流，不仅反映了中国社会的时代境遇和发展需求，更以其凝聚人心、激发斗志的特性，成为中国走向繁荣强大的不竭动力。民族精神是在一个民族长期

---

① 王凤双，沈丽巍. 以马克思主义文化观引领的大学文化建设探析[J]. 黑龙江高教研究，2019，37(11):72.

共同生活与实践的深厚土壤中孕育而成的,它承载着民族的历史记忆,引领着民族的发展方向,具有鲜明的引导性和强大的传承性。在五千多年的发展中,中华民族形成了以爱国主义为核心的伟大民族精神。民族精神集中体现为民族文化,而大学文化是民族文化的组成部分,大学文化建构应体现民族文化、传承民族精神。时代精神体现社会发展方向,引领时代进步潮流。时代精神是历史的客观本质及其发展趋势在社会精神生活各领域的集中反映。以改革创新为核心的时代精神,作为马克思主义理论与中国改革开放以及社会主义现代化建设实践紧密结合的伟大产物,为大学文化的构建提供了强大的精神支撑和动力源泉。这种精神力量激发着大学文化不断开拓创新,培养出一批批具有时代使命感和责任感的优秀人才,为推动全面建设社会主义现代化强国贡献智慧和力量。

二、彰显中国特色大学文化优势要注意的问题

第一,必须防止历史虚无主义对爱国主义和集体主义精神的侵蚀。在当今社会,历史虚无主义侵蚀着部分大学生的价值观念,损害了爱国主义与集体主义精神的严肃性和崇高性,对大学文化弘扬爱国主义与集体主义精神产生了不良影响。爱国主义是中华民族的传统美德,是民族精神的核心。然而,历史虚无主义却试图通过否定历史、解构传统文化来削弱大学生的爱国主义精神。在泛娱乐化现象的影响下,个别大学生开始以游戏的心态看待历史,对民族英雄和革命先烈的事迹缺乏敬畏之心,甚至进行调侃和恶搞。这种对历史的轻视和亵渎,不仅损害了民族历史的尊严,更削弱了大学生的爱国主义精神。集体主义精神是社会主义道德的基本原则之一,强调个人利益服从集体利益,注重团结协作和共同发展。然而,历史虚无主义却强调个人主义和自我中心,倡导"个人至上"的价值观念。受此影响,个别大学生开始追求个人利益和短期效益,忽视集体利益和社会责任。这种对个人主义的过度追求,不仅削弱了大学生的集体主义精神,

更可能导致他们在面对集体利益时缺乏担当和奉献精神。

第二，必须抵御西方意识形态的渗透。在全球化和信息化的时代背景下，西方意识形态通过各种渠道和形式不断涌入中国，对我国大学文化建设带来不利影响。首先表现为对马克思主义理论的质疑和否定。一些西方学者和媒体等通过歪曲、篡改马克思主义理论，试图削弱其在中国大学文化中的理论权威。他们宣称马克思主义已经过时，试图将马克思主义与当代社会的发展和实践割裂开来，否定其在现代社会的价值和意义，从而动摇个别大学生对马克思主义的信仰。其次表现在对西方价值观念和理论体系的传播。部分别有用心的西方学者和媒体等通过学术交流、教材输出、网络传播等方式，向中国大学传播个人主义、消费主义等价值观念，导致个别大学生在价值观念上出现混乱和迷茫。

第三，必须纠正不良社会风气对社会主义道德教育的负面影响。不良社会风气如功利主义、拜金主义、利己主义、享乐主义、官僚主义、形式主义等都会阻碍中国大学文化的健康发展。不良社会风气对社会主义道德教育的负面影响，首先体现在对社会主义道德观念的冲击。不良社会风气往往强调个人主义、物质主义，与社会主义道德观念中的集体主义、精神追求形成鲜明对比。这种冲击导致部分大学生在道德选择上产生迷茫和困惑，对社会主义道德观念产生怀疑和动摇。其次体现在对道德教育的消解。功利主义、拜金主义等社会风气往往以实用主义为导向，忽视道德教育的重要性。这种风气导致个别大学生对道德教育产生抵触情绪，认为道德教育无用或过时，从而削弱了道德教育在大学文化中的地位和作用。最后体现在削弱大学生的道德判断力，影响大学生的行为方式。不良社会风气中的片面化信息、虚假宣传等导致部分大学生在面对复杂的社会问题时缺乏独立的道德判断力，过分追求个人利益，忽视社会责任，这些行为方式与社会主义道德教育的目标相悖，不利于中国大学文化对学生人格的塑造和培养。

三、构建具有中国特色的大学文化叙事体系的途径

第一，弘扬中华优秀传统文化，创新叙事方式。党的二十大报告提出："坚守中华文化立场，提炼展示中华文明的精神标识和文化精髓，加快构建中国话语和中国叙事体系，讲好中国故事、传播好中国声音，展现可信、可爱、可敬的中国形象。"①中华优秀传统文化为中国特色大学文化叙事体系提供了价值坐标和精神支撑。首先，结合现代科技手段和国际传播规律，打造新型叙事体验。随着科技的飞速发展，现代科技手段为中国特色大学文化叙事提供了无限的可能性。例如，可以利用网络新媒体平台，如微博、微信、抖音等，通过短视频、直播、互动话题等形式，让世界各地的大学生能够随时随地了解和参与中国大学文化活动。此外，还可以运用虚拟现实（VR）、增强现实（AR）等先进技术，打造沉浸式的文化体验，让国际受众身临其境地感受中国传统文化的魅力。其次，打造具有国际影响力的大学文化品牌。在弘扬传统文化的基础上，通过举办特色大学文化节、中国传统文化节、国际文化交流活动、传统文化研究论坛等方式，结合自身独特的历史、地域、学科或文化优势，打造特色鲜明的文化品牌。另外，还可以通过制作精美的宣传资料、建立功能完善的官方网站和社交媒体账号、积极参与国际教育展览和交流活动等，来提升大学文化品牌的国际影响力。最后，结合时事热点，展示中国大学的时代担当。中国大学可以积极参与国际组织和多边合作，通过参与全球治理、提供国际公共产品等方式，展示其全球视野和时代担当。同时通过运用新媒体手段、制作高质量的宣传片等方式，将中国大学在时事热点中的表现和贡献生动地呈现给国际受众，也可以邀请国际媒体和知名人士来校参观访问，通过他们的报道

---

① 习近平.高举中国特色社会主义伟大旗帜 为全面建设社会主义现代化国家而团结奋斗：在中国共产党第二十次全国代表大会上的报告（2022 年 10 月 16 日）[N]. 人民日报，2022 – 10 – 26（01）.

和介绍,让更多国际受众了解中国大学的时代担当和文化魅力。

第二,提升国际话语权,更好地展现具有中国特色的大学文化形象。所谓中国叙事体系,是一套由关于中国的一系列相互联系的事件叙述所构成的,具有根本性、系统性和全局性的逻辑体系。话语是叙事的主体内容,只有提升中国特色的大学文化话语权,才能更好为叙事体系创设"话语空间"和学理论证,让中国特色大学文化故事更加具有感召力和影响力,进而让国际社会了解"中国特色的大学文化是什么"等问题①。首先,明确叙事主题,强化中国特色。这包括对中国传统文化的传承、对中国特色社会主义道路的践行,以及对现代大学制度的探索等方面的内容,通过这些内容进而构建一个以中国特色为主线的叙事框架。这个框架应该围绕中国大学的特色和亮点,通过讲述具体的故事、案例和成就,来展示中国大学的独特魅力和价值。在明确叙事主题并强化中国特色的同时,我们还需要结合国际受众的需求和兴趣点,增强叙事的针对性。其次,注重话语体系的创新,用国际受众易于理解和接受的方式讲述中国大学的故事,提升中国大学在国际舞台上的话语权和形象。中国特色大学在创新话语体系时,应融合传统文化与现代元素,学习和借鉴世界一流大学的话语体系构建经验,结合中国特色和实际情况,创造出既具有中国特色又符合国际受众审美的话语表达方式。最后,加强学术研究,提升学术影响力。学术研究是提升国际话语权的重要基础。通过在国际知名学术期刊发表论文、参与国际学术组织、举办高水平的国际学术会议等方式,展示中国大学在学术研究方面的实力和成果,提升中国学术在国际学术界的话语权和影响力。

第三,建立国际化的叙事团队,提升叙事能力。在全球化背景下,构建具有中国特色的大学文化叙事体系,需要一支具备国际视野和跨文化沟通能力的叙

---

① 赵庆.中华文化视域下的新时代中国话语和叙事体系建构路径初探[J].东方学刊,2023(02):116.

事团队。这支团队将负责构建和传达中国大学的声音和故事，向国际社会展示其文化魅力和时代担当。首先，组建拥有多元文化背景的团队。国际化的叙事团队应该由来自不同文化背景的成员组成，包括国际学生、具有海外学习或工作经验的教师等。这样的团队能够更全面地理解国际受众的需求和兴趣点，同时也能够融入更多的国际元素，使叙事更具吸引力和说服力。其次，利用社交媒体和国际新闻渠道。社交媒体和国际新闻渠道是传播中国大学声音和故事的重要工具。叙事团队可以充分利用这些平台，通过发布动态、分享案例、回应热点等方式，向世界展示中国大学的实时动态和最新成果。同时，也可以与国际媒体建立合作关系，共同策划和推出专题报道或深度分析，提升中国大学在国际舆论中的影响力和认知度。最后，加强国际交流与合作。叙事团队应积极组织和参与各类交流活动，与国际知名大学和研究机构建立长期稳定的合作关系，通过国际学生互访、学者合作研究、举办学术会议等方式，加深双方的了解和信任，为中国大学在国际舞台上发声提供有力支持。

第三编

第十一章　中国特色世界一流大学文化的个案考察

当今世界,新一轮科技革命和产业变革深入发展,大学亦致力于培养能够适应世界未来发展趋势,有本领、有担当的新型人才。党的十八大以来,以习近平同志为核心的党中央始终坚持把教育作为国之大计、党之大计,发表了关于中国特色世界一流大学的系列重要论述,作出加快教育现代化、建设教育强国的重大决策。从人才培养到科学研究,从社会服务到文化传承与创新,高校在全面建设社会主义现代化国家新征程中发挥着重要作用,构建中国特色世界一流大学要扎根中国大地,传承中华优秀传统文化,同时还要立足时代,兼具全球视野。本章节通过个案考察,探索构建具有国际影响力和本土特色的世界一流大学的有效路径。

第一节　以美育人,以文化人,立德树人
——解读清华大学的大学文化育人模式

清华大学坚持深入学习贯彻习近平总书记致清华大学建校 105 周年贺信重要指示精神,以美育为核心,培养学生的人文素养和审美能力;将以文化人作为

目标,关注学生的综合素质和人文精神;以立德树人为使命,不断提升学生的社会责任感;以话剧《马兰花开》的创作、排演为载体,充分发挥社会主义核心价值观的引领作用,落实建设"三全育人"的高质量美育体系。清华大学积极探索学生思想政治教育与大学文化建设相融合的新途径新方式,逐渐形成"以美育人,以文化人,立德树人"的文化育人模式,影响和培养出大批具有高尚品格和优秀品质的卓越人才。

一、《马兰花开》的精神溯源

清华大学诞生于面临列强侵略、社会动荡和科技落后等多重危机的时期,其创办初衷便是培养有志于建设国家的人才,为国家的振兴和发展作出贡献,因而勿忘国耻、自强不息一直是每一个清华人奋发图强的精神力量。百年风雨,清华大学不仅见证了中国近现代社会的兴衰荣辱,也参与了中国科技发展的跌宕起伏。在百余年的发展中,清华始终秉持着为国家和民族发展服务的使命,培养了大批优秀人才,为中国的现代化进程作出了重要贡献。在为新中国的"两弹一星"事业无私献身、不求回报的科技工作者中,有数以千计的清华人,更是有 14 位清华大学校友成为"两弹一星"元勋,他们都曾为国家的核武器与航天事业倾注心血、忠诚奉献,他们主动肩负起历史重任,凭借着顽强的意志力和不放弃的决心,隐姓埋名、背井离乡,如飞蛾扑火般,跨越万般阻碍,毅然前行,用行动诠释着情怀,形成了"热爱祖国、无私奉献,自力更生、艰苦奋斗,大力协同、勇于登攀"的"两弹一星"精神。

2001 年清华大学 90 周年校庆之际,清华学生艺术团话剧队推出以我国核试验过程为背景创作的原创话剧《紫荆花开》,此后一代代剧组成员都在用自己的理解和演绎诠释并延续着"花开精神"。2011 年恰逢清华大学百年校庆,为了延续"花开传统",推动清华文化精神创造性展现,学校创作了话剧——《马兰花开》，以清华校友、中国核武器研制与发展的主要组织者、领导者邓稼先为主角，反映校友事迹、发扬清华精神。该剧目用精美的艺术形式、深刻的思想蕴含以及不懈的排演实践，凭借百余分钟的剧情，生动再现了伟大人物邓稼先为祖国核武器事业竭尽心力、奋斗终身的不平凡人生，展现了老一辈科技工作者的心路历程以及筚路蓝缕的艰辛，更是深情歌颂了以邓稼先为代表的科学家们不畏牺牲、无私奉献、求实求真、自立自强的爱国精神、科学精神以及奉献精神，激励当代青年不忘初心、牢记使命、以身许国、砥砺奋进。

2012年，为激励和支持有条件的高校通过歌剧、话剧和音乐剧等艺术表现形式，大力宣传为国奉献的科学大师，塑造民族英雄，以艺术形式讲好科学家故事，中国科学技术协会和教育部共同主办了"共和国的脊梁——科学大师名校宣传工程"，清华大学成为首批入选重点高校。立足中国核武器研制的宏大历史背景，清华大学创作、编排了原创科学家主题剧目《马兰花开》，讲述清华故事、分享清华声音。话剧从剧本到演员全部坚持"清华原创"，剧组成员通过"师生演校友、学弟演学长"的方式，走近邓稼先生平事迹，体会邓稼先心路历程，将邓稼先精神内化于心、外化于行。剧目策划以及剧本编写历时一年有余，在此期间，主创团队查阅各种史实资料、寻访相关人士、进行实地采风，累计较大幅度修改剧本20余次。从项目启动到首场演出历时21个月。首演以来，《马兰花开》巡演足迹遍及全国各地，演出近100场，覆盖观众超13万人次，2023年国庆期间，剧组更是首次奔赴我国香港、澳门地区演出，引发港澳观众热烈反响，马兰花开遍中华，芬芳满天下。

2018年，习近平总书记在给中央美术学院老教授们回信时，深情寄语、殷切期盼，提出要"发扬爱国为民、崇德尚艺的优良传统，以大爱之心育莘莘学子，以大美之艺绘传世之作"①。2018年9月，全国教育大会召开，会上习近平总书记

---

① 习近平. 做好美育工作弘扬中华美育精神　让祖国青年一代身心都健康成长[N]: 人民日报，2018－08－31(01).

再次指出:"要全面加强和改进学校美育,坚持以美育人、以文化人,提高学生审美和人文素养。"①2021 年,习近平总书记来到清华大学进行考察调研,作出"我们要建设的世界一流大学是中国特色社会主义的一流大学,我国社会主义教育就是要培养德智体美劳全面发展的社会主义建设者和接班人"②的指示。清华大学始终坚持认真学习贯彻习近平总书记系列重要讲话和重要指示批示精神,以立德树人为重要和中心环节,在教育教学全过程中,推进和加强思想政治工作,并不断创新工作方式和工作载体,探索新时代融合美育和思政教育的高校教育新模式,以此凝聚新时代清华人的精神共识。由此,形成了清华大学新百年辐射校内外的"马兰花开"文化盛况。

二、清华大学文化育人的创新实践

(一)坚持正确方向,发挥社会主义核心价值观的引领作用

1.彰显知识传授、能力培养、价值塑造"三位一体"的教育理念

"两弹一星"精神以真实历史事件为名,蕴含着丰富的象征意义、不朽的民族精魂以及红色文化积淀,凝结着科技工作者报效祖国的满腔热血和赤胆忠心,不断激发亿万中华儿女战胜一个又一个艰难险阻,是中华民族在 20 世纪创造的宝贵精神财富。"两弹一星功勋奖章"获得者邓稼先是中国科学家中的杰出代表,有着坚定的爱国情怀和卓越的科学素养,他始终以国家利益为重,投身于中国武器制造的前沿,为祖国的核武器事业付出了巨大的努力和贡献,将中国国防自卫武器推向了世界先进水平的领域。《马兰花开》以邓稼先这个优秀的典型

---

① 习近平.坚持中国特色社会主义教育发展道路　培养德智体美劳全面发展的社会主义建设者和接班人[N].人民日报,2018 – 09 – 11(01).

② 习近平在清华大学考察时强调 坚持中国特色世界一流大学建设目标方向 为服务国家富强民族复兴人民幸福贡献力量[N].人民日报,2021 – 04 – 20(01).

人物为主角,展现了他对祖国清澈的爱和对科学事业崇高的责任感,邓稼先的故事很好地契合了社会主义核心价值观,对于学生道德品质和三观的培养塑造具有重要意义。《马兰花开》剧组在十多年的发展成长中,每个人都在用心体会人物、用情塑造角色。话剧通过具象的演绎,呈现出多种育人价值特征,不仅有利于陶冶学生的审美情操,培养其实践能力,还在潜移默化中对学生的情感和道德修养起到良性的引导作用。

2. 体现思想性、艺术性、实践性相统一的大学文化

《马兰花开》以史实为依托,以话剧表演形式为主体,融音乐、舞蹈、多媒体等艺术形式于一体,以其生动的故事情节和强烈的艺术魅力,将爱国主义教育、民族精神培养寓于高品质的艺术表演之中,有着极强的思想性和艺术性。剧组创作团队为了呈现出最佳的演出效果,上好这堂思政"实践课",特意前往邓稼先先生曾经工作过的中国工程物理研究院实地考察,开展名为"重走邓稼先之路"的主题实践,与邓稼先当年的同事助手进行座谈交流。作为一种集体艺术形式,话剧表演为参演者和观演者搭建了一个沟通交流的平台,使得学生们可以亲身感受、体验人物角色和情感冲突,通过剧情和对话产生情感共鸣,提升情商和情感表达能力,深化对科学家精神和"两弹一星"精神的认识,提升人文素养。

3. 突出校党委、各部门、艺术团、党支部相协调的组织机制

在推进综合改革和"双一流"建设的过程中,清华大学一直将精神文明建设置于重要地位,并给予高度重视,学校党委更是十分重视推进文化强校战略,《马兰花开》只是清华大学一大批能够涵养道德品行、树立文明新风的优秀作品之一。从创作开始,学校党委主要领导便亲自部署指导,制定发展战略和目标,协调各部门的资源和力量,为剧本创作、演员排演、巡演组织等各个环节提供必要的支持与保障。清华大学始终坚持全校动员、全员育人,学校各部门在学校党委的坚强领导下,通力合作,积极参与话剧的巡演以及剧组的发展工作。以《马兰花开》剧组为基础,清华大学学生艺术团马兰花开党支部于 2016 年正式成立①,支部紧紧围绕邓稼先精神这一底色,将支部建在剧组,充分调动校内外各类资源,多维度搭建共建平台,开展生动的思想政治教育工作。

（二）坚持以美培元，落实建设"三全育人"的高质量美育体系

"三全育人"是中国共产党在教育领域中坚持知识传授和价值引领相结合的新思政观的重要体现,对于"培养什么样的人、如何培养人、为谁培养人"问题给出了科学回答②,是贯彻落实立德树人根本任务的基本原则,也是培养社会主义接班人的指导方针。中共中央、国务院印发的《关于加强和改进新形势下高校思想政治工作的意见》将"坚持全员全过程全方位育人"作为加强和改进高校思想政治工作的五项基本原则之一。2018 年 10 月,清华大学成为首批入选"三全育人"综合改革试点高校之一。

"全员育人"的根本在于把握育人方向,在党的全面领导下,全员协同配合、协同育人,同向同行,共同努力,培养能够牢记民族复兴使命、担当民族复兴大任的时代新人。自 2013 年 4 月首次演出以来,《马兰花开》剧组始终坚持每年在校内举办校庆和迎新两季演出,观演人员基本覆盖全部在校师生以及广大校友,进一步凝聚并巩固广大清华人的思想共识,帮助新时代的清华人扣好"人生第一颗扣子"。学校党委高度重视发挥二级单位党委、党支部、团委、工会在思想政治工作中的重要作用,成立工作领导小组,建立完善的队伍体系,将《马兰花开》打造成生动的美育课堂、思政课堂,学校的艺术教育中心和校史馆、档案馆、校友

---

① 清华大学加快世界一流大学建设步伐:水木湛清华 奋进新征程[N].人民日报,2022 - 10 - 07(01).

② 冯刚.新时代高校"三全育人"的理论蕴含与深化路径[J].厦门大学学报(哲学社会科学版),2023,73(01):1.

会、学生部等各部门各司其职、分工明确,激发全员协同配合的积极性与主动性,形成全员育人合力,全面提升育人成效。

"全过程育人"的重点在于开展具有针对性、持续性、贯穿性、系统性的教育工作①,形成完整的育人链条。作为所有清华大学新生入学教育的"必修课",《马兰花开》在清华园里常演常新,给大学新生上好入学第一课,引导新生厚植家国情怀、强化责任担当。《马兰花开》话剧是清华大学面向广大青年、团员开展学习贯彻习近平新时代中国特色社会主义思想主题教育的浸润式"课堂",其以真实的情境引导学生将外在环境和内在感受有机结合,全身心感知理解剧情带来的育人意义,实现润物细无声式思政教育,力求以时间为主线,将思想政治教育融入学生日常生活与学习之中,贯穿学生进入高校到毕业离校的整体过程,夯实"全过程"育人体系。

"全方位育人"的关键是要以整体性、协同性为建设原则,积极整合学校内部育人资源,打造立体式、全方位的育人时空。《马兰花开》剧组的所有演员均为清华大学在校学生,没有接受过专业的表演训练,精彩绝伦的舞台和演出背后,需要演职人员主动地走进"两弹一星"历史,接受美育熏陶,积极发挥主观能动性、想象力与创新创造性,在接受思想洗礼的同时,演绎、传播和践行为国效忠、爱国奉献的精神。在"全方位育人"教育理念下,以话剧表演为载体的思想政治教育为学生提供了"德、智、体、美、劳"全面发展的育人环境,充分发掘育人元素,针对新时代大学生的思想特点和成长成才规律,开展思想政治教育工作,畅通育人过程,以育人空间的全面性实现育人成效的全面性。

习近平总书记在全国高校思想政治工作会议上强调:"要坚持把立德树人作为中心环节,把思想政治工作贯穿教育教学全过程,实现全程育人、全方位育

---

① 熊冬梅."三全育人"视角下的高校精准家访:基本逻辑、内在价值和长效机制[J].思想教育研究,2021(10):153.

人,努力开创我国高等教育事业发展新局面。"①《马兰花开》以话剧的形式再现了以清华校友、"两弹一星"元勋邓稼先为代表的老一辈科技工作者,在条件艰苦的马兰基地,以身许国、鞠躬尽瘁,谱写出壮丽的生命乐章的故事。其中传达的不仅仅是历史人物和历史内容本身,还有对于家国大爱的精神信仰,更重要的是立德树人,用优秀的文化滋养人、培育人,不仅仅是审美教育,更是情操教育、心灵教育。《马兰花开》创作排演过程是学校以美育人、以文化人、立德树人的生动缩影,生动诠释了学校依托美育创新开展思政教育的全新理念。

(三)坚持守正创新,打造德智体美劳全面培养的"试验田"

1. 探索美育与思想政治教育相融合的新模式

《马兰花开》立足育人目标,坚持守正创新,将思想政治教育与美育深度融合,跳出"在思政言思政"的传统形式。2013 年第四届北京大学生戏剧节,本剧荣获优秀组织奖、最佳剧目奖、优秀导演奖、最佳男演员奖、优秀女演员奖等五项荣誉;2014 年中国校园戏剧节,本剧以票数第一摘得普通组"中国戏剧奖·校园戏剧奖"优秀剧目奖,同时获得"校园戏剧之星"和优秀组织奖,成为此届戏剧节获奖最多的剧目之一;2014 年本剧荣获清华大学教学成果特等奖。通过多形态的艺术加工,集各种艺术要素和技术要素于一体,《马兰花开》以千锤百炼的剧本、专业的导演和制作团队,以其戏剧张力和艺术创新,大力弘扬了以爱国主义为核心的民族精神和以改革创新为核心的时代精神,成功以艺术魅力吸引、感染、教育了当代大学生。

2. 创新"支部建在剧组,剧组充实支部"的新思路

2016 年,清华大学学生艺术团马兰花开基层党支部正式成立。2017 年,马

---

① 把思想政治工作贯穿教育教学全过程 开创我国高等教育事业发展新局面[N].人民日报,2016－12－09(01).

兰花开党支部被评为"清华大学先进党支部"。2018 年,该支部成功申报"全国党建工作样板支部"培育创建单位。2020 年,马兰花开党支部荣获"北京高校先进基层党组织"称号。2021 年 1 月,党支部作为首批"全国党建工作样板支部"创建单位,顺利通过验收,并成功完成创建任务。自 2016 年成立以来,马兰花开党支部不断创新探索,坚持总结"支部建在剧组"组织模式的经验与特点,从建章立制到理论学习,广泛开展联学共建,深化学习成效。支部充分发挥支部成员的文艺特长,始终坚持以美育人、以文化人,借助丰富多样的活动形式开展生动的思想政治教育工作,为在学生社团等第二集体中设置创新型党支部进行有益探索。支部坚持业务训练与政治建设并重,依托剧目在校外的巡演,开展系列学习实践活动,让剧组成员更好地了解历史,强化党员精神认同。支部在艺术创作中增强党支部战斗力和凝聚力,以邓稼先精神为着力点,大力弘扬社会主义核心价值观,将党支部打造为集体成员共同的"精神家园"。

3. 发展创作排演、宣传巡演、观演讨论三个环节并重的新方法

剧组演职人员通过参与剧本创作、实地调研以及反复表演,提高参与度,加深对艺术的理解,对"两弹一星"精神的感悟,对自己想"成为什么样的人"的思考。剧组坚持以学生为主进行创排,使得作品具有青春气息,可以更好地把握新时代大学生成长成才规律,聚焦大学生需求指向、价值导向与发展取向,遵循育人规律,获得青年学子的共鸣。比起空洞的说教,一场振奋人心的话剧,才是能传递"花开精神"的好方式。演职人员不仅仅是在演绎故事,更已经和故事融为一体,并成为故事本身。在紧张辛苦的创作排演过程之中,学生演员们往往都顶着繁重的课程压力,通宵达旦进行排练,但就算再辛苦,总有人甘之若饴,激励着他们的是新疆马兰基地的那句格言——"干惊天动地事,做隐姓埋名人"。他们用行动与情怀丰富了加注在《马兰花开》上的清华精神的内涵,剧目在引导学生创造角色的过程中,也见证着一代又一代青年学生的成长,帮助新时代青年在峥嵘岁月中寻找精神内核。

每次话剧演出前后,剧组都会组织观众交流,通过讨论,分享自己的感受,拓宽视野,碰撞情感,进一步提升育人效果。剧组去过青海、新疆采风巡演,为部队官兵奉献精彩演出;在中国第一颗原子弹爆炸成功49周年纪念日,剧组走进中央戏剧学院,用实际行动传承"两弹精神";2016年国庆期间剧组走进中国人民解放军海军东海舰队,完成第50场演出;在新中国成立70周年之际,2019年9月,清华大学组织《马兰花开》国庆专场演出,以清华人所独有的方式,向祖国献上来自青春的告白,献礼新中国成立70周年。剧组坚持面向创编团队、全校师生、社会观众这三个不同群体,展示这场思政"公开课",弘扬清华人爱国奉献、追求卓越的精神,探索出清华在新时代开展思政教育和美育融合发展的新模式。

三、岁月流转,马兰常新,万里流芳

(一)社会影响力大

自《马兰花开》2013年首次演出以来,累计展播百场,先后有800多名清华师生参与排演,覆盖观众超过13万人次,巡演足迹踏遍了祖国的大江南北,受到了社会各界的广泛关注与充分肯定,产生了良好的社会影响与引领带动作用。《中国青年报》《人民日报》《光明日报》等多家媒体陆续进行报道,巡演活动得到了社会各界的大力支持和充分肯定,也激荡起观众的情感和价值共鸣,在校园内外产生巨大反响,形成了"马兰花开"文化现象和示范效应。中华人民共和国成立74周年之际,清华大学选择在国庆期间于我国香港地区上演《马兰花开》剧目,弘扬清华人爱国奉献、追求卓越的伟大精神,将这部承载着"共和国的脊梁"的优秀文艺作品呈现给更多观众。

《马兰花开》不仅刻画了以邓稼先为代表的中国老一辈科技工作者的群像,同时也呈现出新一代青年大学生应有的青春风采和精神风貌,在全社会范围内

以新时代青年的视角讲述中国故事、传递中国声音,凝聚正能量、传播正能量、弘扬正能量。

(二)产出成果丰硕

在学校统一部署下,《马兰花开》已经成为清华大学开展文化建设和思想政治教育的重要载体和关键途径,剧组师生深入挖掘《马兰花开》所展现的"两弹一星"精神、科学家精神以及清华精神的时代内涵和丰富意蕴,将大学文化建设、思政教育、校友事迹紧密结合,创新开展清华文化的教育传播新方式,形成了文字、图片、影像等多种有形的丰富的教育载体。

依托《马兰花开》剧组成立的清华大学学生艺术团马兰花开基层党支部,通过一系列独具特色且卓有成效的工作,成功入选教育部"全国党建工作样板支部"创建单位,并获得"北京高校先进党组织"称号。《马兰花开》剧组还组织了纪念邓稼先逝世 30 周年暨《马兰花开》第 50 场演出专题展览活动,出版了《花开锦绣,万里流芳》纪念文集。此外,剧组主办了庆祝新中国成立 70 周年、中国第一颗原子弹爆炸成功 55 周年、党和国家表彰"两弹一星"元勋 20 周年专题展览——《愿以身许国——"两弹一星"元勋中的清华人》。同时,党支部借助视频号、公众号、专题网页等多种传播新形式,并与巡演活动相互配合,积极向公众宣传,以更加立体的方式展现邓稼先等"两弹一星"元勋的感人事迹。

(三)育人效果显著

剧组在创作以及排演的过程中成功影响、带动并且培养了一批有着优秀品质,爱国奉献、追求全面发展的骨干人才。《马兰花开》剧组遴选演员始终坚持着"态度上能坚持、学业上有保障、表演上有潜力"这三个基本原则,通过参与剧本创作和表演,剧组成员们可以更加真切地感悟新中国科技工作者们的宝贵精神。在剧组的演出经历使得不少演职人员得到感召,毕业之后纷纷选择到"祖国最需要的地方",进一步坚定了同学们为基层献身的信仰与决心。与此同时,本剧在全校的人才培养工作之中也发挥了至关重要的作用。剧中人物不畏艰辛、不惜名利、甘于奉献的花开精神,鼓舞着一代又一代的清华学子坚持真理、坚守理想、践行初心、担当使命,成长为又红又专、可堪大任的新时代青年。

第二节　打造榜样育人文化平台
——解读北京师范大学的大学文化育人模式

传承与弘扬榜样精神一直是中华民族的优良传统,合理挖掘与应用榜样人物身上所体现的先进性、典型性与崇高性,充分发挥其中所蕴含着的思想价值引领以及精神激励等方面的育人作用,可以有效推动高校思想政治教育工作的高质量发展。

一、榜样育人活动的创办缘起

北京师范大学教育资源丰富、人文底蕴深厚,向来高度重视校园文化建设。为发掘和表彰在校师生中涌现出的感人事迹和优秀个体,激励和引领广大师生树立正确的世界观、人生观、价值观,北京师范大学从 2010 年起开展"感动师大"新闻人物评选活动,报道和宣传这些榜样人物的正能量以及奉献精神,旨在以可亲可敬的榜样形象为师生提供一个学习和成长的文化平台。经过多年发展,"感动师大"新闻人物评选活动已经成为具有极高参与度、知名度和影响力的文化品牌活动,不仅凝聚着北师大每一代学生的共同价值追求,成为涵养社会主义核心价值观的重要载体,同时也成为大学文化育人模式的典型范例。

多年来,"感动师大"新闻人物评选活动坚持传递积极向上的价值观念和人生态度,展示弘扬正能量的典型事迹与精神风貌,激励着广大师生向优秀榜样学习,塑造着学生的良好品质。该活动已经成为北师大人的年度精神盛宴和校园文化的特色名片,受到广大师生及社会各界的广泛认可。

二、思想政治教育工作创新平台的形成

(一)可能性

1.资源优势

北京师范大学教育资源丰富,教师队伍结构合理、素质精良,作为教育部直属重点大学,众多两院院士、资深教授、知名学者在此任教。百余年来,北京师范大学始终与中华民族争取独立、自由、民主、富强的进步事业同呼吸、共命运,秉承着"爱国进步、诚信质朴、求真创新、为人师表"的优良传统以及"学为人师,行为世范"的校训精神,不断深化综合改革,推进各项事业发展,形成了"治学修身,兼济天下"的育人理念,涌现出了一批又一批践行校训精神的优秀代表和时代楷模。学校组织和支持"感动师大"新闻人物评选活动,弘扬这些优秀人物的精神事迹,宣扬榜样模范人物的风采,可以引导学生感受榜样力量,有效提升学生的品德素养。先进榜样的模范事例能够让青年大学生认识到努力奋斗的价值与意义①,在全校形成争当优秀、赶学先进的良好风尚。

2.文化氛围

学校是文化传承、创新的载体,而高校校园文化则是中国特色社会主义先进文化的重要组成部分。在北京师范大学这座历史悠久、闻名遐迩的学府里,处处

---

① 李艳玲,刘清生.开展大学生榜样教育探究[J].学校党建与思想教育,2020(22):46.

都有着历史记忆和文化坐标。学校高度重视校园文化建设：坚持以习近平新时代中国特色社会主义思想为指导，组织学生学习优秀革命文化，感受传统教育精髓；举办"治学·修身"文化论坛，实现文化育人；整合课程体系，重点打造德育和劳动教育精品课程，引领学生五育并举、全面发展；建设在文化教育领域有广泛影响力的高端智库，充分发挥多学科交叉研究平台作用，创新中华文化传承发展的体制机制。在这样的文化氛围下，学校从身边的师生入手，开展"感动师大"新闻人物评选，能够充分发挥榜样的正面引导价值，有效增强学生的认同感，激励他们向优秀榜样学习，成为社会主义核心价值观的传承者和实践者。

3. 各界支持

"感动师大"新闻人物评选自举办以来便得到社会各界和广大师生员工、校友的鼎力支持，并成为北师大的校园品牌活动。参与 2015 年度"感动师大"新闻人物评选活动的校内外投票者多达 3 万余人，近 20 家主流媒体对活动进行了深度报道。2016 年度"感动师大"新闻人物评选过程中，广大师生在官方微信和新闻网踊跃投票，为评选活动建言献策，人物事迹展播短片在新闻网、校园内的大型显示屏上播出，参与活动的校内外投票者多达 3 万余人，4 万多观众通过直播平台观看了颁奖典礼直播。2017 年度"感动师大"新闻人物评选活动启动后，总计有 3.5 万人次参与网络投票，"创元教育基金"捐赠人薛行远先生为评选活动捐赠纯金金牌。2018 年度评选活动共计 5.4 万人次参与网络投票，而薛行远先生也再次为获奖者提供纯金金牌，活动辐射作用持续强化。评选活动不仅成为广大师生心中"北师大人的年度精神史诗"，也成为校外社会各界的关注热点，日益成长为新时期展示北师大人榜样力量和优秀品质的重要载体，在榜样育人、创新思想政治教育方面产生了积极效果与重要作用。

（二）必要性

1. 文化育人的重要举措

习近平总书记在中央政治局第五次集体学习时的重要讲话中强调："要坚持不懈用新时代中国特色社会主义思想铸魂育人，着力加强社会主义核心价值观教育，引导学生树立坚定的理想信念，永远听党话、跟党走，矢志奉献国家和人民。"①高校作为人才培养的重要场所，承担着立德树人的根本任务，新时代推进学校高质量发展需要强化价值引领，而其核心便是"文化引领"。文化建设是促进学校高质量发展的重要基础，也是加强社会主义核心价值观教育的重要载体，以文化育人则是切实有效推动全员、全过程、全方位"三全育人"的重要一环，在青年学生接受爱国主义教育、理想信念教育和社会主义核心价值观教育的过程中发挥着不可替代的作用。校园文化是高校育人环境的重要组成部分，对青年学生的健康成长起着潜移默化的作用。高校应在校园文化建设中，坚定地以习近平文化思想为核心指引，充分发挥校园文化引导、凝聚、激励和塑造的育人作用，通过建设积极向上、富有特色的学校文化，引领学校内涵式发展，真正实现以文化人、以文育人。学校举办的"感动师大"新闻人物评选，不仅可以激发北师大学子对身边榜样人物的仰慕之情，还可以使学生形成正确的价值观和高远的理想追求。

2. 高等学府的使命与责任

大学是提升综合国力和国家竞争力的重要支撑，担负着文化革新的使命，承担着推动民族和国家发展、促进人类发展进步的双重责任。在全球化时代，高等教育系统应该继续发挥文化功能和教育功能，重构知识体系，创新人才培养模

---

① 习近平在中共中央政治局第五次集体学习时强调　加快建设教育强国　为中华民族伟大复兴提供有力支撑[N].人民日报,2023－05－30(01).

式,培养能够对国家、对未来负责的时代新人。建设教育强国是中华民族伟大复兴的基础工程。北京师范大学是中国现代教育,尤其是高等师范教育发展历程的一个缩影,因而其身上始终寄托着中国一直以来的教育强国梦想。无论是启功先生提出并题写的"学为人师,行为世范"的校训,还是首任校长范源濂先生撰写的校歌,"往者文化世所崇,将来事业更无穷,开来继往师道贯其中",都已经深深贯穿于北师大的办学过程,并通过北师大的示范效应、广大师生校友的身体力行,推行于新时代的中国教育事业。

3. 弘扬和践行社会主义核心价值观的具体抓手

历史和现实反复证明,国家和民族需要建立共同的价值体系和价值目标,以此形成维系国家和民族发展的精神纽带,如此,人们才会有统一的意志和行动,才会有强大的凝聚力与向心力。社会主义核心价值观正是与中国特色社会主义道路相匹配,回答了我们要建设什么样的国家、要建设什么样的社会以及要培育什么样的公民这三个重大问题,是坚持和发展中国特色社会主义的价值遵循。青年的价值取向决定着未来整个社会的价值取向,而青年又正处于价值观形成和确立的关键时期,因而大学应把培育和践行社会主义核心价值观作为新时期社会主义大学的重要使命,引导学生树立正确的世界观、人生观、价值观。"感动师大"新闻人物评选活动通过展示和宣传具有代表性的人物事迹与精神,为学校营造了正能量的校园文化氛围,向全校师生传递了积极向上、崇高的价值观念。具有道德榜样作用的典型人物的行为和品质有助于引导师生深入理解和践行社会主义核心价值观,帮助学生塑造正确的价值观和行为准则,增强师生的社会责任感和公民意识,让广大师生在实践中不断提升自己的道德修养和社会参与能力。

（三）活动实施

1. 过程公正公开

评选活动过程本着公正公开的原则，面向北京师范大学全校师生员工、广大校友，公开征集候选人，确保广泛性、公正性和透明度。整个活动经北京师范大学各院系级党委推荐、专家评委会初评、师生网络投票、学校纪检监察办公室审核、候选人公示、颁奖典礼各个环节，评选活动全程公正公开。

2. 形式新颖独特

"感动师大"新闻人物评选颁奖典礼流程设计独特，内容丰富，舞台艺术、灯光音响等大气精致，具有极强的感染力。典礼包含人物采访、事迹视频短片展映、钢琴伴奏、文艺表演等环节，多团队共同合作，利用传统媒体与新兴媒体融合联动传播，吸引广大师生和社会人士关注活动进程。学校不断探索活动发展新途径，融入时代元素、多种艺术形式，打造师生喜闻乐见的校园文化名片。

3. 结果认可度高

"感动师大"新闻人物评选一直坚持以打动师生心灵为标准，评选出在过去一年中，为北师大作出独特贡献，展现震撼人心的人格力量，并践行和体现了社会主义核心价值观的伟大人物。从身边的师生校友入手选择的榜样人物，相较于社会各界、历史教科书中的经典人物，更具亲和力和代表性，能够有效增强学生对于榜样的认同感，提升思想政治教育效果。

三、"感动师大"新闻人物评选活动成效

（一）成为学校文化名片

"感动师大"新闻人物评选活动已经举办多届，不仅在校园内外得到广泛认可和关注，也已经成为学校文化传统的一部分，在学校师生和社会公众之中建立

了较高的知名度和影响力。通过媒体的报道和宣传,活动评选出的榜样人物激励着更多的人关注和参与北师大校园文化建设,社会极高的参与度使活动成为北师大校园文化的标志性品牌。这张校园名片,不断凝聚着锐意进取的正能量,营造着积极的校园文化氛围,向榜样看齐,向榜样学习,在北师大校园里已经蔚然成风。

（二）为榜样精神融入高校思想政治教育提供实践平台

目前各个高校开展思想政治教育最常用的教学方式仍旧是课堂教学,而"感动师大"新闻人物评选活动则是对榜样教育法的深化和创新。传统的课堂灌输式教学受制于教师教学方式单一、学生被动接受、教学内容缺乏深度联动等问题,难以充分发挥榜样精神的价值与优势,因而思想政治教育效果欠佳。通过创新教育教学方法,评选、表彰和宣传校园榜样,可以有效提升学生对榜样精神的理论认同,营造良好的榜样精神教育氛围,在潜移默化中推动文化育人。

（三）育人效果显著

"感动师大"新闻人物评选活动的最大优势在于所选取的榜样人物这一育人载体的真实性、可见性、生动性和形象化,即道德模范榜样将抽象的道德规范、概念转化为身边可观可感的具体行为事例,将抽象的标准转化为具象的样本,对社会主义核心价值观进行了生动形象的诠释与解读,以事感人、以情动人、以品育人。北师大学子在十余年的评选活动中,都直接或间接地受到良好校园风气的影响,一批批学子奔赴祖国各地,积极响应国家号召,服务国家建设和重大战略。黄文秀 2016 年从北京师范大学研究生毕业后主动放弃在大城市工作的机会,到乐业县百坭村担任驻村第一书记,在脱贫攻坚第一线倾情投入、奉献自我,在从百色返回乐业途中不幸遭遇山洪离世,年仅 30 岁。她将自己的青春岁月奉献给国家和人民,诠释了中国共产党人的初心使命。北京师范大学坚持"为民族复兴办教育,为国家富强育英才",涌现出了一批又一批向黄文秀同志看齐的优秀毕业生。他们同黄文秀一样,回到家乡,到祖国最需要的地方,谱写着新时代的青春之歌。

第三节　在传承中华优秀传统文化中培育时代新人
——解读南开大学的大学文化育人模式

南开大学坚持以中华优秀传统文化为根基,德智体美劳五育融通,通过经典品读课程和名师传授,激发学生研习传统文化的热情,引导学生深入理解优秀传统文化的精髓。同时,南开大学结合实践养成课程和丰富多彩的实践活动,使得学生在学术、思想、道德和实践等各方面得到提升与发展,成为具有传统文化底蕴和现代知识素养的时代新人。"南开公能讲坛""南开文化周末"等教育专题活动,探索有着南开精神特质和文化基因的"经典品读、名师传授、实践养成"三位一体的文化育人模式,将弘扬中华优秀传统文化、培育社会主义核心价值观与厚植大学特色文化相结合,在各项育人实践中传递"南开表达"。

一、百年南开的育人传统

2019 年 1 月 17 日,习近平总书记到南开大学考察调研,勉励师生们把学习奋斗的具体目标同民族伟大复兴的伟大目标结合起来,把小我融入大我,立志作出我们这一代人的历史贡献①。这是百年南开的历史大事、政治大事、发展大

---

① 稳扎稳打勇于担当敢于创新善作善成 推动京津冀协同发展取得新的更大进展[N].人民日报,
　2019 - 01 - 19(01).

事,是全体南开人倍感自豪、备受鼓舞、永远铭记的里程碑时刻。南开大学党委始终牢记习近平总书记的殷殷嘱托,团结带领全校师生员工踔厉奋发、勇毅前行,努力谱写南开品格、中国特色、世界一流大学建设的崭新篇章。学校制定出台多项具体举措,推动南开大学各项改革和事业发展取得显著进展和丰硕成果,形成师生校友精神振奋、改革发展向上向好、成就业绩提档升级的生动局面。

与此同时,坚持"三位一体",让"课堂教学、社会实践、校园文化"形成合力,办好"大思政课"也是南开大学的办学目标。2021 年 3 月 6 日,习近平总书记强调:"'大思政课'我们要善用之,一定要跟现实结合起来","思政课不仅应该在课堂上讲,也应该在社会生活中来讲"①,这为学校办好"大思政课"指明方向。"大思政课"要有大视野、大格局、大目标和大阵地,要立足我国所处的"两个一百年"奋斗目标的历史交汇期和建设社会主义现代化强国的新征程,以培养社会主义建设者和接班人为目标,按照党委统一领导、党政齐抓共管、全社会协同配合的大格局,将思政课小课堂同学校和社会大课堂深度融合。就此,南开大学为推进高校思政建设,坚持"三位一体"的育人方针,展开了许多创新实践。2019 年 12 月,南开大学举办"深化新时代学校思想政治理论课改革创新现场推进会",国内 30 余所高校党委书记及有关专家实地考察观摩了南开大学马克思主义学院思政课教学,南开"模式"广受赞誉。

南开大学自建校以来,便十分注重学生的全面发展。学校通过开设丰富多彩的体育、艺术课程和活动,鼓励学生积极参与体育锻炼、艺术表演,提升体育素养和艺术修养,培养德智体美劳全面发展的社会主义建设者和接班人。在悠久的历史传统、浓厚的文化底蕴以及张伯苓先生的教育理念的影响下,南开继承传统、与时俱进,着力在温故知新、教学相长、学以致用三个层面,礼敬中华优秀传

---

① "'大思政课'我们要善用之":微镜头·习近平总书记两会"下团组"·两会现场观察[N].人民日报,2021－03－07(01).

统文化,切实将社会主义核心价值观落细、落小、落实,打造出了一系列效果好、影响广、有特色的品牌活动,逐步形成了"经典品读、名师传授、实践养成"三位一体的特有教育模式。这一模式旨在通过学生对经典著作的深入阅读和研究,名师的精彩讲授以及丰富多彩的实践活动,全面培养学生的思想品德、学术能力和实践能力,提高学生的综合素质和竞争力,把跨越时空的思想理念、价值标准、审美风范转化为学生的精神追求和行为习惯,培养具有高尚品格、扎实学识、创新精神和实践能力的优秀人才,以适应社会的发展和进步需要。

二、"经典品读、名师传授、实践养成"三位一体的具体实践

"经典品读、名师传授、实践养成"三位一体的培养模式有利于培养学生的"知情意行"。经典品读就是让学生在品读作为祖国优秀传统文化重要内容的经典著作后,达到"知"的程度,以了解中国传统文化,并将其内化为自身的情感。名师传授就是让学生在知和情的基础上,融会贯通,达到真正的领会。实践养成是希望在上述两个阶段后,可以结合当今社会现状,真正做一些对社会有利的事情,并结合时代背景融入自身的理解。

(一)经典品读,让学生深刻感受中华优秀传统文化的博大精深

人们总会追问,何谓经典?对于经典,每个人有各自的见解。那些真正进入文学史、文化史的著作,往往就代表着一个时代最伟大的思想,更是一个时代历史的体现,它们是"不可企及的高峰",值得我们去传承与学习。为此,南开大学展开了经典品读教育实践,希望学生通过品读经典,感受中华文化的博大精深,在博览群书中涵养心灵、浸润思想、陶冶情操、提升境界、丰富生活。

一是从新生抓起,培养学生研习优秀传统文化的兴趣。学校高度重视新生入学思想文化教育,在录取通知书中通常都会附有推荐阅读书目清单,引导新生培养爱读书、好读书的优良习惯,从阅读经典中获取力量。自2016年起,学校组

织建立读书分享群,在入学前,新生们就可以加入并交流分享读书心得,以此不仅收获了一同在大学中成长的朋友,也收获了和自己心有灵犀的书友。图书馆为助力新生更好地了解和利用南开资源,发挥文化育人功能,相继举办了多种丰富多彩的迎新季活动,包括"共读三本书"与"书香结缘伴新程"迎新主题书展等,图书馆组建好书共读专区,通过线上打卡和书评互动来实现全体师生"共读",并借由校长荐书、名师荐读、朋辈分享等途径鼓励新生广读经典。

二是以多彩多样的校园活动丰富学生认知。经典的品读不应局限在阅读,感悟学习以各种文化形式输出的经典作品同样也是一种品读经典的方式。南开大学依托"南开文化周末"等平台,邀请国家京剧院、中央民族乐团等文化院团进校,鼓励支持传统文化领域高水平演出进校园。南开大学学生合唱团创排的《精忠报国》《花木兰》等展现民族气节的经典佳作屡获国际大奖。"古韵今声"中华古典诗词大赛吸引学生广泛参与,传统文化类社团备受学生喜爱,"荷花节""梨园春荟"成为南开弘扬优秀传统文化的品牌活动。2020年感动中国人物评选中,一生致力于传播中华古典诗词文化、捐赠毕生积蓄设立"迦陵基金"支持中华诗教事业发展的古典诗词大家、南开大学文学院的叶嘉莹教授当选。学校连续多年开展"迦陵杯·诗教中国"诗词讲解大赛,以此为抓手,引导师生挖掘中华优秀传统文化的价值内涵,鼓励学生在诗词中探索中国传统文化,感悟几千年来积累的文化沉淀,并提出自己的理解与看法。学校还联合国家图书馆、中国图书馆学会,承办了典籍里的中国智慧——"中华传统文化百部经典"阅读推广展,通过解读《诗经》《尚书》《论语》《史记》等典籍中所蕴含的传统文化精华,引领读者走进经典,感知经典的魅力与价值。除此之外学校还专门开设了书法课、篆刻课等十余种传统文化公选课,帮助学生了解传统文化,感受经典。

三是用优秀传统文化滋养塑造学生的灵魂和人格。百年南开秉持"允公允能,日新月异"的校训,继承百年来南开先贤教育救国的理想和追求,充分发挥南开大学作为首批全国普通高校中华优秀传统文化传承基地的优势,从历史传承和办学实践入手,将"公能"校训、践行社会主义核心价值观落实到教学、科研、管理、学习等各个方面,引导师生以史明志,努力成为堪当民族复兴重任的时代新人。在全体南开师生的共同努力下,2020年11月,南开大学获评"全国文明校园"。这既是对南开大学牢记习近平总书记嘱托,坚持立德树人、铸魂育人成果成效的充分肯定,也是对百年南开在新时代结合高校特点深入推进精神文明建设的充分肯定。

(二)名师入课堂,引导学生近距离感受与学习贤人思想

课堂和讲座是南开大学进行文化传承的主阵地,为了引导学生感受中国传统文化,做到去其糟粕、取其精华,并和新时代相结合,南开开展了一系列名师导读活动,做出了许多创新与第一次。

一是开设众多传统文化课程。南开大学加大对优秀传统文化类课程的支持力度,运用课堂教学的方式为学生深入讲解中华优秀传统文化的深刻内涵,引导学生坚持辩证唯物主义和历史唯物主义,秉持客观、科学、礼敬的态度,取其精华、去其糟粕,扬弃继承、转化创新。美育旨在培养人们认识美、体验美、创造美的能力,进而促进人格的完美发展。我国早在周代就已确立的"六艺"教育也蕴含着朴素的美育思想,在历史发展中,"六艺"的内涵与外延逐步扩大,书画、书法、篆刻等艺术的创作与品鉴成为文人素养的重要内容,也是对"美育"概念的补充。南开大学不仅开展传统文化作品的经典品读,也在校内开设了许多琴棋书画方面的传统文化课程,还借助互联网平台,公开对外招标,鼓励校友为母校捐课程。据统计,近年来,南开大学每学期开设文化类选修课约80门次,其中中华优秀传统文化类课程40门次,每学期选修人数逾2000人次。

二是邀请校内外大师举办讲座。除了新生开学时由叶嘉莹教授带来的"初识南开"讲座外,还邀请了陈洪教授谈"《周易》中的人生智慧",邀请天津音乐学院教授、笛箫演奏家王建欣谈"礼乐中国——传统中国人的礼乐观",这些优秀的学者愿意将祖国的优秀传统文化传播给下一代,也正是因为他们的谆谆教导,引领了南开学子乃至整个社会去感受和内化中华传统文化。"名师引领"通识课是南开大学为深化本科教育改革推出的一类"重磅"通识选修课程,设置初衷是邀请学科领域的顶级专家走进南开校园亲自授课,邀请各大高校院士来为学生上课,让初入大学校园的本科生与院士名师面对面,在大师精神的引领下拓宽视野、启迪心灵、孕育理想,树立远大志向,追求卓越人生,有些讲座场场爆满,甚至连开四场。

三是联系各大高校,扩大文化传播。南开大学率先和全国优秀高校联合开展"传统文化与大学教育"高层论坛,与北京大学、复旦大学等世界知名大学一同传播中华优秀传统文化。2018 年,南开大学马克思主义学院成功承办第二届全国高校大学生讲思政课公开课展示活动,来自全国 14 所高校的参赛团队围绕"马克思主义基本原理概论""毛泽东思想和中国特色社会主义理论体系概论""中国近现代史纲要""思想道德修养与法律基础""形势与政策"五门课程中的有关章节或专题,以"昂首复兴路·最美新时代"为主题开展教学展示活动,引导学生深化对思政课教学内容的认识,充分展现了当代大学生的马克思主义理论素养和精神风貌,增强了学生学习思政课的积极性、主动性,提升了学生对思政课的参与度,对引导学生打牢成长成才的科学思想基础具有重要意义。

（三）实践养成,让学生充分汲取中华优秀传统文化的行动力量

对中华优秀传统文化的学习不应只停留在理论层面,南开大学非常注重将优秀传统文化转化为行动的力量,以具体的形式让学生感受中国传统文化的魅力,并在实践中践行中华文化,增强国家认同、民族认同和文化认同。

一是注重将中华优秀传统文化和实践活动紧密结合。南开大学始终注重对中华优秀传统文化的传承与发扬,坚持以文化人,以文育人,引导师生增强文化自信,承担文化使命。学校积极开展有关传统文化的团日活动,组织学生观看爱国电影;借传统节日之机在学校举办相应的文化活动,帮助学生了解节日背后的故事;举办朗诵活动、成语大赛、汉服比赛等,增强学生的文化素养和民族自信。继"教育部中华优秀传统文化中国书画传承基地"于2021年4月25日在中国政协文史馆(北京)揭牌之后,5月15日,"南开·百年风华:教育部中华优秀传统文化中国书画传承基地作品展"在安徽时代美术馆开幕,这标志着南开大学作为百年名校在弘扬中华优秀传统文化以及美育事业方面迈出全新的一步。

二是鼓励师生同行,一同走出校园。"知中国,服务中国"是南开大学的办学宗旨。扎根中国大地,结合社会实际,注重实地调查,则是南开大学自办学之初延续至今的一个突出特色。每年暑期,都会有5000余名南开学子走出象牙塔,服务党和国家重大发展战略,走向基层开展社会实践,近五年已有近2.5万名学生参与。2018年南开大学更是首次启动"师生同行"暑期社会实践活动,把课堂从窗明几净的教室转向田间地头,转向生产一线,在一场场调研、一张张问卷、一次次支教中,把爱国之心化为报国之行。南开大学坚持以习近平新时代中国特色社会主义思想为指导,紧密围绕立德树人根本任务和高等教育"四个服务"的发展方向,立足"大思政"和"三全育人"工作格局,从实践育人角度出发,加强顶层设计。学校开展面向全校教师学生的"师生同行"暑期社会实践活动,以此强化师德师风建设,推动第一课堂与第二课堂的深度融合,建设高素质教师队伍,不断提高人才培养质量,不断改进完善实践育人工作。除辅导员和思政课教师外,更多学科的专业课教师也成了实践活动的重要参与者。南开实践育人也始终浸润着爱国主义、服务国家的使命担当。2016年,由180余名南开学子组成的16支"长征专项社会实践校级示范队"格外亮眼——这些"小红军"统一着装,佩戴红军领章,重走长征路。从古田、瑞金到遵义、扎西,他们沿途寻访红军事迹,基本走遍了四路主力红军长征经过的主要地域。

三是把校训传承延续到日常生活。"允公允能"意即"既有公德,又有能力",以培养学生"爱国爱群之公德与服务社会之能力"。"允公允能,日新月异"的校训,表达了南开人的价值取向和精神品质。南开大学将传承校训精神与践行社会主义核心价值观紧密结合,大力弘扬爱国奋斗光荣传统,弘扬中华优秀文化,以成功举办百年校庆为契机,着力打造南开特色文化品牌,充分发挥校史的育人作用,让校训文化浸润师生心灵、熔铸爱国精魂、增强文化自信。

2019年1月,南开大学八里台校区成为全国唯一一个凭借大学校区身份入选天津市爱国主义教育基地名录的省部级爱国主义教育基地。2023年4月15日,南开大学依托周恩来总理的"豪密"文化基因,借助学校密码学科建设优势,创立了以密码科普为主要特色的"豪密"爱国主义教育基地。"允公允能、日新月异——纪念南开大学建校100周年展览""爱国奋斗、公能日新——南开大学百年校史主题展"等校园参观点位也深受社会各界人士以及广大南开师生的喜爱。南开大学率先发起"天津市高校爱国主义教育联盟",并联合天津市56所高校,致力于提高爱国主义教育效果。"南开大学爱国奋斗精神宣讲团"由专家学者、党政管理干部、知名院士和青年学生等组成,旨在将南开人矢志报国的动人故事以及南开爱国奋进的璀璨历史带到基层,传递到祖国的四面八方。同时鼓励学生以家乡为纽带,以专业技能为依托,在寒暑假返乡后向社区和当地单位报到,开展社会实践活动,真正做到回到社区、服务社区,参与政务实践、企业实践、公益服务、社区服务、兼职锻炼、文化宣传等活动,走进城乡基层、了解社会实际、服务人民群众、增强时代责任。学校积极开展"小我融入大我,青春奉献祖国""共抗疫情,爱国力行"等主题社会实践活动,7000余支实践队、40 000余人次师生发扬"知中国,服务中国"的宗旨,深入革命老区、农村地区、边关哨所、科研机构、重点企业,了解国情社情、痛点难点,明确学习方向,以实际行动践行南开人爱国报国的宏伟志向。南开校训、百年南开校史与培育和践行社会主义核心价值观实现了更深层次的衔接与融合,社会主义核心价值观的"南开表达"在更大范围内发挥了铸魂育人作用。

三、南开大学文化育人模式的启示与思考

南开大学以传承和弘扬中华优秀传统文化为主线,通过个人学习"品读"、名师指导"传授"、学生实践"践行"三位一体的教育模式,坚持"课堂教学、校园文化、社会实践"的融会贯通,形成完整的教育过程。南开大学坚持整合利用特色鲜明的校训校史文化与人文学科优势育人资源,立足朋辈辅导与名师引领,发挥学校学科特色和师资优势,培养学生理论联系实际、独立解决实际问题的能力。学校通过开展丰富多样的教育教学活动,激发学生研习优秀传统文化的主动性、积极性,实现"全员育人、全过程育人、全方位育人"。

一是要牢牢把握社会主义大学的办学宗旨。中国特色社会主义进入新时代以来,习近平总书记多次强调"坚持社会主义办学方向"对于"办好中国特色社会主义大学"的关键作用。南开大学在经历一系列院系调整之后,明确社会主义大学办学方向,牢牢抓住"培养什么人、怎样培养人、为谁培养人"的根本问题,全面贯彻党的教育方针,加快推进教学改革、调整行政机构、丰富教育资源、加强政治理论学习、落实立德树人根本任务,充分奠定了其在新中国高等教育体系中的重要地位。

二是要深入推动校史校训与优秀传统文化相融合。在探究校训校史文化中蕴含的红色基因的基础之上,深入挖掘其背后的实际教育意义,带领南开学子追寻学校发展的历史,了解学校新时代的发展变化,引导学生学校史、知责任,主动发展、规划未来。在传承弘扬中华优秀传统文化的同时,能够做到对与学校文化密切相关的红色文化深入理解、深刻把握,在助力学校文化建设的过程中,自觉担当起以实际行动弘扬社会主义先进文化之职责。

三是要自觉尊重学生实际需求和学生主体作用。坚持一切以学生为本的工作理念,了解学生的实际需求和思想动态,科学选取活动主题和活动类型,提高活动设计的针对性和有效性。南开大学通过举办多种多样的辐射课堂内外、校园内外以及国内外的学术活动,打造出一流的学术环境与学术氛围,以此激励学生发挥主观能动性,进行自我教育。同时学校提供不同类型的课程模块,促进学生个性化发展,真正地凸显新时代青年的主体性价值。"最大程度优化招生专业,最大程度满足考生志愿,最大程度提供求学南开机会,最大程度助力考生多元发展,最大程度实现培养效果",这是南开大学2023年招生政策中的五个"最大",充分体现出学校对学生个性化发展和个人意愿的重视与尊重,致力于为更多有潜力的学生提供高质量和多样化的教育资源,培养具有实践能力、创新能力和社会价值的优秀人才。

当然,新的历史赋予南开大学新的任务与使命,新的时代召唤新的作为与担当,南开大学"经典品读、名师传授、实践养成"三位一体的文化育人模式还需要不断创新,和时代发展相结合,与社会现状相呼应,最大限度地助力学生成长成才。

第四节　传承西迁精神，到祖国最需要的地方去
——解读西安交通大学的大学文化育人模式

20世纪50年代,为了祖国建设的需要,交通大学响应党和国家号召,在党的领导下,交通大学主体从上海迁至西安,自此扎根在了祖国西部。西安交通大学在这一过程中形成了以"胸怀大局、无私奉献、弘扬传统、艰苦创业"为内容的西迁精神,为后世留下了宝贵的精神财富。2020年4月22日,习近平总书记在

西安交通大学调研时指出,西迁精神的核心是爱国主义,精髓是听党指挥跟党走,与党和国家、与民族和人民同呼吸、共命运①。

习近平总书记强调:"一代人有一代人的长征、一代人有一代人的担当。"②现如今,站在新的历史节点上,广大青年要继续听党指挥跟党走,站在时代的前沿,抓住新时代的历史机遇,到祖国最需要的地方去,在人民需要的领域建功立业,为实现"两个一百年"奋斗目标,实现中华民族伟大复兴的中国梦贡献自己的智慧和力量。几十年来,交大讲述西迁故事,传承西迁精神,培养了一代又一代优秀人才,交大人始终不忘初心、牢记使命,留在西部,到祖国需要的地方建功立业。

一、西迁精神的背景及发展历程

20世纪50年代,我国大部分工业设施都集中在沿海地带,同时西部地区高等学校的数量也少之甚少,这种不合理的布局不利于新中国的建设和发展。"一五"计划提出,高等教育的建设必须同经济的发展相结合,工科高等学校应该和工业基地相结合。

1955年初,为了改变当时我国高等教育布局不合理的现状,发展西部地区社会经济,推动社会主义建设,国务院决定交通大学内迁西安。《1955年到1957年高等学校院系调整及新建学校计划(草案)》明确提出将交通大学内迁西安,于1955年在西安开始基本建设,自1956年起分批内迁,最大发展规模为12 000人。时任交通大学校长兼党委书记彭康亲自在西安勘探校址(图11-1),并开始新校区的建设。

---

① 直与天地争春回:记习近平总书记在陕西考察[N].陕西日报,2020-04-27(01).
② 习近平.在纪念五四运动100周年大会上的讲话[N].人民日报,2019-05-01(01).

图 11 - 1　1955 年 5 月彭康等在西安踏勘新校址

"向科学进军,建设大西北。"1957 年,交通大学大部分科系的师生及其家属,还有教材、物资、教学设备等开始分批次、有秩序地迁往西安(图 11 - 2)。

图 11 - 2　印有"向科学进军,建设大西北"的乘车证

1959 年,全校大部分师生已经迁到西安,交通大学西安部分正式命名为西安交通大学。交大西迁是中国高等教育史上的一次重要事件,为西部教育和经济的发展提供了强有力的支持。此次内迁,不仅仅是物理上的迁移,更是精神上的延续。西北秦腔和吴侬软语在西安交融,生发出"西迁精神"这一宝贵的精神财富。

2005 年 12 月 6 日,经西安交通大学党委常委会批准,西迁精神被概括为"胸怀大局,无私奉献,弘扬传统,艰苦创业"。

2017 年 4 月 5 日，经西安交通大学党委常委会决定，将每年 9 月 10 日教师节设立为"交通大学西迁纪念日"，以此弘扬西迁精神。

2017 年 11 月，西安交通大学 15 位西迁老教授给习近平总书记写了一封信，向总书记讲述了他们在 20 世纪 50 年代响应党和国家建设大西北的号召，从上海来到西安，在祖国西部建设一流大学的故事。同年 12 月，习近平总书记对西迁老教授的来信作出重要指示，向当年放弃在上海的优渥生活，响应国家号召建设西部的交大老同志致以崇高的敬意，希望西安交通大学的师生能够传承好西迁精神，为西部发展、国家建设贡献智慧和力量。

2020 年 4 月 22 日，正在西安调研考察的习近平总书记来到西安交通大学，来到西迁博物馆，参观了交大西迁的创业历程和辉煌成就，并在西迁博物馆亲切会见了 14 位西迁老教授。习近平总书记高度赞扬西迁精神，并指出西迁精神的核心是爱国主义，精髓是听党指挥跟党走，与党和国家、与民族和人民同呼吸、共命运。

2021 年 9 月，中国共产党人精神谱系第一批伟大精神发布，交通大学西迁精神正式纳入其中。

二、西迁精神的内涵

西迁精神的核心是爱国主义，精髓是听党指挥跟党走，与党和国家、与民族和人民同呼吸、共命运，内容是胸怀大局、无私奉献、弘扬传统、艰苦创业。西迁精神属于中国社会主义大学精神，是对长征精神、井冈山精神等红色精神的延续和发展，是党和人民对交大人几十年来艰苦奋斗、无私奉献的赞扬。西迁精神不仅是交通大学的精神，是中国共产党精神谱系的一部分，更是中华民族的精神之一。

（一）核心是爱国主义

爱国主义是中华民族精神的核心，也是西迁精神的核心。习近平总书记强调："实现中国梦必须弘扬中国精神。这就是以爱国主义为核心的民族精神和以改革创新为核心的时代精神。"①没有西迁人对祖国的赤子之心，就没有现在的西安交大。西迁人满怀一腔热血，身怀爱国之心和报国之情，从繁华的上海来到古都西安，立志建设西部，坚持爱国奉献，以实际行动奉献祖国，服务党和人民。

（二）精髓是听党指挥跟党走，与党和国家、与民族和人民同呼吸、共命运

西迁精神的精髓是听党指挥跟党走，与党和国家、与民族和人民同呼吸、共命运。在交通大学的西迁中，党中央的指令下达，交大师生背起行囊，或辞别父母，或带上亲属，来到西安，将汗水洒在了西北大地，将青春献给了祖国。时任党委书记、校长彭康亲自领队，坚定党的领导，建设大西北。交大在之后的建设中，始终保持听党话跟党走的优良作风。高等教育的发展方向同国家发展的方向是一致的，那就是为人民服务，为中国共产党治国理政服务，为巩固和发展中国特色社会主义制度服务，为改革开放和社会主义现代化建设服务。高等学校肩负着培养人才、服务社会、传承文化的重要使命，必须坚持党的领导，听党指挥跟党走。想要办出具有中国特色的一流大学，就必须始终坚持马克思主义的指导，落实立德树人根本任务，全面贯彻党的教育方针，培养符合时代发展的新人才。

（三）内容是胸怀大局、无私奉献、弘扬传统、艰苦创业

交大西迁人胸怀大局，始终以国家利益、人民利益为重。交大西迁事关国家全局利益、长远利益。1955 年，时任高等教育部部长杨秀峰在上海传达了周恩来总理对交大迁校问题的意见，周总理指出："旧中国工业的布局和教育的部署是不平衡不合理的。假如看不到这些基本情况，就无法理解解放后各项改革的

---

① 中华民族近代以来最伟大的梦想：关于实现中华民族伟大复兴的中国梦[N]. 人民日报,2016 – 04 – 20(09).

必要性,……也难于理解在高等教育方面进行院系调整的必要性……工业内迁和交通大学内迁就是根据西北工业基地建设的要求和国防形势的要求提出来的。西北过去是落后的,但将来必须成为我国巩固的后方,那里有丰富的资源,有条件成为我国的乌拉尔。但是西北区与另一个工业基地西南地区的建成,如果不靠沿海地区的支援是不可能设想的。从沿海地区作适当的调整和内迁,也是必要的。"①交大西迁人始终把学校发展、个人发展同国家发展紧紧联系在一起,"党让我们去哪里,我们就背上行囊去哪里",西迁人响应党和国家的号召,担当起党和人民赋予的责任,用实际行动展现担当精神。

交大西迁人无私奉献,建设西部。数千名交大西迁人放弃了在上海优厚的生活条件,带着家人来到西安。他们甘于奉献,不计个人得失。数学家张鸿,面对教师人手严重不足的情况重新站上讲台,为学生传道授业;陈学俊教授将上海的两处房产交还给政府,带着家人来到西部,并扎根西北。现如今,一代代交大人肩负起新的历史使命,将汗水挥洒在祖国西部,将青春贡献给祖国发展。

交大西迁人艰苦奋斗,在西部建设了一流大学。一部中国近代、现代史,就是一部中国人民爱国主义的斗争史、创业史。面对艰苦的物质条件,交大西迁人仍义无反顾、攻坚克难;面对一穷二白的荒地,交大西迁人排除万难,开拓创新。终于,在祖国的西部,建立起了一所一流大学,为国家培养了一代代人才。

交大西迁人弘扬传统,开拓创新。西安交通大学传承西迁精神,走出了一条开拓创新之路。2014 年,西安交通大学开启中国西部科技创新港的建设,实现

---

① 《交通大学校史》编委会. 交通大学校史(1949—1959)[M]. 北京:高等教育出版社,1996:218 – 219.

新时代的"西迁";发起"丝绸之路大学联盟",成立新丝绸之路经济带研究协同创新中心,加强高校间的交流。现如今,西安交通大学牢牢扎根祖国西部,引领西北地区教育发展,为西北地区乃至全国源源不断地输送人才。

三、爱国奋斗敢担当的交大西迁人

在交大西迁过程中,涌现了一批批热爱祖国、艰苦奋斗、无私奉献的交大西迁人。彭康、钟兆琳、殷大钧、陈大燮、丘大谋、汪应洛、潘季、张鸿、金精等老一辈交大西迁人的故事鼓舞着交大人,他们留下的宝贵精神财富也激励着交大人努力学习,促进自身全面发展,用自己的聪明才智报效祖国。

(一)彭康:坚定信仰、胸怀大局

彭康,江西萍乡上栗县人,我国著名哲学家、革命家、教育家和文艺评论家,是交大西迁的领头人、西迁精神的缔造者之一。1952 年 9 月,彭康被任命为交通大学校长。在收到交通大学内迁西安的通知后,彭康校长身为党员,以身作则,响应国家"向科学进军,建设大西北"的号召,带领师生奔赴西北。在彭康校长的带领下,学校的教学科研、基本建设等齐头并进,在一片空地上建设起交通大学。

彭康担任西安交通大学校长长达 15 年,是西安交通大学办学历史上任期最长的校长、书记。他始终坚持党在大学的领导地位,探索社会主义高等教育办学规律,走出一条适合中国国情的社会主义办学新路,提出了先进的教育理念,"要为社会主义建设多培养几个钱学森,甚至比他更好",坚持为社会主义建设培养高质量的人才。

彭康校长以其深厚的学术造诣、坚定的理想信念和先进的教育理念,赢得了人们的高度赞誉。彭康校长的一生,是为中国革命事业和教育事业不懈奋斗的

一生,是为党和人民无私奉献的一生(图11－3)。

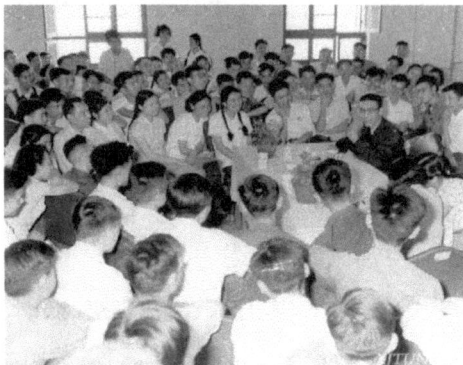

图11－3　彭康校长和师生在一起

(二)钟兆琳:意志坚定、无私奉献

钟兆琳教授(图11－4),浙江省湖州市德清县新市镇人,是我国著名电机工程专家,早年毕业于南洋大学(交通大学前身)电机科,后赴美国康奈尔大学攻读电机工程硕士。1927年受邀回母校任教,主讲电机工程,并主持电机试验。

图11－4　钟兆琳(右二)先生指导青年教师

钟兆琳教授积极赞成交通大学内迁西安。内迁之时,考虑到钟兆琳教授的年龄和家庭状况,周恩来总理建议钟老留在上海,然而钟老表示:"上海经过许

多年发展,西安无法和上海相比,正因为这样,我们要到西安办校扎根,献身于开发共和国的西部。""共和国的西部像当年的美国西部一样需要开发,如果从交大本身讲,从个人生活条件讲,或者留在上海有某种好处。但从国家考虑,应当迁到西安,当初校务委员会开会表决,我是举手赞成了的,大学教师是高层的知识分子,决不能失信于人,失信于西北人民。"于是,钟兆琳教授毅然决然跟随党第一批迁到西安。钟兆琳教授在一片空地上建起了电机实验室,为西迁后交大电机系的建设发展、中国电机事业的发展作出了突出贡献。

钟兆琳教授在生命的最后阶段,立下遗嘱,将几乎全部积蓄捐给西安交通大学,并设立奖学金,鼓励优秀学子奋发向上,西安交通大学以此设立了"钟兆琳奖学金"。

（三）陈大燮：热爱祖国、忠于人民

陈大燮是我国热力工程学家和机械工程学家,是我国热力工程的开拓者(图11-5)。陈大燮教授曾担任我国高等学校工科基础课程热工教材编审委员会主任,带领全国知名专家编写了我国"热工学""传热学""工程热力学"等课程的教学大纲。此外,陈大燮教授著有《传热学》《高等工程热力学》等多部专著,为我国热力工程事业的发展作出了突出贡献。

图11-5　陈大燮先生(左二)指导青年教师备课

在国家决定交大西迁之际,陈大燮教授积极响应号召,带头西迁。陈大燮教授出任迁校委员会副主任,协助彭康校长全面推进迁校工作,为教学和科研的稳定发展作出了突出贡献。面对西迁招生规模扩大、教师短缺的情况,陈大燮教授亲自听年轻助教试讲,并进行指导,以保证教学质量。

陈大燮夫妇逝世后,其女陈尔渝根据遗嘱将父母留下的积蓄捐给西安交通大学,交大以此设立了"陈大燮奖学金",奖励优秀的研究生。

(四)潘季:不忘初心、肩负使命

潘季教授,1934年4月出生于江苏常熟,曾担任西安交通大学党委书记与西安交通大学电气工程学院教授。

交大西迁之际,毕业留校的潘季教授告别了母亲,舍小家为大家,投身西北,建设交大。潘季教授说:"在党的领导下,我们为祖国的大西北奉献了一所列入国家双一流建设第一梯队的著名大学,我们无怨无悔,我们引以自豪,我们感到无尚的光荣。"潘老坚持弘扬西迁精神,深入师生中,进行西迁精神主题宣讲,讲述作为亲历者所见证的历史。2019年9月,西安交通大学"西迁人"爱国奋斗先进群体被授予"最美奋斗者"的荣誉称号,潘季教授代表西迁人前往北京领奖(图11-6)。

图11-6 潘季代表西迁人领奖

四、交大人不忘初心，传承西迁精神

西迁精神是西安交通大学的重要法宝，是交大宝贵的精神财富，是学校发展的精神支柱。交大人不忘初心，争做西迁精神传承人，为民族复兴贡献智慧和力量。

（一）以思想文化塑造师生心灵

1. 将弘扬西迁精神纳入思政课教学体系

西安交通大学将弘扬西迁精神纳入思政课教学体系，在多门课程中融入西迁精神。西安交大面向全校本科生开设"习近平新时代中国特色社会主义思想概论"课程，面向人文社科类研究生开设"习近平新时代中国特色社会主义思想概论专题"课程，面向全校学生开设"西迁精神与大学文化"思政选修课。除了线下课的形式，交大还大力推进西迁人、西迁故事和西迁精神网络慕课资源建设，面向更大范围、向更深层次弘扬西迁精神。交大将西迁精神深度融入思政课程中，邀请西迁老教授走进课堂，讲述西迁故事，深刻诠释西迁精神的核心精髓，引领学生深入挖掘西迁精神的时代内涵，形成了独具交大特色的思政课教学内容。

2. 开设西迁精神专题网，学习西迁精神新成果

西安交通大学专门设有西迁精神专题网，其中包括中央精神、媒体聚焦、新闻动态、西迁专栏和学习研究五个专栏。其中西迁专栏里又分"新担当新贡献""西迁新传人""奋斗进行时""幸福是奋斗出来的""西迁精神再出发""辅导员致西迁""给总书记说说心里话""向西迁致敬""务实奋进新时代""新时代奋进者""我是新传人""给力三大奖""牢记总书记嘱托"等多个专题，宣传西迁精神的最新指示，刊发青年师生群体对西迁精神的感悟和思考。

3. 成立西迁精神研究中心，深入研究西迁精神内涵

西安交通大学西迁精神研究中心作为省级重点研究基地，是一个专注于研

究和传承西迁精神的重要机构,集教育、研究、传播于一身。自成立以来,西迁精神研究中心在多个方面取得了显著成果。研究中心推出了系列著作及百余篇理论文章,对西迁精神进行了深入剖析和解读。同时,中心还承担了多项国家级课题,如国家社科基金重大项目"西迁精神的历史意义与时代价值"等,为深入研究西迁精神提供了有力的支撑。

此外,西迁精神研究中心还积极开展各种形式的活动,如走访西迁亲历者、举办讲座和研讨会等,以进一步挖掘和整理西迁精神的内涵,并将其发扬光大。这些活动不仅增强了师生对西迁精神的理解和认同,也促进了学校与社会各界的交流与合作。

(二)以文化认同引领师生行动

1.成立微宣讲团,讲述西迁故事

2017年,党的十九大召开后,西安交通大学学生微宣讲团正式成立。微宣讲团以西迁精神为特色,将西迁精神注入宣讲事业,讲好西迁故事。学生微宣讲团积极发挥学生宣讲的引领作用:找准学生宣讲"身边人讲身边事"定位,突出针对性和亲和力,让思想政治教育浸润人心;牵头成立陕西高校青年爱国奋斗宣讲联盟、交通大学青年宣讲团、西北高校青年铸牢中华民族共同体意识宣讲联盟等平台,并于2023年10月当选全国高校青年宣讲联盟执委会成员。学生微宣讲团还在校内学院、书院设立宣讲分团,总团和分团累计吸收800余名交大青年,覆盖本硕博全层次和全学科,涵盖多个民族和国家。学生微宣讲团,成员涵盖了西迁老同志、西迁后人、青年师生骨干等,以"西迁精神"宣讲为主要特色,先后培养了278名学生宣讲人,奔赴包括广西、云南、新疆等16个省份,行走近3万公里,走进大中小学、党政机关、乡村社区等开展宣讲活动320多场,线下受众人数达15万人次,线上直播覆盖4500万人次。

2023年12月,中央宣传部办公厅印发《关于表彰2023年基层理论宣讲先

进集体、个人和优秀理论宣讲报告、微视频的决定》，西安交通大学学生微宣讲团获评2023年基层理论宣讲先进集体。

2.将西迁精神外化于行，屡获佳绩

在第十六届哲学社会科学优秀成果评选中，西安交通大学组织申报229项，获奖60项，其中一等奖22项，位列陕西省第一；中国西部科技创新港源居楼荣获"2023年世界工程组织联合会（WFEO）工程建设卓越奖"；"一种液态金属钠高功率加热系统及其调节方法"和"一种非线性光学材料弛豫铁电单晶单畴化的方法"两种专利荣获第二十四届中国专利奖金奖、"一种电磁斥力开关的触头磁吹方法及开关系统"专利荣获优秀奖；西安交通大学口腔医院荣获2023年度全国公立医院党建示范医院（唯一口腔专科医院）、牙周黏膜党支部荣获全国公立医院临床科室标杆党支部；西安交大团委荣获2022—2023年度陕西省五四红旗团委荣誉称号；西安交通大学王美琴、乔红校友获全国三八红旗手荣誉称号；马知恩教授荣获陕西省第七届道德模范荣誉称号。

（三）以丰富形式构建文化格局

1.打造西迁文艺作品，全方位讲述西迁故事

有关交大西迁的文艺作品包括多种形式，如图书、纪录片、广播剧、话剧、歌曲等，生动再现了西迁往事，促进了西迁精神的传播。

自2015年起，西安交通大学出版社出版了多部讲述西迁故事、传承西迁精神的图书，如《交通大学西迁亲历者口述史》《西迁大先生》《交通大学西迁》《西迁故事》《西迁创业巾帼谱》《西迁先贤赞》《西迁精神教育读本》《彭康——一个人与一所大学的传奇》《耄耋回望青春》等。其中，《交通大学西迁亲历者口述史》以口述的形式采集整理数十位交大西迁人的西迁创业史料，再现了交大人扎根西北的创业历程，呈现了西迁人的爱国奋斗精神。

《向西向远方》《西迁纪》以真实的历史事件和人物为基础，通过声音和影像

等呈现方式,生动再现了交大西迁的艰辛历程,讲述了西迁故事,让西迁精神浸润人心。《向西向远方》是由西安交通大学和中央新闻纪录电影制片厂联合摄制的历史文献纪录片。该片通过四集全面讲述了自1956年以来,交通大学成长壮大、内迁西安、扎根西部、艰苦创业的光辉历程。第一集《时代决策》讲述了交通大学内迁西安的历史背景;第二集《挥师西进》展现了交通大学响应号召,历尽千辛万苦、克服重重困难、安全地迁往西安的故事;第三集《山重水复》讲述了交通大学西迁人胸怀大局、艰苦创业,在祖国大西北建设起一所一流大学大学,为西部建设、国家发展作出重大贡献的故事;第四集《根深叶茂》则展现了西安交通大学扎根西部、服务国家、向建设世界一流大学迈进的稳健步伐。《西迁纪》则通过西迁老教授的手写信讲述了在20世纪50年代,交通大学从繁华的大上海迁至古城西安,在大西北的黄土地上深深扎根的故事,呈现了交大人不怕困难、艰苦奋斗的美好品质,展现了交大人爱党报国的使命担当与服务人民的家国情怀。

广播系列剧《大树西迁》以生动的故事情节和人物形象,再现了交大西迁的历史背景和过程,展现了交大人胸怀大局、爱国奉献的精神风貌。

学生原创话剧《追忆西迁年华——向西而歌》(图11-7)以交大西迁为背景,通过舞台表演的形式,展现了交大人拼搏进取、开拓创新的精神风貌。

图11-7　学生原创话剧《追忆西迁年华——向西而歌》剧照

歌曲《梦朝远方》以交大西迁为主题,通过优美的旋律和歌词,表达了交大人对祖国的热爱和对未来的美好憧憬。

此外,西安交通大学还创作了其他多种形式的作品来纪念交大西迁,如主题电视剧《一路芳华》、电影《大西迁》、纪录片《我的家乡在陕西》之交大专题、原创广播音乐剧《西迁西迁》、长篇报告文学《西迁人》等。

这些作品都以交大西迁为主题,通过不同的艺术形式和表现手法,深入挖掘和弘扬了交大西迁的历史意义和精神内涵,为传承和发扬西迁精神、推动文化繁荣发展作出了积极贡献。

2021 年 12 月 11 日,在习近平总书记对西迁老教授来信作出重要指示四周年之际,体现传承创新西迁精神、开拓创新新时代的创新港数字展厅再次全面升级裸眼 3D 影片《西迁精神永放光芒》正式发布。影片全长 5 分 35 秒,记录了西安交通大学扎根西部 65 年,铸就了彪炳史册的西迁精神,突出了西迁精神的核心是爱国主义,精髓是听党指挥跟党走,与党和国家、与民族和人民同呼吸、共命运,展示了西迁精神作为中华民族精神之一,在新的时代继续开拓创新、继往开来。

2. 开展主题文创活动,创新西迁精神传播路径

2020 年,交大开展"文创闪微光,西迁道路长"主题文创活动,通过文创产品,传递西迁精神,设计出了一系列弘扬西迁精神的文创作品,如西迁主题台历《2021·向西而歌》、以西迁为主题的优盘(U 盘)和手机壳。2023 年 2 月 20 日,启德书院举办"数字时代西迁精神与文化传承发展"文创分享会,促进以西迁精神为核心的交大文脉更好传承、传播。

3. 依托"文化＋"平台建设,完善文化育人格局

2020 年,西安交通大学启动"文化＋"平台建设,引导学院书院以思想文化为内核,紧密结合学科、科技、新媒体、创意、活动等要素,解决理论与实践、文化育人与人才培养、文化建设与工作实践之间的脱节问题,推动大学文化建设更好地服务学校中心工作,提升学校的软实力和核心竞争力,为建设中国特色世界一流大学提供强大的精神动力和文化保障。"文化"＋平台建设作为二级单位"塑心、育行、绘象、造境"的抓手,成为弘扬西迁精神、建强文化生态、增强师生文化自信的重要举措。

材料学院通过"文化＋"平台建设,开展一系列活动,将文化融入学院工作,渗入学生生活。"文化＋"网络思政,推出《微党课＋》栏目,聚焦共产党人的精神谱系,已上线20期视频课程,推出《青年微光》栏目,共8期视频,聚焦时事热点,传递青年声音。"文化＋"校史校情,弘扬西迁精神,上线8期《材子说:用行动践行西迁精神誓言》主题微视频;正在制作画册《向西而歌:颂百年风华,向西再出发》。"文化＋"实践平台,开展"i拍交大"活动,让学生通过照片、短视频等形式自发记录校园生活,围绕"宿舍文化""校园季节文化"主题激发创作活力,并录制20余条展示研究院平台建设的视频,助力"科创月"。

人文学院依托"文化＋"平台建设,发挥学院人文社科学科优势,融入学校文化建设工作。中文系作出以下探索:梳理交大的文化渊源、历史掌故、文物遗存等,编写出版《交通大学西迁校址千年地缘文化考》,拍摄纪录片《千年回响》,传播交大历史文化;推进创新港文化溯源研究,完成"中国西部科技创新港五千年地缘文脉研究"项目和基于创新港校区的纪录片《沣河西畔屹立的璀璨明珠》脚本写作;发挥中文学科优势,为学校文化建设进行词赋创作和文化景观命名,撰写《西迁铭》《创新港赋》等,参与创新港的楼宇与道路命名。书法系结合学校文化建设工作,集体参与创新港楼宇名称和碑石铭文的书写,包括新港之门标志石上的"爱国奋斗"、创新港数字展厅《创新港赋》隶书版(图11－8)、《交通大学西迁校址千年地缘文化考》等书名、纪录片《西迁精神永放光芒》片名,同时完成西迁石、校友石的铭文书写等。

图 11－8　《创新港赋》

化学学院"化学＋"文化平台注重挖掘学科特色,将西迁精神、学科元素文化内涵、历史积淀、化学文化属性与实用性集于一身,彰显学科文化自信。崇实书院"仙交文创工坊"用学生微宣讲和文化潮品来讲"四史",以美育综能课程、美育展览等聚焦"五育并举",激发学生创造力。马克思主义学院"旗帜飘扬思想库"打造"青马"(青年马克思主义者)文化品牌,以"青马铸魂""青马问道""青马践行""青马暖心"活动,增强青年思想引领。

各学院、书院打造彰显本院特色的"文化＋"平台,突出亮点,整合校内外资源,发挥学科优势和文化特色,推动学校文化建设的繁荣与发展,为学校的长远发展提供强大的文化支撑。

4.书院加强思想文化建设,营造文化育人氛围

仲英书院作为"一站式"学生管理服务社区,坚持立德树人,构建"四位一体"文化建设格局,以文化建设汇聚书院发展强大正能量,建设好教工、学生党员和学生团员三支队伍,打造"乐教好学"爱国奋斗队伍,构建以爱国奋斗为核心内涵的"仲青春"文化育人平台。

明确文化理念。发布以弘扬西迁精神为核心内涵的《英仔爱国奋斗行为规范》,以"可实施、可监督、可考核"的20条具体规范,号召社区3000名英仔争做西迁精神新传人。

丰富文化活动。制定《仲英书院德智体美劳育人体系20条》,形成由爱国奋斗年、闪亮仲英季、文化缤纷月等构成的"仲英书院文化活动日历",年均百余场文化活动助力"五育"并举。

开发文化产品。设计"爱国、奋斗"娃娃作为书院吉祥物、打造书院"地标"和多款文创产品,制作"遇见仲英"宣传画册、漫画思政明信片、思政 MV(音乐短片)等多款文化明星产品,让"文化带得走,精神留得住"。

表彰榜样人物。设立"王世绍爱国奋斗德育金",打造"仲英榜样"墙,将"七十年七十人、学生标兵、入伍楷模、志愿之星、自强达人"等一大批先进个人和集体作为"爱国奋斗"榜样上榜宣传并大力表彰,让榜样的力量汇聚形成当代青年爱国奋斗的强大正能量。

(四)打造美丽校园

1. 交大西迁博物馆

交大西迁博物馆由西安交大与陕西省委、西安市政府共建,并于2018年12月11日正式对外开放(图11-9)。西迁博物馆坐落于西安交通大学兴庆校区,占地940平方米,由序厅、放映厅、展厅和多功能厅组成,内容分为溯源、西迁和致远三部分,从溯源南洋到交通大学西迁,从"从南洋走来"到"与国家民族同向同行",从"永远飘扬的旗帜"到习近平总书记对西迁精神作出重要指示。西迁博物馆展出了2200余件照片、图表和实物,例如1896年盛宣怀写的《请设学堂片》、1899年的《蒙学课本》、张美翊办学函件手迹、唐文治编写的《南洋公学新国文》《大学新读本》和高等小学国文读本、彭康翻译的《费尔巴哈论》,等等。

交大西迁博物馆自开馆以来,多次接待了中央、省、市领导,国内外友人、校友和校内外师生,收获了高度评价,赢得了广泛赞誉,产生了良好的社会效益。

图 11-9　交大西迁博物馆

现如今,交大西迁博物馆已获批全国和省市各级基地 29 个。西迁博物馆已经成为全国首批"大思政课"实践教学基地、全国科学家精神教育基地、全国关心下一代党史国史教育基地、全国妇女爱国主义教育基地、九三学社全国传统教育基地、陕西省爱国主义教育基地、陕西省党史教育基地、陕西省职工思想政治教育基地、陕西省新时代文明实践基地、陕西省妇女干部教育培训基地、陕西省青少年教育基地、陕西省社会科学普及基地、陕西省科普教育基地、陕西省党外知识分子爱国主义教育基地、陕西省中小学生研学实践教育基地、全国干部教育培训西安交通大学基地现场教学点、陕西省干部教育党的建设类现场教学点等。同时,交大西迁博物馆还是中国博物馆协会会员单位、全国高校博物馆育人联盟单位、高校博物馆专业委员会会员单位、陕西高校革命文化传承联盟会员单位、陕西省博物馆教育联盟会员单位。

交大西迁博物馆 2023 年累计接待社会各界人士近 20 万人次,提供讲解1800 场次。西迁博物馆已成为弘扬西迁精神的重要阵地,开展爱国主义教育的重要基地,发挥立德树人作用的重要平台。

图 11－10　蒙学课本

图 11－11　西迁时期的家具、校牌、衣物等

2.西迁广场

西迁广场位于西安交通大学兴庆校区西二楼南侧,由阎新锋校友捐赠,是一个集纪念、教育和文化功能于一身的广场。西迁广场的背景墙上题刻有西迁精神的具体内容、交通大学西迁述略、迁校各类机构设置沿革等。除此以外,还设有上海外滩、交通大学上海徐家汇校区鸟瞰、迁校时期西安城区鸟瞰、西安校区鸟瞰、上海火车站迁校送别场景、西安校区建设场景6幅迁校浮雕。同时还有6个圆雕人物:西安校区部分为2个学生和1个老教授,上海火车站部分为年轻教授的一家三口。

西迁广场不仅是校园亮丽的风景线,更是西迁精神的教育基地,提醒人们交通大学西迁的峥嵘岁月,激励广大师生不忘初心、牢记使命,投身祖国的现代化建设。

3.西迁教授群雕

在中国西部科技创新港涵英楼的一楼,彭康、钟兆琳、陈大燮、张鸿、殷大钧、周惠久、陈学俊、朱城八位西迁教授的雕塑坐落于此(图11－12)。西迁教授群雕与涵英楼南边的西迁广场、西迁大道、新港之门,北边的创新港标志石,共同连接构成创新港的文化主轴线——创业之旅。雕塑的设计理念深入挖掘了西迁历史,体现了西迁老教授胸怀大局、无私奉献、弘扬传统、艰苦创业的精神风貌。这不仅是表达对西迁教授们的敬意,也是西安交通大学弘扬西迁精神、传承爱国奋斗精神的重要体现。

图11－12　坐落于创新港的西迁教授群雕

4. 西迁精神纪念碑

西迁精神纪念碑坐落于西安交通大学兴庆校区西花园。西迁精神纪念碑由西交一八九六(西安)控股集团有限公司捐建,人文学院教师欧阳振宇负责碑林设计,李明负责铭文撰写。西迁精神纪念碑正面篆刻着习近平总书记的重要指示——"向当年响应国家号召献身大西北建设的交大老同志们致以崇高的敬意。祝大家健康长寿、晚年幸福。希望西安交通大学师生传承好西迁精神,为西部发展、国家建设奉献智慧和力量";纪念碑背面篆刻了"西迁铭"。

5. 打造中国西部科技创新港,开启西迁新篇章

在中国特色社会主义建设新时期,国家对高等教育发展和实践提出"面向世界科技前沿、面向经济主战场、面向国家重大需求、面向人民生命健康"的新要求,作为国家在西部高等教育布局上的关键一步,西安交通大学必须承担起这一历史新使命。在内迁西安、扎根西部60余年后,交通大学再次响应国家号召,面向新时代国家发展需求,开启"再西迁"的历史征程,建设了中国西部科技创新港。中国西部科技创新港作为西安交通大学的新校区,是新的意义上的"西迁"。此次西迁不仅是简单的地理位置的迁移,也是一种更深层次的精神传承与创新发展的结合。

首先,从历史背景来看,西安交通大学作为中国高等教育的重镇,其前身曾在抗战时期西迁,展现了强烈的爱国精神和奉献精神。这种"西迁精神"成为学校的重要文化基因,激励着一代又一代的交大人为国家发展和民族复兴贡献力量。中国西部科技创新港的建设,正是对"西迁精神"的继承和发扬。创新港不仅是一个物理空间上的新校区,更是一个汇聚创新资源、推动科技创新的重要平台。它承载着推动西部地区科技创新和经济社会发展的重任,体现了交大人在新时代对于国家发展和民族复兴的新担当。

其次,从创新发展角度来看,中国西部科技创新港的建设代表了西安交通大学在科技创新方面的新追求和新探索。这里汇聚了众多的科研机构和创新团队，致力于前沿科技的研究和应用。通过产学研深度合作，创新港推动了科技创新与产业发展的深度融合，为西部地区乃至全国经济社会发展注入了新的动力。

中国西部科技创新港既是对历史的传承，也是对未来的展望；既是对"西迁精神"的坚守，也是对创新发展的追求。在这里，交大人将继续发扬"西迁精神"，为国家的科技创新和社会进步贡献更多的智慧和力量。

五、传承西迁精神取得的成果

（一）人才培养

1984年，西安交大在全国高校中第一批试建研究生院；1985年，西安交大建立了第一个国家级科研机构——机械结构强度与振动国家重点实验室；1987年，西安交大固体力学、机械制造等11个学科首批成为国家重点学科；1995年，西安交大作为试点单位在全国高校第一家接受教育部本科教学工作评估，结果为优秀；1996年，西安交大首批进入"211工程"建设；1999年，西安交大首批进入"985工程"第一层次建设的"2＋7"大学。2000年，西安交大与原属卫生部的西安医科大学、原属中国人民银行的陕西财经学院三校合并，组建新的西安交通大学，成为一所具有理工特色的综合性研究型大学；2005年，西安交大在全国高校率先实行本科书院制，创办钱学森实验班等首批拔尖人才培养基地，西安交通大学始终将人才培养作为首要任务，通过优化课程设置、加强实践教学、推进创新创业教育等措施，不断提高人才培养质量。学校现有本科招生专业76个、博士学位授权一级学科36个、硕士学位授权一级学科43个、博士专业学位授权点6个、硕士专业学位授权点29个、博士后流动站30个，国家一级重点学科8个、国家二级重点学科8个、国家重点（培育）学科3个，全国（国家）重点实验室8个，国家工程（技术）研究中心10个，国家产教融合创新平台2个，国家国际科技合作基地 5 个,国家应用数学中心 1 个,2011 协同创新中心 1 个,其他省部级及以上重点科研基地 195 个。

建校 127 年来,交通大学培养出了一大批卓越的政治家、科学家、社会活动家、教育家、企业家、艺术家、医学专家等,如蔡锷、张元济、蔡元培、黄炎培、邵力子、李叔同、邹韬奋、陆定一、钱学森、张光斗、汪道涵、吴文俊、杨嘉墀、徐光宪、姚桐斌、陈能宽、江泽民、侯宗濂、黄旭华、顾诵芬、丁关根、吴自良、蒋新松、蒋正华、王希季、李金华、韩启德等。建校以来,有 200 余名交大校友当选“两院”院士;迁校以来,学校培养或在校工作的院士 89 名。建校以来,交大培养了 6 位“两弹一星功勋奖章”获得者、4 位国家最高科技奖获得者、3 位新中国“最美奋斗者”、2 位“共和国勋章”获得者、10 位世界 500 强中国企业掌门人。

近年来,学校毕业生就业率一直保持在较高水平,毕业生在各行各业都取得了优异的成绩,为社会作出了积极贡献。《2023 西安交通大学毕业生就业质量报告》显示 2023 届毕业生总体去向落实率为 98.5% ,就业层次和质量都相较 2022 年有所提高。

(二)科学研究

西安交通大学科技工作以面向国家重大需求、瞄准国际前沿、突出自主创新、加速成果转化为发展战略,努力实现项目、人才和平台良性互动,在基地建设、科研成果和产学研合作等方面取得重要进展,科技创新能力不断增强,科技竞争力显著提升。

截至 2023 年,学校共有省部级及以上科研基地 195 个,其中全国(国家)重点实验室 8 个,国家工程(技术)研究中心 10 个,国家产教融合创新平台 2 个,国家国际科技合作基地 5 个,国家应用数学中心 1 个,教育部重点实验室 15 个,教育部工程研究中心 4 个。2000 年至 2023 年,学校牵头承担国家科技重大专项、国家重点研发计划和基地与人才专项等重大项目数百项,获批国家自然科学基金项目 6985 项,基础研究项目数和经费在全国高校位居前列。迁校以来,学校创造了 30 000 余项科研成果,其中 241 项获得国家三大奖,产生了数以千亿计的经济社会效益。学校依托学科与人才培养优势,创新产学研合作模式,与政府、大中型企业联合建立研发中心,注重解决行业关键性技术问题,充分发挥科技对区域经济和社会发展的支撑作用。

在西迁精神的带领下,西安交大在科学研究方面取得显著成果,得奖数量位居全国高校前列。"煤炭超临界水气化制氢发电多联产技术"入选"2017 年度中国高等学校十大科技进展",获批国家西部能源研究院等 4 个国家级重点科研基地。学校积极鼓励和支持师生参与科研项目,加强科研团队建设,提高科研水平。近年来,学校获得多项国家级科研奖励,发表了大量高水平的学术论文,为国家的科技创新作出了重要贡献。

(三)社会服务

西安交通大学始终坚持服务社会、服务人民的宗旨,积极发挥自身的科研和人才优势,为国家和地方经济社会发展提供了有力支持。学校与多个企业和地方政府建立了合作关系,共同开展科研项目和人才培养工作,为区域经济发展作出了积极贡献。

西安交通大学 38 支社会实践队伍、340 余名青年学生奔赴西藏、新疆、广西、云南、青海、内蒙古、宁夏、山西等省区,走进学校、街道、社区、乡村等,通过主题宣讲、志愿服务、社会调查、红色寻访等形式,集中开展铸牢中华民族共同体意识专题社会实践,增进各族青少年、群众交往交流交融,在推动中华民族共同体意识入脑入心、走深走实中增长本领才干,勇于担当奉献作为。国际教育学院 2023 年组织"交小留阅中国"实践团队走进施甸、射阳、南京、重庆、蓝田等地,以"亲身感知中国,携手聆听世界"为主题,成立了 27 支、共 213 人的社会实践团队。实践团队在走访过程中撰写了 120 余篇实践报告,出版了 1 本实践感想集。

2023年寒假,3823名师生组建484支实践团队参与到"返家乡"社会实践活动之中,撰写实践报告453份,向各地政府呈递政策建议书54份,相关活动受到校内外各级各类媒体报道620篇,传递交大青年时代之声。

(四)文化传承

西安交通大学在文化传承方面也作出了积极努力。

西安交通大学成功入选了第一批中华优秀传统文化传承基地,这是对学校在秦腔艺术传承与发展工作方面的高度肯定。学校通过秦腔传承基地的建设,完善工作机制,打造特色校园秦腔文化,加强公共艺术教育的师资队伍和课程建设,整合校内外资源,加大传承创新力度,真正让秦腔艺术焕发新的活力。此外,学校的戏曲社以秦腔名家以及博物馆秦腔传统流派传承中心为依托,举办秦腔表演培训,开展形式多样的秦腔主题活动,为传播秦腔文化、弘扬秦腔传统艺术作出了积极贡献。

西安交通大学大力弘扬西迁精神,优化顶层设计,传承创新交大文脉。学校通过成立大学文化和文明校园建设领导小组,制定文化建设规划,出台相关管理办法,提升历史文化遗存制度化管理和统筹性决策,不断提升大学文化品牌的影响力和治理水平。

西安交通大学积极打造和传播文化品牌,如"焦仲平"(交大重要评论)评论品牌,该品牌以"为党发声,思想引领,快速响应"为宗旨,结合学校中心工作,推出观点鲜明、论述透彻、文字清新的评论文章,有效提升了学校的文化影响力和社会认可度。

第十二章 中国特色世界一流大学文化的经验总结

习近平在中共中央政治局第五次集体学习时指出："我们要建设的教育强国,是中国特色社会主义教育强国,必须以坚持党对教育事业的全面领导为根本保证,以立德树人为根本任务,以为党育人、为国育才为根本目的,以服务中华民族伟大复兴为重要使命,以教育理念、体系、制度、内容、方法、治理现代化为基本路径,以支撑引领中国式现代化为核心功能,最终是办好人民满意的教育。"①建设中国特色世界一流大学文化,高校需要做好以下工作:要引领中国大学文化建设的正确方向,坚持马克思主义在意识形态领域的领导权;建设具有中国特色的大学社区,构建"一站式"大学文化服务社区;优化中国大学文化建设的治理体系,推动适应时代发展的体系建设;建设中国特色世界一流大学,为国家培养合格的社会主义建设者和接班人,培养新时代高质量人才,推动建设教育强国。

---

① 习近平.加快建设教育强国 为中华民族伟大复兴提供有力支撑[N].人民日报,2023 – 05 – 30(01).

第一节　引领中国大学文化建设的重要方向

高校应从以下各方面出发，引领中国大学文化建设的重要方向：加强党的领导在大学文化建设中的核心地位，确保大学文化建设沿着正确的方向前行；坚守在文化传承创新中培养人才的根本使命，培养文化自觉和文化自信；创新丰富思想政治教育的内容，多渠道、全方位地进行思想政治教育。

一、加强党的领导在大学文化建设中的核心地位

习近平总书记在党的十九大报告中指出："党政军民学，东西南北中，党是领导一切的。"①中国共产党是中国工人阶级的先锋队，也是中华民族和中国人民的先锋队。中国共产党的领导是中国特色社会主义最本质的特征，是中国特色社会主义制度的最大优势，发挥着总揽全局、协调各方的作用。党的十八大以来，以习近平同志为核心的党中央高度重视高等教育工作，科学回答了培养什么人、怎样培养人及为谁培养人这个根本问题。加强党的领导在大学文化建设中的核心地位，是确保大学文化建设沿着正确方向发展的重要保障。

（一）始终坚持马克思主义的指导地位

中国共产党自成立之日起，就把马克思主义确立为根本指导思想。发展高等教育事业，首先是要坚持马克思主义的指导地位，坚持社会主义办学方向，扎根中国大地办大学。马克思主义是科学的世界观和方法论，揭示了人类社会发

---

① 习近平.决胜全面建成小康社会 夺取新时代中国特色社会主义伟大胜利：在中国共产党第十九次全国人民代表大会上的报告[M].北京：人民出版社，2017：20.

展的一般规律,提供了分析和解决问题的根本立场、观点和方法,必须把马克思主义作为大学文化建设的根本指导思想和行动指南。

大学要始终坚持马克思主义的指导地位,强化马克思主义理论教育,学习马克思主义中国化的先进理论成果,巩固马克思主义在大学意识形态的主导地位;开设马克思主义理论相关课程,传授马克思主义基本原理,深入学习毛泽东思想、邓小平理论、"三个代表"重要思想、科学发展观和习近平新时代中国特色社会主义思想;强化马克思主义理论教育的系统性和深入性,制定完善的理论课程体系,内容应涵盖原理及现实应用。

大学应建设高素质的马克思主义理论队伍。长期以来,党和国家都以马克思主义武装青年、引导青年。大学是培养和造就青年马克思主义者的重要阵地,是传播马克思主义的主渠道。大学要用马克思主义理论武装青年,加强大学生的马克思主义理论教育,提高其政治觉悟和政治鉴别能力,增强青年学生对马克思主义的认同,使其成为马克思主义坚定的信仰者和拥护者。此外,应加强对大学生的社会主义核心价值观教育,加强以爱国主义为核心的民族精神和以改革创新为核心的时代精神教育,引导青年学生正确处理个人利益与国家利益的关系。青年马克思主义者应坚持理论教育和实践教育相结合,要进入社会,深入基层,了解民情民意,听取群众的诉求,增强全心全意为人民服务的意识。

大学应推动马克思主义理论的研究和创新。大学应建立马克思主义理论研究中心或研究机构,为教师提供充足的资金和技术支持,鼓励和支持教师开展马克思主义理论研究,促进学术交流和研究合作,推动马克思主义理论与其他学科的交叉融合,探索新的研究方法和领域。

(二)发挥党的战斗堡垒作用

大学应全面贯彻党的教育方针,发挥党的战斗堡垒作用,坚持教育为社会主义现代化服务、为人民服务,落实立德树人根本任务,培养德智体美劳全面发展的社会主义建设者和接班人。

全面从严治党。大学应加强党的组织建设,确保党的教育方针和政策得到贯彻落实。无论是学校层面,还是学院层面、系所层面,要健全各级党组织,完善党的组织制度,并始终坚持正确的政治方向,增强"四个意识"、坚定"四个自信"、做到"两个维护"。

加强党员思想政治教育工作,发挥党员先锋模范作用。大学应开展党性教育,通过举办党性教育讲座、组织党员参观革命传统教育基地、开展党员志愿服务等方式,增强党员的党性观念,提高党员的政治责任感和使命感。大学应加强党性锻炼,鼓励党员在实际工作中锤炼党性,勇于担当、敢于负责,全心全意为人民服务。同时,大学应建立健全党员考核机制,对党员的工作表现进行定期评估,激励党员不断进步。

加强思想引领。大学文化建设需要坚持正确的政治方向,确保文化建设与社会主义核心价值观相契合。党组织应当加强对大学文化建设的领导,通过组织学习、宣传、教育等方式,引导师生树立正确的世界观、人生观和价值观,深入学习马克思列宁主义、毛泽东思想、邓小平理论、"三个代表"重要思想、科学发展观以及习近平新时代中国特色社会主义思想等党的理论,推动形成积极向上的校园文化氛围。

(三)把校风、学风、教风作为评价大学文化建设的标准

中国特色社会主义进入新时代,中国高等教育也进入了新的发展阶段。大学要建设良好的校风、学风、教风,要把校风、学风、教风建设作为评价大学文化建设的标准。

校风、学风、教风是大学文化建设的重要组成部分,相互关联、相辅相成。校风是大学文化的综合体现,展现的是学校的整体风貌,包括办学思想、教育理念、人才培养模式、师资水平等。学风反映的是学生的精神风貌和学习态度,是学生

整体素质的体现。教风是教师的思想作风和工作作风,体现的是教师的工作态度和工作方法。

校风是塑造学校形象、展现学校风貌的重要窗口,不仅关系到学校的声誉和影响力,更关系到全校师生的发展。大学应明确校风建设的目标,全面深入分析学校的办学特色、历史、文化等,明确学校的优势,找出学校的不足,立足于学校实际情况和发展需要,确立校风建设的目标,体现办学特色和宗旨,营造积极向上的校园文化氛围。

学风建设是大学教育的重中之重。大学可从以下几个方面出发抓好学风建设:开设思想政治教育理论课程,加强学生的思想引领,帮助学生树立正确的世界观、人生观和价值观;制定和完善学风建设相关规章制度,如学分要求、毕业要求、考试纪律等,明确学生的学习要求和行为规范,确保学生在学习过程中有章可循、有规可依;为学生提供科研平台、资金、资源,培养学生的创新精神,为国家培养合格的社会主义建设者和接班人。

教风建设是提高教师教学水平,继而提高教学质量的重要保障。大学可从以下几个方面完善教风建设相关制度:完善教师选聘制度,保证选聘过程公平、公正、公开,选拔高素质教师;建立教师评价和奖励机制,定期对教师教学成果、教学质量、师德师风等方面进行评价,根据评价结果给予奖励;加强师德师风教育,提高教师的个人素质,增强教师的责任感和使命感;建立教学创新研究机制,激励教师参与到学校教学内容、教学方式的改革创新中去,促进教育教学创新发展。

在校师生是校风、学风、教风建设的主体,师生的态度和行为直接影响大学文化建设,大学文化建设需要全校师生发挥主体力量,共同参与,共建共享:通过宣传教育,增强师生的归属感,真正做到一荣俱荣、一损俱损;鼓励师生在自己擅长的领域开拓创新、发光发热,实现自己的价值;建立有效的反馈机制,及时了解师生的需求,听取师生关于校园文化建设的意见建议,并合理改正。

二、坚守在文化传承创新中培养人才的根本使命

文化是一个国家、一个民族的灵魂。要始终坚守在文化传承创新中培养人才的根本使命,推动中华优秀传统文化创造性转化、创新性发展,在文化活动中融入中华优秀传统文化,在培养人才的过程中培养其文化自觉和文化自信。

(一)坚持马克思主义基本原理同中华优秀传统文化相结合

2023 年,习近平总书记在文化传承发展座谈会上强调:"把马克思主义基本原理同中国具体实际、同中华优秀传统文化相结合是必由之路。这是我们在探索中国特色社会主义道路中得出的规律性认识,是我们取得成功的最大法宝。""更重要的是,'第二个结合'是又一次的思想解放,让我们能够在更广阔的文化空间中,充分利用中华优秀传统文化的宝贵资源,探索面向未来的理论和制度创新。"[①]坚持马克思主义基本原理同中华优秀传统文化相结合,是马克思主义在中国发展、扎根中国大地的必然要求,也是新时代中华优秀传统文化实现自身现代化的需要。

马克思主义同中华优秀传统文化在自然观、人本观、辩证法等方面有着天然的共性。大学的课程设置中,要融入马克思主义基本原理和中华优秀传统文化的相关内容。例如,在哲学、历史、文学、艺术等课程中,向学生讲授马克思主义的历史观、阶级观、发展观等基本原理,同时结合中华优秀传统文化的相关内容,如儒家思想、道家哲学等,对"第二个结合"进行深入探讨和分析。

大学在人才培养中,要始终坚持以社会主义核心价值观为引领,坚持习近平

---

① 习近平在文化传承发展座谈会上强调 担负起新的文化使命 努力建设中华民族现代文明[N].
　人民日报,2023 - 06 - 03(1).

新时代中国特色社会主义思想。在教材的编写上,要将习近平文化思想等重要论述融入教材,提升课程的文化育人功能,增强大学生对中华优秀传统文化的认知,让学生真正将传统文化铭记于心。

推动马克思主义基本原理同中华优秀传统文化相结合,要发挥人民的力量。"人民是历史的创造者,人民是真正的英雄。波澜壮阔的中华民族发展史是中国人民书写的!博大精深的中华文明是中国人民创造的!历久弥新的中华民族精神是中国人民培育的!中华民族迎来了从站起来、富起来到强起来的伟大飞跃是中国人民奋斗出来的!"①普及马克思主义基本原理和中华传统文化知识,要提高人民群众的文化素养和马克思主义理论水平,建立健全人民参与马克思主义基本原理同中华优秀传统文化相结合的实践机制,鼓励群众积极参与。

(二)推动中华优秀传统文化创造性转化、创新性发展

实现传统文化创造性转化、创新性发展,是习近平文化思想的重要内容。在党的十九大报告中,习近平总书记明确指出:"要坚持为人民服务、为社会主义服务,坚持百花齐放、百家争鸣,坚持创造性转化、创新性发展,不断铸就中华文化新辉煌。"②中华优秀传统文化作为我们宝贵的精神财富,面对时代的变化,必须通过创造性转化和创新性发展来顺应时代的潮流,坚持"古为今用、洋为中用,辩证取舍、推陈出新",更好地服务社会实践。

推动中华优秀传统文化跨界发展。近年来,央视推出不少文化综艺节目,涉及多个领域和形式。《典籍里的中国》聚焦中华文化典籍,通过"戏剧＋影视＋文化访谈"的表现形式,每一期向观众讲述一本典籍;文博探索类节目《国家宝藏》每期都会展示省级博物馆的三件文物,演绎文物的前世今生,并且邀请专家

---

① 习近平. 习近平谈治国理政. 第三卷[M]. 北京:外文出版社,2020:139.
② 习近平. 决胜全面建成小康社会 夺取新时代中国特色社会主义伟大胜利:在中国共产党第十九次全国代表大会上的报告[M]. 北京:人民出版社,2017:41

进行专业解读；除此以外，还有《朗读者》《中国诗词大会》《故事里的中国》《我在故宫修文物》等丰富多彩的节目，以人民群众喜闻乐见的形式，传递中华优秀传统文化的价值，展现传统文化的魅力。

推动中华优秀传统文化走出去，提高国家文化软实力和影响力。民族的就是世界的。大学可通过以下形式推动中华优秀传统文化走出去：积极参与国际交流活动，如世界博览会、"一带一路"文化交流等，加强同其他国家和地区的文化合作，推动文化多样性发展；通过孔子学院、中文教育等国际教育交流项目，将中华优秀传统文化融入教育体系，向海外学生传授中文和中国文化，提高他们对中华文化的认识和兴趣；将中华优秀传统文化同文化产业相结合，开发具有中国文化特色的文化产品，展示中华文化的深厚底蕴，讲好中国故事，传递中国声音。

运用科技手段，提高传统文化吸引力和传播力。中华优秀传统文化的传承、创新和传播离不开科技手段的支持。党的二十大报告指出："推进教育数字化，建设全民终身学习的学习型社会、学习型大国。"①现如今，人工智能、数字化技术、全息影像、虚拟现实、增强现实等科技手段飞速发展，已经被广泛运用到文化领域。大学可运用科技手段，提高传统文化吸引力和传播力：利用虚拟现实技术重现历史场景、文化遗产和艺术作品等；利用增强现实技术使得用户通过电子设备就能了解文物的细节、三维模型，并进行互动；将数字化技术广泛应用于图书馆、博物馆、档案馆，将馆藏资源数字化，用户足不出户，就可以通过数字资源在线阅读书籍。

（三）培养大学生的文化自觉和文化自信

文化自觉是国家、民族、政党和个体等在文化上的觉醒，是对本民族文化的

---

① 习近平.高举中国特色社会主义伟大旗帜　为全面建设社会主义现代化国家而团结奋斗：在中国共产党第二十次全国代表大会上的报告（2022 年 10 月 16 日）[N].人民日报，2022 - 10 - 26(01).

深刻认识和正确把握。文化自觉是文化自信的前提和基础。文化自信是国家、民族、政党和个体等基于对自身文化的充分认识，对本民族文化的文化认同感和归属感，以及对文化传承创新发展的坚定信念。文化无处不在，无时不有。加强大学文化建设，要培养大学生的文化自觉和文化自信，提升大学生的文化素养，推动大学成为建设文化强国的重要阵地。

首先要培育社会主义核心价值观，加强对大学生的理想信念教育。大学可通过以下方式培育社会主义核心价值观，加强对大学生的理想信念教育：把思想政治教育理论课作为主阵地，强化大学生对思想政治理论课程的学习，确保大学生全面、系统、深入地掌握马克思主义基本原理、中国特色社会主义理论体系等理论；通过课堂讲授、专题研讨等教学方式，引导大学生深入理解中国特色社会主义共同理想和共产主义远大理想；加强对中国共产党党史、新中国史、改革开放史和社会主义发展史的教育，让学生了解中华民族从站起来、富起来到强起来的伟大历程。

其次要在开设课程时突出文化内涵，加强大学生的中华优秀传统文化教育。大学应将中华优秀传统文化融入课堂教学，使大学生在潜移默化中接受优秀传统文化的熏陶，从内心感受传统文化的魅力，弥补学生对传统文化认知的空白，让学生更深入地认识民族文化。

最后要营造良好的校园文化氛围，培养大学生积极的文化情感。学校整体的文化氛围影响着学生对文化的理解和吸收。大学可通过以下方式营造良好的校园文化氛围：发挥学校各个教育平台的作用，如微信公众号、学校网站，广泛开展宣传教育；各个社团组织举办多种多样的实践活动，吸引大学生广泛积极参与其中，拓宽大学生文化认知的渠道；定期举办讲座、研讨会、辩论赛、演讲赛等活动，鼓励大学生参与学术交流，开拓视野。

三、创新丰富思想政治教育的教学内容

思想政治教育是教育者按照一定的社会要求，有目的、有计划、有组织地对受教育者施加系统的影响，把一定的社会思想和道德转化为个体的思想意识和道德品质的教育。思想政治教育是帮助人树立正确的世界观、人生观和价值观的重要基础，是促进人的全面发展的保障，是增强国家意识和民族认同感的重要途径。大学可从以下几个方面创新和丰富大学思想政治教育的教学内容和形式：将思想政治教育与其他学科交叉融合，提高思想政治教育的质量；合理利用地方特色文化资源，培育民族精神；大力弘扬科学家精神、教育家精神，培养合格的社会主义建设者和接班人。

（一）将思想政治教育与其他学科交叉融合

思想政治教育作为马克思主义理论一级学科下设的二级学科，在新的历史条件下，也随着时代的发展而创新发展，不断和其他学科交叉融合，拓宽思想政治教育研究的深度和广度。跨学科研究成为思想政治教育的新趋势，思想政治教育在与其他学科的交叉融合中，不断完善自身的理论体系，推动学科自身的创新和发展，打破传统思想政治教育中单一、封闭的学科模式，引入其他学科的理论和方法，从而丰富思想政治教育的内容和方法，增强思想政治教育的吸引力和感染力，提高其实效性，增强思想政治教育的育人功能。

思想政治教育与心理学进行融合，形成了思想政治教育心理学，即研究在思想政治教育过程中，教育者与受教育者的心理活动、心理现象及其规律的科学。它侧重于从心理活动的一般规律和生理机制方面来研究人，以提高思想政治教育的实际效果。思想政治教育心理学有助于教育者更好地了解受教育者的心理特点和需求，从而因材施教，提高教育的针对性和有效性。同时帮助教育者掌握和运用心理学原理和方法，如心理疏导、心理激励等，从而调节受教育者的心理

状态,激发其内在动力,促进其思想转化和行为改变。此外,思想政治教育心理学还有助于预防和解决受教育者在思想政治教育过程中可能出现的心理问题,如焦虑、抑郁等,从而保障思想政治教育的顺利进行。

思想政治教育与法学在法治教育、法律意识培养等方面存在交叉。法学关注法律体系的构建、法律规范的制定和实施等问题,而思想政治教育则强调对受教育者的法治观念、法律意识和法律行为的引导。两者在推动法治社会建设、培养遵法守法的公民等方面具有共同的任务。除此以外,思想政治教育还和社会学、传播学、伦理学等学科存在交叉。同时,高校思想政治教育同自然科学的交叉也将成为未来学科交叉的重点。

促进思想政治教育学科交叉需要教育者、受教育者和政策制定者共同努力。强化跨学科意识、开展跨学科研究、完善课程体系、加强实践教学、建立跨学科交流平台和培养跨学科人才等措施,可以推动思想政治教育与其他学科的交叉融合,提高思想政治教育的质量和效果。

(二)合理利用地区文化资源

地区特色文化是思想政治教育丰富的教育资源和天然的教材,见证了一个地区历史的发展,是对国家和民族更为深刻的认识。合理利用地方文化资源,将地方特色文化融入大学生思想政治教育之中,能够培育大学生的民族精神,增强大学生的民族意识,铸牢大学生的中华民族共同体意识。大学可合理利用地区文化资源,立足于地方史、人物史、革命史、校史,充分运用当地博物馆、文化馆、烈士陵园等多种资源,将当地传统民族文化、社会主义先进文化、精品红色革命文化融入大学生思想政治教育之中。

弘扬当地传统民族文化,增强民族自豪感,提高思想道德素质:在思想政治教育课程中,讲述民族英雄故事、传统习俗等;组织民族文化展览、民族节日庆典活动,让学生身临其境体会民族文化;邀请民族文化专家进课堂、办讲座,展现民族文化的魅力。

宣传社会主义先进文化,培养大学生的社会主义核心价值观:进行社会主义核心价值观、社会主义先进事迹教育,让学生深入了解社会主义先进文化;利用新媒体网站、微信公众号等传播社会主义先进文化,让大学生及时了解最新信息;组织社会服务活动等,将理论知识外化为实际行动。

深入挖掘红色资源,弘扬红色文化,将红色文化融入大学生思想政治教育:开发讲述红色历史、红色故事、红色精神等具有红色文化特色的课程;组织丰富多彩的红色文化实践活动,如组织参观革命遗址、举办红色文化讲座、组织红色文化主题演讲等;利用新媒体,利用微短剧、微电影等形式宣传红色文化,让学生能够更直观地感受到红色文化。

(三)大力弘扬科学家精神、教育家精神

科学家精神和教育家精神是宝贵的精神财富,是落实立德树人教育任务的要求,是高校思想政治教育的鲜活资源。大学要把弘扬科学家精神和教育家精神作为思想政治教育的重点。

1.科学家精神

党的十八大以来,党中央高度重视科技创新工作,培养科技创新人才,坚持把创新作为引领发展的第一动力。无论是老一辈科学家钱学森、邓稼先等,还是新一代科学家南仁东、陈景润等,都秉持着国家和人民利益至上、矢志报国的高贵品质,取得了极高的科学成就。科学成就离不开精神支撑,广大科技工作者在长期的科学实践中形成了宝贵的科学家精神。2019年5月,党中央专门出台了《关于进一步弘扬科学家精神加强作风和学风建设的意见》,强调要大力弘扬"胸怀祖国、服务人民的爱国精神,勇攀高峰、敢为人先的创新精神,追求真理、严谨治学的求实精神,淡泊名利、潜心研究的奉献精神,集智攻关、团结协作的协

同精神,甘为人梯、奖掖后学的育人精神"①。

理想因其远大而为理想,信念因其执着而为信念。科学家精神引领大学生的理想信念,塑造大学生的人格。科学家热爱祖国、小我服务大我、严谨求实、甘于奉献的优秀品质深深影响着大学生,引领学生全心全意为人民服务,将个体的小我融入为人民服务的大我中,将个人命运与国家命运紧密联系在一起,做马克思主义的坚定信仰者,做实现中华民族伟大复兴的圆梦人。

大力弘扬科学家精神,要将科学家精神融入大学课堂,邀请科学家进课堂,现身说法讲好科学家故事,让学生能够了解科学家们的事迹、艰苦奋斗的历史、取得的成果等,直观感受科学家精神带来的力量,接受科学家精神的洗礼,培养学生的批判性思维和创新精神,树立大学生的精神偶像,赓续科学家精神,增强学生的科学意识,激发学生的科学热情。

2. 教育家精神

2023 年,在全国优秀教师代表座谈会上,习近平总书记致信与会教师代表,指出:"教师群体中涌现出一批教育家和优秀教师,他们具有心有大我、至诚报国的理想信念,言为士则、行为世范的道德情操,启智润心、因材施教的育人智慧,勤学笃行、求实创新的躬耕态度,乐教爱生、甘于奉献的仁爱之心,胸怀天下、以文化人的弘道追求,展现了中国特有的教育家精神。"②并强调要大力弘扬教育家精神。

"教师是立教之本、兴教之源,是教育发展的第一资源。"大力弘扬教育家精神,建设高素质的教师队伍,根本目的是培养担当民族复兴大任的时代新人,培

---

① 中共中央办公厅　国务院办公厅印发《关于进一步弘扬科学家精神加强作风和学风建设的意见》[J].中华人民共和国国务院公报,2019(18):21.
② 习近平致信全国优秀教师代表强调 大力弘扬教育家精神 为强国建设民族复兴伟业作出新的更大贡献[N].人民日报,2023－09－01(01).

养德智体美劳全面发展的社会主义建设者和接班人。"时代越是向前,知识和人才的重要性就愈发突出,教育的地位和作用就愈发凸显。"①现如今,面对中华民族伟大复兴战略全局和世界百年未有之大变局,大学必须提高人才培养质量,培养能够适应时代发展变化的人才。大学应大力弘扬教育家精神,深入挖掘教育家的典型事例,宣传教育家故事,树立教育家的榜样模范,并通过媒体报道、实践活动、新媒体传播等形式,传播教育家精神。

第二节 建设具有中国特色的大学文化社区

"人创造环境,同样,环境也创造人。"②人们的观念、性格、意识会随着生活条件、社会关系的变化而发生改变,大学文化的作用本质上就是通过对环境的塑造,在不同程度上影响学生的思想与行为,以达到"蓬生麻中,不扶而直""入芝兰之室,久而自芳"的文化育人效果。然而在实际建设过程中,大学文化有时候距离学生的日常生活有些遥远,无法达到文化育人的预期功效。大学文化不是空中楼阁,不能将其束之高阁。想要大学文化发挥作用就必须让其深入学生学习生活的方方面面,通过潜移默化的道德熏陶、修身养性的心理优化以及无声浸润的审美养成实现学生综合素质的全面提高。因此,围绕学生学习生活的场所,构建"一站式"的大学文化服务社区就显得尤为必要。"一站式"大学文化服务

---

① 中共中央 国务院关于全面深化新时代教师队伍建设改革的意见[N].人民日报,2018 - 02 - 01(01).
② 马克思,恩格斯.马克思恩格斯选集:第1卷[M].中共中央马克思恩格斯列宁斯大林著作编译局,编译.北京:人民出版社,2012:172 - 173.

社区不仅是文化活动的场所,更应契合"创新、协调、绿色、开放、共享"的新发展理念,发挥党对青年的领导作用,落实"三全育人",培养时代新人。

一、建设"一站式"大学文化服务社区的理论基础

明确"一站式"大学文化服务社区的概念有助于厘清建设"一站式"大学文化服务的理论基础。"一站式"大学文化服务社区是"一站式"学生社区在文化方面的具象化,其聚焦于大学文化。因此,可在"一站式"学生社区的基础上明确"一站式"大学文化服务社区的概念。"一站式"学生社区是以学生共同生活的区域为基础,以服务学生在课堂学习之外的成长成才为目标,以共同价值观念为联结的学生教育生活成长共同体[①]。"一站式"学生社区综合管理模式建设是深入学习贯彻习近平总书记关于教育的重要论述,适应新形势新情况、加强高校党的建设和思想政治工作的重要体制创新。

在此基础上,"一站式"大学文化服务社区更聚焦于为大学生提供与校园文化和学术生活密切相关的服务和体验,其目标是促进学生更深入地享受大学文化,实现文化育人,使学生在学术、社交和文化方面全面发展。"一站式"大学文化服务社区主要包括文化活动和艺术支持、学术活动、校园传媒等方面的内容:提供校内外艺术展览、音乐会、戏剧演出等文化活动的信息,以及创办艺术家讲座、创意工作坊;强调校园的传统和仪式,以弘扬大学精神;支持学生参与校园传媒工作,如学生报纸、广播、电视台等,促进学生对传媒工作的参与;建立集中管理文化资源的平台,整合图书馆、档案馆、文化遗产等资源,以便学生更好地利用这些资源。通过"一站式"大学文化服务社区,学生可以更全面地体验和参与校园文化,培养综合素养,拓宽视野,形成丰富而深厚的大

---

① 吴纯新. 新型学生社区:思政、服务、育人"一站式"完成[N]. 科技日报,2023-04-12(006).

学文化体验。

由此可知,"一站式"大学文化服务社区是"一站式"学生社区在文化方面的具象化,两者有着相同的理论基础,蕴藏在其生成过程中。2004 年,《关于进一步加强和改进大学生思想政治教育的意见》(中发〔2004〕16 号)中指出,高校要高度重视大学生生活社区、学生公寓的思想政治教育工作,发挥大学生自身的积极性和主动性,增强教育效果。文件第一次在思想政治教育工作领域引入"社区"概念,将思政工作和学生社区建设相关联,并对高校学生教育管理模式提出了新要求、指明了新方向、作出了新部署。新形势下,高校学生学习、生活、实践的实体和虚拟化场域相较以往更加集中、功能性需求更多、社会化程度更高。以"社区"为核心概念形成的高校学生教育管理服务概念正逐渐从行政管理向教育管理服务转变,模式逐渐从单一主体向多元主体参与转变。

实施"一站式"学生社区综合管理模式建设,是深入学习贯彻习近平总书记关于教育的重要论述,提升新时代高校党建和思想政治工作系统化、精细化水平的重要举措。2018 年 9 月 10 日,中共中央召开了新时代第一次全国教育大会,习近平总书记在会上发表重要讲话,系统总结和深刻阐述了中国教育改革发展实践中形成的新理念、新思想和新观点,创造性地提出了推进我国教育改革发展的"九个坚持":一是要坚持党对教育事业的全面领导;二是要坚持把立德树人作为根本任务;三是要坚持优先发展教育事业;四是要坚持社会主义办学方向;五是要坚持扎根中国大地办教育;六是要坚持以人民为中心发展教育;七是要坚持深化教育改革创新;八是要坚持把服务中华民族伟大复兴作为教育的重要使命;九是要坚持把教师队伍建设作为基础工作[1]。"九个坚持"从本质上阐明了新时代中国特色社会主义教育的发展方向、道路、方针和

---

[1] 习近平.坚持中国特色社会主义教育发展道路　培养德智体美劳全面发展的社会主义建设者和接班人[N].人民日报,2018 - 09 - 11(01).

原则等一系列根本性问题,从思想上进一步深化了对社会主义建设规律、教育发展规律和人才培养规律的认识①。习近平总书记关于教育的重要论述从根本上回答了中国特色社会主义教育发展的一系列方向性、根本性、全局性、战略性的重大问题,为中国特色社会主义教育事业指明了前进方向,为新时代教育改革发展提供了根本遵循。

2019 年,教育部思政司委托北京航空航天大学、浙江大学、厦门大学、西安交通大学、东北大学、华南理工大学、河北大学、上海大学、深圳职业技术学院、西安外事学院等 10 所高校开展"一站式"学生社区综合管理模式试点探索(图 12 - 1)。这一举措旨在推动学生社区教育培养模式、管理服务体制、协同育人体系、支撑保障机制改革,践行"一线规则",把校院领导力量、管理力量、思政力量、服务力量压到学生中间,打造富有中国特色、体现思政要求、贴近学生实际的生活园区,推动形成全员、全过程、全方位育人格局。各试点高校党委落实主体责任,从党建引领、管理协同、队伍进驻、服务下沉、文化浸润、自我治理六个方面入手,强化目标导向,坚持改革驱动,拿出真招实招,着力打造了富有中国特色、体现思政要求、贴近学生实际的生活园区,在实践中积累宝贵经验,深化了对"一站式"学生社区综合管理模式建设规律的认识,促进"三全育人"工作格局的形成,各项工作取得积极进展和初步成效。

2021 年初,在系统总结前一阶段试点工作进展的基础之上,教育部思政司研究提出深化试点工作的指导意见,制定试点工作指南,推动高校系统升级试点任务,全面提升工作力度。试点工作总体思路如下:坚持以"党委领导"强责任、聚合力,以"学工牵头"强体系、显特色,以"教师协同"强支撑、促长效,以"学生参与"强覆盖、育自觉,以"支部引领"强阵地、树导向,以"社团助力"强载体、建

① 王定华.新时代我国教育改革发展的新方向新要求:学习习近平总书记在全国教育大会上的重要讲话[J].教育研究,2018,39(10):5.

图12-1　10所"一站式"学生社区综合管理模式试点高校

氛围，以"辅导员入驻"强机制、抓落实，引领学校党员干部、教职员工践行"一线规则"，推动校院领导力量、思政力量、管理力量、服务力量下沉到学生中间，着力打造学生党建前沿阵地、"三全育人"实践园地、平安校园样板高地，创造新时代高校版"枫桥经验"，为推进高等教育治理体系和治理能力现代化、扎根中国大地办好中国特色社会主义大学延伸实践路径、夯实内涵支撑。

2021年7月，经省级教育部门推荐、书面调研、实地考察、集中遴选，教育部新增21所试点高校，进一步扩大试点范围。7月底，在西安交通大学召开现场推进会，就深化试点作出具体部署，安排首批10所试点高校逐一介绍做法和经验，组织参会人员实地观摩学生社区。

2021年8月以来，为推广试点经验，鼓励更多的高校积极参与"一站式"学生社区建设，教育部在第二十七次全国高校党建会上，安排西安交通大学以"学生社区育人工作"为主题作交流发言，向参会代表发放试点阶段性成果画册、播放专题宣传片。西安交通大学凝练"一站式"学生社区建设经验，由学工部牵头撰写的《强化党建引领 打造"一站式"学生社区前沿阵地》《"一站式"学生社区不断激发"三全育人"工作活力》《着力打造平安社区，构筑校园稳定基石》《着力打造"智慧型"平安校园》四个工作分享案例，全面展示了学校自试点工作以来，"一站式"学生社区建设取得的工作成效。学校获奖案例将被纳入全国高校思想政治工作网资源库，并作为特别推荐高校在"一站式"学生社区综合管理模式建设工作云平台进行集中展示，在光明网等平台面向全国高校专题展示试点高校做法和成效。同时，教育部建设"一站式"学生社区试点工作云平台，开展信息即时发布、数据汇总集成、经验交流互动、项目评比展示，吸引、鼓励、支持更多有意向有条件的高校主动开展学生社区"一站式"改革，积极开展探索，凝练典型做法、工作品牌、成熟机制，形成一整套可复制、可推广的制度体系，为全国各级各类高校提供路径探索和典型示范。

"一站式"学生社区的逐步完善标志着"一站式"大学文化服务社区的完善。其特有的文化育人功能逐步成为进一步深化全员、全过程、全方位育人与扎实推进大学生思想政治工作的重要阵地,成为实现立德树人、协同育人的重要载体。深入探索不断优化高校"一站式"大学文化服务社区教育管理模式,成为提升高校学生教育管理服务水平、构建"三全育人"新格局、切实提高大学生思想政治教育实效性的重要途径和内在需求。近年来,全国各高校都在尝试探索学生社区教育管理服务新模式,以期更好地统筹办学治校各领域、教育教学各环节、人才培养各方面育人资源和育人力量,推动各方力量、各类资源向学生社区汇聚,发挥融入式、嵌入式、渗入式的立德树人协同效应,提升新时代学校党建、思政和管理服务工作的系统化、科学化、精细化、差异化、专业化水平。

二、建设"一站式"大学文化服务社区的重要意义

随着我国经济社会发展及高校学分制、大类招生、大类培养等人才培养改革的推进,"一站式"大学文化服务社区作为育人阵地的重要性日益凸显。从人才培养的战略高度来看,高校"一站式"大学文化服务社区建设具备深刻的时代价值和丰富的育人内涵。

(一)"一站式"大学文化服务社区将成为发挥党对青年领导作用的重要载体

学生在哪里,党员在哪里,高校党的工作就推进到哪里。2021年,中共中央修订了《中国共产党普通高等学校基层组织工作条例》,进一步指出:"学生党支部一般按照年级班级或者学科专业设置。可以依托重大项目组、科研平台或者学生社区等设置师生党支部,注重在本专科低年级建立党的组织、开展党的工作。"因此,必须将党的领导和党的建设深入学生社区一线中,扩大党的覆盖面,

将党建落实到学生生活最基层,践行党的群众路线。高校育人工作是党领导下的育人工作,"一站式"大学文化服务社区的空间设置和治理使党建引领能够延伸到学生群体最末端,把党组织领导下的社区建设推进到学校育人最前沿,切实把党的组织优势、制度优势转化为治理优势和治理效能,真正做到了哪里有学生党员,哪里就有党组织。

"一站式"大学文化服务社区不仅是党发挥对青年思想引领作用的重要平台,更是维护青年人思想健康、确保党在意识形态领域主导权和话语权、构筑意识形态防线的战略阵地。建设"一站式"大学文化服务社区能够提升党在基层组织做思想政治工作的能力,有助于规范大学生的价值理念和行为准则,形成积极进取、与时俱进、开拓创新的大学文化氛围。

大学在"一站式"大学文化服务社区中深入开展政治理论学习、党员教育发展、社区建设协调等工作,在潜移默化中促进广大青年学子的价值认同与行动统一,将有效发挥社会主义核心价值观在铸魂育人、立德树人方面的现实效果,为培养更加担当社会责任、具备高度社会责任感的优秀人才奠定坚实基础。

（二）"一站式"大学文化服务社区是高校落实"三全育人"的内在要求

高校要落实全员、全过程、全方位育人,就是要把思想政治工作融入学生学习、生活的全过程和各环节。当前,随着高校广泛实行学分制,学生在校期间拥有更大的学习自主权,能够自由选择课程、自主安排专业学习和课外活动。这使得学生在校的学习、生活主动性不断增强,能够自由支配的时间也不断增加。这一变革冲击着原有的以年级、班级为单位开展思想政治教育、集体学习的模式,导致教育效果逐渐弱化。此外,学生学习生活方式的改变也受到互联网快速发展的影响。实践证明,学生在大学文化服务社区中花费更多时间,社区对学生的文化熏陶和环境影响更加凸显。在这个充满活力和变化的社区环境中,学生有机会接触多元的文化资源,促使他们在自我发展的过程中形成更加开放、包容、创新的价值观念。

建设"一站式"大学文化服务社区是高校落实"三全育人"的内在要求。学生的思想问题往往与学习适应、日常生活、身心健康、生涯发展、朋辈互动、家庭支持、社会关系等多重问题交织在一起,呈现出复杂化的特点。因此,要全面了解学生动态,满足学生多元需求,就必须构建"三全育人"格局。"一站式"大学文化服务社区贯彻落实以学生发展为中心的育人理念,将大学文化的零星的点连接成线、汇聚成面、集合成体,从而构建起纵向贯通、横向协同、纵横联合的一体化、全方位、多时段的文化育人场所,进一步增强了文化熏陶的时效功效,扩宽了思想交互的方法路径,延伸了文化育人的覆盖范围,实现了文化育人的"全员、全过程、全方位"。

(三)"一站式"大学文化服务社区是培养时代新人的创新场域

高校要把立德树人作为根本任务,把思想价值引领贯穿教育教学全过程和各环节,形成教书育人、科研育人、实践育人、管理育人、服务育人、文化育人、组织育人长效机制。新形势下"一站式"大学文化服务社区的构建,是在原有管理与服务的基础上,融入文化育人的手段和方法,是拓展育人途径的有益尝试。将学校管理主体和服务对象纳入大学文化服务社区教育管理的范畴,以育人为导向建立参与机制、搭建社区教育管理的平台,将校园文化、社会实践、学生组织培养、班团建设等内容集成到平台中,有利于高校创新和拓展育人途径、提升育人效果,培养时代新人。

从高校人才培养和大学生个人成长来看,"一站式"大学文化服务社区集中了学生生活、学习、交往、组织、实践等多重功能,兼具集体属性、群体属性和社会属性等。有研究者认为,大学生社区是"提升大学生社会能力的'第一社会',是培育大学生良好习惯的'第二家庭',是形塑大学生健全人格的'第三课堂'"①。"一站式"大学文化服务社区可以成为第一课堂的有力补充。在社区中,思想政治教育、专业教育在课堂和学生社区实现无缝对接,促使学生在课堂和社区两个层面的学习相互交融,进而推进资源平台的互联互通,使之更能聚焦于促进学生德智体美劳全面发展,成为一个培养时代新人的综合平台。"一站式"大学文化服务社区对于培育和践行社会主义核心价值观、坚定"四个自信"、弘扬大学精神具有积极的推动作用。因此,建设"一站式"大学文化服务社区,本质上是回应时代新人培育要求的关键举措,它以立德树人为根本,全面推动以人为中心的综合改革。

三、建设"一站式"大学文化服务社区的基本要求

"一站式"大学文化服务社区承载着重要的育人功能,高校应当牢牢把握大学文化的发展方向,大力加强大学文化服务社区建设,推动大学文化服务社区实现向更为综合完善的"一站式"大学文化服务社区转型发展。实践理路上,需将"创新、协调、绿色、开放、共享"的新发展理念融入"一站式"大学文化服务社区的建设中,创造有利于学生全面发展的成长环境。

(一)以创新理念拓展社区文化育人功能

在对学生需求、特点进行深入调研的基础上,高校应结合学校人才培养目标、发展现状以及独特的大学精神,以创新理念驱动"一站式"大学文化服务社区从生活场域向文化、教育场域等多个向度升级。

第一,拓展"一站式"大学文化服务社区的文化空间功能。优化社区公共空间的设施,以宿舍楼或者学生书院为单位,预留足够的活动空间方便学生开展各

---

① 杨爱华.新时代大学生社区育人面临的挑战与优化路径[J].思想教育研究,2021(5):154.

种文化活动。打造功能齐全、设备先进的公共文化空间,充分满足学生阅读、研讨、咨询、展示、健身、休闲等需求。充分利用公共文化空间,打造文化识别系统,实现理想信念"浸入式"宣传教育。建设高质量的教师和学生活动中心,确保校园文化环境与场所布局合理,活动丰富多样,管理有序。推进标准化建设,加强精细化管理,提升后勤服务质量,方便学生就近开展自我学习、文体生活、互动交流,从而形成良好的学习习惯、健康的生活方式以及和谐的人际关系。

第二,拓展"一站式"大学文化服务社区的智慧育人功能。高校在集聚资源对社区空间功能细化、复合、整合的基础上,注重创新,推动新理念、新技术在社区治理和服务中的应用,拓展社区的智慧育人功能。依托社区建立自管会、楼委会等学生组织,引导学生积极参加社区公共事务管理,开发各类劳动、实践、服务项目,培养学生的团队协作能力和社会责任感,开展社会主义核心价值观教育,引导学生树立正确的价值观念。建设学生社区线下服务大厅或线上服务平台,精准对接学生需求,常态化提供便捷服务。建设集目标管理、过程控制和评估反馈等为一体的社区教育、管理、服务综合信息化平台,实现对学生的智能化管理,提高社区服务的效能,打造智慧社区平台,实现智慧育人,使学生个性化、全方位地成长,为社区建设注入更多创新因素和活力。

(二)以协调理念驱动育人机制创新

"一站式"大学文化服务社区建设是一项庞大的系统工程,必须站在培养德智体美劳全面发展的社会主义建设者和接班人的战略高度,着力强化社区教育功能,深化育人内涵,以协调理念驱动社区育人机制创新。

第一,"一站式"大学文化服务社区利用高校现代书院进行培养模式创新。高校现代书院自身的教育属性和文化属性为建设"一站式"大学文化服务社区提供了综合支撑。高校应发挥书院崇尚全人教育的教育属性,积极推动社区内涵化建设。同时,发挥书院文化属性,传承中国古代书院的文化文脉,借鉴西方大学住宿制书院先进经验,打造社区浸润式的文化空间,为学生提供深厚的学术底蕴和文化熏陶。

第二,加强"一站式"大学文化服务社区隐性教育体系设计。为真正回应学生的实际需求,必须将学生面临的思想问题与学习、生活、心理、职业发展等现实问题有机结合。可在社区常态化引入心理咨询、生涯规划等专业力量,满足学生个性化需求。注重将环境育人与知识育人、文化育人等相结合,加强社区隐性教育体系建设,培养学生的道德情感、社会责任感和创新精神,通过体验式、浸润式、情感化、滴灌式的主体间性教育,形成更为全面的育人机制。

第三,重视"一站式"大学文化服务社区物质文化建设。物质文化与精神文化相辅相成,良好的精神文化需要物质载体的传承,同样,校园物质文化建设亦可以创造出与之相契合的人文精神。"一站式"大学文化服务社区必须具备整洁、优雅、精致、舒适的自然生活环境和建筑设施,为精神文化的传承提供有力支撑。张贴得当的标语、名人字画、人物雕像等一系列涉及学习、工作、生活和文娱的硬件物品及一景一物、一草一木等自然条件都要突出细致,只有在这样的文化氛围中才能收获"以美育人"的最佳效果。在建设"一站式"大学文化服务社区的过程中,高校要注重协调物质文化与精神文化、整体效益与局部效益、短期利益与长远利益之间的关系,避免出现过于追求表面功效而忽视精神文化建设及"胡子眉毛一把抓"的现象,保持全局观,综合考虑各个方面,确保物质文化与精神文化的协调发展,实现"一站式"大学文化服务社区的健康、可持续发展。

(三)以绿色理念构建生态社区

构建"一站式"大学文化服务社区离不开美丽的校园环境。校园文化建设部门与学校发展规划处应紧密合作,将"绿色社区"作为文化社区建设的重点,为学生提供一个清新、舒适的居住和学习场所,培养学生的环保、生态意识,从而促进"一站式"大学文化服务社区的可持续发展。

第一,"一站式"大学文化服务社区建设要与中华传统优秀文化的生态观相结合。中华优秀传统文化博大精深,包括思想文化、风俗文化、戏曲艺术、诗词歌赋、传统建筑等,包罗万象。社区建设要注意根据学校所处区域的历史文化特点和学生的年龄特点,有针对性地撷取传统文化的精华部分纳入整体规划。在总体布局中,突出"和合相生,和谐共生"的文化生态观,主题指向明确,逻辑关系清晰,表现形式活泼有趣,符合学生思维特点。特别要避免过于将文化元素简单堆砌而出现"散、乱、杂"的问题,从而影响文化育人的系统性。

第二,"一站式"大学文化服务社区建设要重视校园建筑物与环境的合理规划。校园是学生学习、成长和发展的场所,是学校教育的主阵地。因此,"一站式"大学文化服务社区建设要紧紧围绕"生命、生活、生态"的教育主题,以有利于培养学生良好生态行为习惯为目标进行精心设计。在认知自然、保护环境、节约能源、低碳生活、尊重他人、热爱劳动等多个方面,高校可通过建筑物的合理设计和环境布置,使学生在潜移默化中受到启发影响。高校还应该注意社区环境的建设,通过增加生态文明教育的元素,增强学生生态行为习惯的自觉性、常态性,形成互相促进、共同提高的内在动力。合理的规划和布局可让学生在校园生活中逐步养成保护环境、热爱自然的良好行为习惯。

第三,"一站式"大学文化服务社区建设要与培养师生动手能力相结合。生态社区不仅仅是为师生提供良好的生活学习空间,还应该为师生创造参与生态建设、在实践活动中加深对生态文明认知理解的条件。此外,还要积极引入各种以生态环保为主题的特色志愿服务活动,使学生参与到"绿色社区""绿色校园""绿色社会"的建设中,在潜移默化中增强学生的环保自觉和生态意识,使学生逐步形成参与生态保护的责任感和社会责任心。同时,可以挖掘社区劳动教育资源,开展富有学校独特风格的劳动教育,增强学生的劳动意识。生态文明教育不是"精英教育",不能只停留在"可看、可讲"的层面,还要"可体验、可创造、可提升",要让每一名师生尽可能多地充分参与实践。应在方案设计、日常维护、宣传讲解、主题活动及课程讨论等环节中提供动手实践的机会,充分调动师生热心参与的积极性,激发他们的创造力和参与热情,发挥他们的聪明才智,使师生成为生态社区建设的主人。

（四）以开放理念驱动服务供需匹配

"一站式"大学文化服务社区建设应以开放理念搭建共建、共享的社区平台,驱动各类资源、服务、活动供需从粗放型向精准化匹配转型。

第一,打造社区开放式平台。高校可根据学生发展需求,整合校内外力量,加强机制创新、推进流程再造,将丰富的文化资源引入社区平台,秉持"不求为我所有,但求为我所用"的开放态度,创新激励机制,将社区打造为资源引流平台。

第二,打造社区服务型平台。高校可从以下几个方面出发打造社区服务型平台:以用户为中心,以开放理念驱动服务供给与学生需求精准匹配,实现服务的个性化与精准化,提升社区服务能力,为师生提供更为便捷、高效的服务体验;建立健全以服务奉献为导向、以素质养成为目标、以经历认证为保障、以制度规范为基础的长效机制,打造文化服务平台;统筹公共服务资源,将服务延伸到社区,在社区设立"一站式"大学文化服务大厅等,打通"最后一公里",由散点式服务向集约式服务转变。"一站式"大学文化服务社区不是一个封闭的场所,而是开放的体系,不同的社区之间要打破交流壁垒,要调动师生为社区的发展建言献策,积极参与到社区文化治理过程中,并在沟通交流中学习优秀的经验,提高"一站式"大学文化服务社区整体的质量水平,形成服务共享和互动的良好生态。

第三,以学生为中心,吸引学生参与社区建设。高校可从以下几个方面出发吸引学生参与社区建设:以学生社团为主体,在学生活动的主要场所,积极组织并开展多样化的文化活动,如辩论赛、读书会、文化沙龙等,吸引学生参与;充分发挥学生在朋辈教育帮扶、校园文化营造等方面的作用,在学生社区建立活动场所集群,培育品牌活动项目;鼓励学生对相关议题发表自己的见解,展开思想上的交锋,达到启发智慧、增进知识的目的;建立学生自我管理、自我服务的组织,遴选学生党员、入党积极分子担任负责人;结合社区特色或书院制等构建社区文化标识体系,吸引文化社团入驻,通过浸润式文化育人,增强学生文化自信和归属感。

(五)以共享理念驱动多元主体协同治理

党的二十大报告强调:"完善社会治理体系。健全共建共治共享的社会治理制度,提升社会治理效能。"①如何以共享理念驱动社区多元主体有效协同,提升管理、服务效能,形成育人合力,是高校建设"一站式"大学文化服务社区的关键,也是打造师生学习、生活、情感共同体的关键。

第一,发挥师生党员先锋模范作用。应着力健全社区党组织网络,包括在社区开辟专门的党建空间、党员在社区亮身份、在社区开展党员志愿服务项目、将基层党组织设在社区、以学生住宿楼宇为单位设立党支部等。应科学设计,避免学生支部的多重建设和交叉领导。在组织方式上,依托社区党建平台加强跨学科交流、跨院系合作、跨年级融合,将理论学习与实践服务深度融合,进一步发挥师生党员先锋模范作用,发挥学生党支部在社区共建共治中的作用。

第二,协同条块优化网格。设立大学文化工作小组或建立社区管理委员会机制,引入多元主体共同治理。明确多元主体的职责、权利、义务,在统筹协调机

---

① 习近平.高举中国特色社会主义伟大旗帜 为全面建设社会主义现代化国家而团结奋斗:在中国共产党第二十次全国代表大会上的报告(2022 年 10 月 16 日)[N].人民日报,2022 - 10 - 26(01).

制下,职能部门、书院、院系等各方能够充分沟通、协商、协同,共同推进"一站式"大学文化服务社区建设。明确学生工作部门或其他部门作为牵头单位,强化统筹协调、组织推进、管理监督,确保多方力量和资源在社区实现整合协同。

第三,激发多元主体活力。应进一步通过健全制度设计,激发党政领导、专业教师、辅导员、学生等主体参与社区育人的动力和活力。坚持党员干部联系社区群众制度,激励党员干部深入社区,发现问题、解决问题。执行好住楼辅导员制度,推进从与学生"同吃、同住、同成长"的"老三同"进一步向更高层次的"同场域、同频率、同成长"的"新三同"方向发展,提升辅导员育人能力和实效[①]。选拔有一定工作经验的优秀专任教师在学生社区担任学业导师,为学生的学业发展、科研训练、项目实践、生涯规划等提供指导。依托社区导师制、导师驻楼制、驻楼导师工作站等,推进导师进驻社区、楼宇,将第一、第二课堂深度融合,开展高品质的第二课堂活动,培育学生的深层次综合能力。依托社区学生组织,促进学生参与社区公共事务治理,提升学生自我管理、自我监督、自我教育和自我服务的能力,形成学校管理、市场服务、学生自我管理与师生参与良性互动的学生社区治理格局。

第四,打造学生社区互动型平台。社区汇聚了不同年级、不同专业的学生,是开展跨年级、跨学科、跨专业师生、生生交流的重要平台。应从共享理念出发,从空间支持、配套服务、项目引导、项目支持等多个维度为不同规模、不同主题的师生交流做好顶层设计和后勤保障,促进更高质量的师生交流,形成更加积极、和谐、友爱的师生关系和开放、包容、活跃的社区氛围。

---

① 　王懿.高校"一站式"学生社区建设的价值意蕴、现实问题与实践理路[J].思想理论教育,2022(02):111.

第三节　优化中国大学文化建设的治理体系

现代化大学文化建设还需要通过完善制度体系提供有力保障,从而化解当代大学发展过程中产生的诸多矛盾,适应时代提出的新要求,具体而言要从以下三个层面入手:一是凝聚学术－行政共同体意识,促进学术与行政部门之间的紧密协同合作,形成整体合力,充分发挥学术与行政部门的协同效应。二是优化大学文化质量评价体系,引入多元化的评价指标,确保评价指标科学、全面,以更客观、全面、科学的方式对大学文化质量进行评估,推动大学文化建设朝着更高水平迈进。三是构建网络化、数字化、智能化、个性化的文化服务体系,引入现代科技手段,建设智能化的文化服务平台,以满足师生多样化的文化需求。

一、凝聚学术－行政共同体意识

在大学发展的历史进程中学术与行政的冲突由来已久,行政管理机关化趋势制约了学术管理,学术管理行政化趋势影响了学术创新的效率。在高校治理体系中,高校的行政管理工作与学术管理工作不是此消彼长的对立关系,而是相互依存、相互促进的合作关系。大学文化的一个重要职能就是通过文化治校,化解传统大学管理体制造成的行政与学术的冲突,为大学的科学研究、学术创新、人才培养提供良好的制度环境。大学在其本质上"是一个由学者与学生组成的、致力于寻求真理之事业的共同体"①,共同体意识是形成大学文化认同的重要基础,大学的行政人员与研究人员之间也应当秉持这种共同体思想,将对方视

---

① 雅斯贝尔斯.大学之理念[M].邱立波,译.上海:上海世纪出版集团,2005:19.

为同一命运共同体的一部分,从而建立起协同治理的文化氛围。学术权力与行政权力之间并非对立关系而是统一于学术事务发展这一共同目标。

第一,高校要明确规划行政管理与学术管理的权责边界,树立协作观念。高校行政管理工作与学术管理工作的冲突是客观存在的,但并非对立的,二者之间既相辅相成又相互制约。因此,要理性认识二者之间的冲突,正确处理二者之间的矛盾,使两种管理工作在高校中达到协调状态。一方面,高校行政管理工作能够为学术发展提供保障和服务,可以协调学术发展所需的相关资源,构建良好的环境和平台,促进学术研究和学术管理工作的顺利进行。另一方面,学生及教学科研人员是高校的主要组成部分,高校行政管理工作的有效运行需要依靠教学科研人员的配合,其各项决策也需要参考教学科研人员的意见或建议,二者相互协调配合,才能保证决策的科学性与正确性。

第二,大学的行政人员应当从"管理理念"转变为"服务理念",将个人发展与大学整体发展紧密联系,为大学师生的科技文化创新创造自由、贴心、无微不至的服务环境,将文化治校视作提升管理效能和服务质量的重要途径。哈佛的服务文化就非常充分地体现了该观点,其主要是指教学科研人员以外的各种辅助人员,包括学校层面各职能部门的服务意识。在哈佛大学,对应"学术"的"行政"特征逐渐弱化,取而代之的是"服务"。哈佛大学"学术"与"行政"的关系已达到较高境界,即融为一体,你中有我,我中有你。哈佛的辅助(行政)人员认为自己和教授(教师和学生)是一个命运共同体[1]。追寻哈佛服务文化的根源,我们会发现其实质是一种命运共同体文化,是世界一流大学的管理文化。

第三,大学的管理者要创造更多的沟通交流机会,主动地促进大学行政人员与教学科研人员展开广泛的交流合作,增进双方的互信互动,致力于大学整体目

---

[1] 邬大光.走近哈佛:世界一流大学的治校文化[J].复旦教育论坛,2019,17(06):110.

标的实现达成。其一,建设社团组织增加沟通交流。大学师生员工的需求是多元的,不仅有对学术科研的执着探索,而且还有精神、文化等多方面的需求。为了满足这些需求,大学校园内有众多社团组织。不论是教学科研人员还是行政部门人员,虽然所从事的具体业务领域不同,但都共同生活在校园这个集体环境中。他们之间的沟通和交流不限于业务工作中,日常的生活往来以及共同的兴趣爱好都可以增进相互了解。因此,建设好社团组织,有利于教学科研人员和行政人员在自愿、平等的环境中增进互动和信任,从"人"的因素做起,为实现行政力量与学术力量之间的"互嵌"奠定坚实的微观基础。其二,推进学术力量对行政部门的嵌入。改革的基本逻辑应着重于强化学术力量在行政部门的嵌入性,而不是以对立的视角通过权力的争夺来"去行政化"。这种嵌入性,有利于行政部门在保持处理行政事务的专业性的同时,与学术力量之间就学术事务达成共识,避免行政部门单向度地按照自身对事务的理解去开展工作。从具体的举措而言,目前所采取的教师到行政部门任职、挂职等做法,都有利于增强嵌入性。对于这些好做法,高校应当继续坚持并加以完善,构建这些"双肩挑"干部的工作保障机制,使其能够更有针对性地投入行政工作,以其对学术事务的专业视角来把握好行政工作的方向。同时,在梳理行政部门岗位职责的基础上,还可以组成专家团,并明确工作机制,在对学术事务开展有重要影响的制度政策、工作机制的设计中,把征求专家团意见作为必要环节,以此来强化学术力量对行政部门的渗透性,使行政力量能够更有效地服务于学术事务。

二、优化大学文化质量评价体系

大学文化质量评价工作是实现文化治校的重要环节,是提升文化育人水准的重要参考,关涉对大学文化建设状态的整体把握。因此,必须秉持全面、协调、可持续的理念，构建起多主体参与、多层次衔接、多维度协同，全方位、高质量、数字化的大学文化质量评价体系。

大学文化质量评价体系的构建是大学文化宏观系统的一项基础性工作，是一项"牛鼻子"工程。它的构建应以科学理论为指导，以绩效管理为目标，以问题解决为导向，以科学分析和描述为依据，以文化协同育人为中心，以科学测量和评估方法为支撑，能够客观、合理地反映大学文化的现实状况，充分反映大学文化发展的内在规律。它的构建不是诸多指标的随意堆积、模糊罗列和简单组合，而应坚持以下原则。

首先，大学文化的评价人员要紧密结合现代化信息技术，灵活运用大数据、云计算等工具，提高信息收集的智能化水平，更加快速、准确地找到问题的症结，及时回应多方公正、合理的评价与诉求，增强评价的开放性与时效性，破解因收集分析信息能力低下造成的评价主体单一的困境。

其次，主管单位在推进大学文化质量评价时，需把握大学文化质量评价层次多、分布广、难整合的现实特点，建设多层次评价衔接机制。其中高层次的评价结果应该得到低层次评价的认可和采纳，这样可以更好地反映大学文化的全貌和品质；低层次的评价结论可以作为高层次评价的参考依据，这样可以为更全面、准确的评价提供基础，从而优化多层次评价的整体质量。

最后，要形成党委领导、行政统筹、学院牵头、师生参与的多维度协同机制，要关注大学文化系统内部的多元主体、多个层次和多种要素之间的复杂关系，建设大学文化的多维度评价协同机制，防止因不同维度评价带来的冲突矛盾和对资源的浪费，保障大学文化质量评价机制的健康、有序、长远运行。全员参加质量评价是现代大学的思想政治工作水平、学术水平、教学水平和管理水平的综合反映，是一所现代大学办学水平和综合实力的重要标志。全员参加质量评价，要求现代大学的各个部门、每个成员、教育教学的各个环节和全体教育管理干部增强质量意识，严格把好各自的质量关。这是把全面教育质量管理落到实处的关键。

构建大学文化建设评价指标体系是评价大学文化质量的前提和条件。

大学文化建设涉及要素非常多，其体系中的各组织之间的关系纷繁复杂，国内外学者从 20 世纪 90 年代逐步开始从不同的角度对大学文化评价提出了许多有益的见解和建议。我国学者的研究大都集中在各评价指标对大学文化建设绩效的影响及大学文化体系的系统性和协调性上，并普遍认为现有理论架构和大学文化建设评价模型亟待进一步完善。不同大学的发展历史、办学理念、学科专业、办学特色等各有不同，如今几乎每所大学都在进行着大学文化的相关建设，而在制定大学文化建设评价指标体系时虽不能将每一所大学的差异因素考虑全面，但也要尽力将大学文化建设评价指标体系构建得科学合理。因此，指标体系应尽量反映大学文化建设的共性特点，具有可行性与可操作性，且具有一定的前瞻性、引领性和发展性。笔者秉持完备性、不相容性、科学性、简易性的原则，借鉴国内外有关专家的研究成果，通过综合分析和比较，得出一个比较科学、合理的大学文化建设评价指标体系。

该大学文化建设评价指标体系包含 5 个一级指标、21 个二级指标。其中，一级指标包含大学文化保障、大学文化生产、大学文化传播、大学文化成效、大学文化风险（责任追究）等。大学文化保障的二级指标包含领导重视、人员配备、制度保障、经费投入；大学文化生产的二级指标包含社会主义核心价值观教育、中华优秀传统文化教育、革命文化教育、社会主义先进文化教育、校园文化建设、网络文化育人；大学文化传播的二级指标包含传统媒体刊播、新媒体传播和对外文化交流；大学文化成效的二级指标包含师生反响、问题解决、媒体评价、上级部门评价、文化项目申报情况、文化成果(人物)获奖情况;大学文化风险(责任追究)的二级指标包含工作过失、突发风险处置(表12-1)。

表12-1 大学文化建设评价指标体系

指标		基本要求
一级指标	二级指标	
大学文化保障	领导重视 人员配备 制度保障 经费投入	大学文化建设在学校中心工作中的地位和作用;校领导对大学文化建设状况的重视和关注程度;校党委会、校长办公会专题研究大学文化建设工作的情况;大学文化建设人员是否充足合理;学校组织结构是否健全,管理制度是否规范;大学文化建设经费情况
大学文化生产	社会主义核心价值观教育 中华优秀传统文化教育 革命文化教育 社会主义先进文化教育 校园文化建设 网络文化育人	大学文化建设与该大学的发展历史、所处地域、学科设置等因素的关联度如何;开展校园特色文化教育的情况
大学文化传播	传统媒体刊播 新媒体传播 对外文化交流	校园网建设水平;学校中文主页文化品位;深入推进社会主义核心价值观学习教育过程中主题教育开展情况;人文素质教育课程的改革情况,比如课程的种类、课程教学质量等

续表

指标		基本要求
一级指标	二级指标	
大学文化成效	师生反响 问题解决 媒体评价 上级部门评价 文化项目申报情况 文化成果（人物）获奖情况	是否做到追求真理、严谨求实，相互尊重、友好合作；能否鼓励学术创新、学术诚信、敬业精神、团队合作等；学校是否爱护老师、爱护学生，师生是否相互关爱；是否崇尚爱国主义；是否鼓励建立更多的兴趣社团，给予学生更多的选择，为学生搭建起更宽广的舞台；校园中是否有自由宽容的学术氛围；学生的价值观、道德观、思维观、做人方式和社会工作能力发展情况；举办各类讲座情况
大学文化风险 （责任追究）	工作过失 突发风险处置	是否制定"权责清单"，明确高校各类事务的性质及管理主体；是否建立突发风险紧急处理机制

　　建立评价指标体系后需要确定初始权重。这里的初始权重是根据大学文化建设评价指标的研究目的和内涵，通过主观分析和判断来确定反映各指标重要程度的权重。主要做法如下：①将构建大学文化建设指标体系的目的、已建指标体系和初步确定的量化标准发给受邀的专家，请他们根据5级评价标准填写"专家评价表"，对各评价指标给出相应权重。②根据专家给出的各指标权重，分别计算各指标权重的平均数和标准差。③将有关平均数和标准差的资料反馈给各专家，并请他们再次提出修改意见或者更改权重的建议，重新调整权重系数。④经过几个轮回，直到各专家对各评价指标的权重趋于一致，最终形成初始权

重。计算总得分的方法与通常的打分评比的方法类似,计算各因素在各准则项(即一级指标)上的得分,再按各准则项的权重求总得分。

　　大学文化建设评价指标涉及权重赋值的有"大学文化保障、大学文化生产、大学文化传播"三个一级指标及其包含的二级指标,它们作为一个整体,一级指标共计300分,权重系数为100%。其中"大学文化保障"的权重系数为20%,"大学文化生产"的权重系数为70%,"大学文化传播"的权重系数为10%。针对这三个一级指标所对应的二级指标进一步细分权重系数,并对二级指标所对应的"考核要素"或"观测点"按照"优、良、中、差、极差"5级打分。而对于"大学文化成效、大学文化风险"两个一级指标及其包含的二级指标直接赋值,"大学文化成效"为加分项,"大学文化风险(责任追究)"为减分项。基于上述分析,如发生重大工作过失或风险,大学文化建设的总分有可能为负值。在大学文化建设评价指标体系实施中,针对每个"考核要素"或"观测点",都要标注不同的考核方式,比如实地察看、听取汇报、查阅相关材料、问卷调查、与师生座谈、随机抽查等,以获取相对客观、真实的评价指标数据。

　　大学文化建设是一项长期的、不断发展的事业,贵在建设,重在发展。在对大学文化建设进行评价时,要遵循一定的原则,精心设计指标体系,不断探索研究大学文化建设与评价的规律。在新时代,大学文化建设是一个不断发展变化的过程,其指标体系构建也是一个动态的、不断完善的过程。因此,随着大学文化实践和文化理论的发展,现有的评价指标体系也需要不断地修正、优化和完善,与时俱进,以形成一个相对科学、规范、完善的大学文化建设评价指标体系。

三、构建网络化、数字化、智能化、个性化的文化服务体系

　　大学文化在建设过程中要主动适应以人工智能、互联网技术为核心的现代化潮流,要合理运用新型的科学技术手段,更加及时、精准地回应师生的文化诉

求,提高文化服务的质量水平,构建网络化、数字化、智能化、个性化的文化服务体系,实现文化育人方式的调整变革与发展创新。

其一,必须把网络文化建设作为重要的切入口和着力点。校园文化宣传部门要强化互联网思维,掌握互联网的传播技巧,顺应多媒体融合的发展趋势,提升应对网络舆情的专业能力,将工作重心向互联网深处延伸,构建一整套以互联网为核心的管理体制机制。要重视互联网内容建设,创新丰富网络文化产品的表现形式,提升高质量网络文化的供给能力,抢占互联网文化宣传的主要阵地,切实发挥高校网络文化育人的重要作用。积极构建校园网络化学习平台,建立马克思主义经典理论和马克思主义中国化最新理论成果的理论智库、中华优秀传统文化和社会主义核心价值观的思想智库、新民主主义革命史和中华人民共和国发展史的珍藏史料库等共享资源库,为高校师生提供实时优质的精神文化营养。在人工智能与大数据信息技术飞速发展的今天,大学应结合青年师生群体特征,紧扣时代脉搏,坚持与时俱进,积极探索新时代大学网络文化建设新路径。高校应加强各类网站建设,巩固官方微博、微信公众号、手机客户端等网络舆论阵地,建好网络人文、思政、道德微课堂,推出融语音、视频、图文、微动漫、情景再现为一体的系列讲座与课程,打造高校网络文化建设工作精品项目。做好新时代高校新媒体文化传播平台的开发、运营、维护工作,明确网络责任,做到文明用网,加强热点问题、突发事件的网上引导,营造风清气正的网络环境。同时要高度重视网络安全,从思想上增强师生的价值判断能力,在智慧校园建设中应多措并举,努力降低大学网络文化的风险程度。

其二,将基于大数据、云计算的数字化信息技术有机嵌入大学文化建设的全过程、全链条、全时段,实现文化资源的全程管理、实时共享、合理分配,提高大学文化资源的利用效率。党的二十大报告明确提出:"推进教育数字化,建设全民终身学习的学习型社会、学习型大国。"①这为深入实施教育数字化战略行动,加快推进教育数字转型和智能升级指明了方向,提供了遵循。校园文化建设部门可以借助虚拟现实、增强现实、人工智能等前沿技术,搭建全维沉浸设施,提供沉浸式、体验式的文化服务,扩展大学文化的空间边界,延伸学生的文化视野,增强学生的感官体验,提升文化育人的智能水平。

其三,探索技术赋能大学生思想政治教育,推动个性化服务。在信息技术日新月异的网络化时代,传统的课堂教学模式已经无法适配教师的精准化育人要求和学生的个性化学习需求。技术赋能未来高等教育体系有助于突破普及化阶段的资源制约,建立个性化的学习方案。结合大数据分析,可以更好地理解和满足师生的文化需求,使文化育人方式更贴近个体、更具针对性。探索大数据技术赋能,通过学生"数字画像"等,可以进一步加强有关青年学生成长的规律探索,依托大数据进行科学化的分析和管理,提升思想政治工作的精准度和效能。高校可整合并利用多源多维数据,为大学文化提供技术与方法,提升大学文化数字化装备水平,用科技手段提升大学文化服务成效。宣传文化部门可与技术部门联合,利用大数据技术,整理学生的行为特征,包括读书习惯、兴趣方向、情绪波动等,为每一个学生的文化需求精准画像,提供更为个性化、精准化的文化建议,实现因材施教。

构建网络化、数字化、智能化、个性化的文化服务体系对于当代大学文化建设具有深远的意义。网络化的文化服务体系将打破时空限制,为师生提供无处不在的文化资源。通过互联网平台,学生可以随时随地获取丰富多彩的文化活动信息、学术资源、艺术作品等,极大地拓宽他们的文化视野。数字化的文化服

---

① 习近平.高举中国特色社会主义伟大旗帜　为全面建设社会主义现代化国家而团结奋斗:在中国共产党第二十次全国代表大会上的报告(2022 年 10 月 16 日)[N].人民日报,2022－10－26(01).

务体系将实现大量文化资料的数字化存储和传播。这不仅有助于文化资源的长期保存，还为文化研究和传承提供了更为便捷和高效的途径。学生可以通过数字化渠道深入了解各种文化形式，以便更主动地参与文化交流和创新活动。智能化的文化服务体系引入了人工智能技术，为师生提供更加个性化、定制化的文化服务。通过智能算法，智能系统能够根据个体的兴趣、学科需求和文化背景，为学生量身打造合适的文化活动、学习资源，提高服务的精准性和效果。每个学生都能够在这个体系中找到符合自己特长和兴趣的文化空间，得到个性化培养和关注。网络化、数字化、智能化、个性化的文化服务体系不仅满足了学生对于多元文化的需求，也为大学文化建设注入了新的生机与活力。在这个全新的文化服务体系中，高校师生将迎来更加开放、多元、动态的文化生活，学生也更有可能成长为具有全球视野和创新能力的人才。

参考文献

[1]马克思,恩格斯.马克思恩格斯选集:第1卷[M].中共中央马克思恩格斯列宁斯大林著作编译局,编译.北京:人民出版社,2012.

[2]马克思,恩格斯.马克思恩格斯文集:第2卷[M].中共中央马克思恩格斯列宁斯大林著作编译局,编译,北京:人民出版社,2009.

[3]马克思,恩格斯.马克思恩格斯全集:第19卷[M].中共中央马克思恩格斯列宁斯大林著作编译局,编译,北京:人民出版社,2006.

[4]习近平.习近平谈治国理政[M].北京:外文出版社,2014.

[5]习近平.习近平谈治国理政:第二卷[M].北京:外文出版社,2017.

[6]习近平.习近平谈治国理政:第三卷[M].北京:外文出版社,2020.

[7]习近平.习近平谈治国理政:第四卷[M].北京:外文出版社,2022.

[8]习近平.论党的宣传思想工作[M].北京:中央文献出版社,2020.

[9]中共中央宣传部.习近平新时代中国特色社会主义思想学习纲要[M].北京:学习出版社,2023.

[10]习近平.在文艺工作座谈会上的讲话[N].人民日报,2015-10-15(02).

[11]习近平.高举中国特色社会主义伟大旗帜 为全面建设社会主义现代化国家而团结奋斗:在中国共产党第二十次全国代表大会上的报告(2022-10-16)[N].人民日报,2022-10-26(01).

[12]习近平.决胜全面建成小康社会 夺取新时代中国特色社会主义伟大胜利：在中国共产党第十九次全国代表大会上的报告[M].北京：人民出版社,2017.

[13]习近平.把思想政治工作贯穿教育教学全过程 开创我国高等教育事业发展新局面[N].人民日报,2016-12-09.

[14]习近平.习近平在清华大学考察时强调 坚持中国特色世界一流大学建设目标方向 为服务国家富强民族复兴人民幸福贡献力量[N].人民日报,2021-04-20(01).

[15]习近平.习近平对宣传思想文化工作作出重要指示强调 坚定文化自信秉持开放包容坚持守正创新 为全面建设社会主义现代化国家 全面推进中华民族伟大复兴提供坚强思想保证强大精神力量有利文化条件[N].人民日报,2023-10-09(01).

[16]习近平.习近平出席中华人民共和国恢复联合国合法席位50周年纪念会议并发表重要讲话[N].人民日报,2021-10-26(01).

[17]习近平.深化文明交流互鉴 共建亚洲命运共同体[N].人民日报,2019-05-16(02).

[18]习近平.在文化传承发展座谈会上的讲话[N].人民日报,2023-09-01(01).

[19]习近平.携手追寻民族复兴之梦[N].人民日报,2014-09-19(03).

[20]习近平.在庆祝中国共产党成立95周年大会上的讲话[N].人民日报,2016-07-02(02).

[21]习近平.青年要自觉践行社会主义核心价值观[N].人民日报,2014-05-05(02).

[22]习近平.关于坚持和发展中国特色社会主义的几个问题[J].求是,2019(07).

［23］习近平在全国高校思想政治工作会议上强调：把思想政治工作贯穿教育教学全过程 开创我国高等教育事业发展新局面［N］．人民日报，2016－12－09（01）．

［24］习近平．加快建设教育强国 为中华民族伟大复兴提供有力支撑［N］．人民日报，2023－05－30（01）．

［25］习近平．习近平在文化传承发展座谈会上强调 担负起新的文化使命 努力建设中华民族现代文明［N］．人民日报，2023－06－03（1）．

［26］习近平致信全国优秀教师代表强调 大力弘扬教育家精神 为强国建设民族复兴伟业作出新的更大贡献　向全国广大教师和教育工作者致以节日问候和诚挚祝福 李强作出批示 丁薛祥出席全国优秀教师代表座谈会并讲话［J］．思想政治工作研究，2023（10）：4－5．

［27］中共中央宣传部．习近平新时代中国特色社会主义思想学习纲要［M］．北京：学习出版社，2019

［28］中共中央宣传部．习近平总书记系列重要讲话读本［M］．北京：学习出版社，2016．

［29］黎靖德．朱子语类：第1册［M］．北京：中华书局．1986．

［30］李凯尔特．文化科学与自然科学［M］．涂纪亮，译．北京：商务印书馆，1986．

［31］黑格尔．精神现象学：上卷［M］．贺麟，王玖兴，译．北京：商务印书馆，1979．

［32］雅斯贝尔斯．时代的精神状况［M］．王德峰，译．上海：上海译文出版社，2003．

［33］卡西尔．人论［M］．甘阳，译．上海：上海译文出版社，1985．

［34］康德．历史理性批判文集［M］．何兆武，译．北京：商务印书馆，1990．

［35］康德．判断力批判：下卷［M］．韦卓民，译．北京：商务印书馆，1985．

［36］文德尔班．哲学史教程：下卷［M］．罗达仁，译．北京：商务印书馆，1996．

[37]雅斯贝尔斯.大学之理念[M].邱立波,译.上海:上海人民出版社,2007.

[38]博克.走出象牙塔:现代大学的社会责任[M].徐小洲,陈军,译.杭州:浙江教育出版社,2001.

[39]伊格尔顿.论文化[M].张舒语,译.北京:中信出版集团,2018.

[40]BRUNER J. The culture of education[M]. Cambridge:Harvard University Press, 1996.

[41]SOARES J A. The decline of the previlige:the modernization of Oxford University[M]. Stanford University Press,1999.

[42]RAYMOND W. Culture and society:1780 – 1950[M]. London:Chatto & Windus,1958.

[43]"'大思政课'我们要善用之"(微镜头·习近平总书记两会"下团组"·两会现场观察)[N].人民日报,2021 – 03 – 07(01).

[44]施韦泽.文化哲学[M].陈泽环,译.上海:上海世纪出版集团,2008.

[45]塞尔登,阿比多耶.第四次教育革命:人工智能如何改变教育[M].吕晓志,译.北京:机械工业出版社,2019.

[46]史密斯,韦伯斯特.后现代大学来临?[M].侯定凯,赵叶珠,译.北京:北京大学出版社,2018.

[47]加赛特.大学的使命[M].徐小洲,陈军,译.杭州:浙江教育出版社,2001.

[48]白双翎. 新时代大学文化建设的使命及要求[J]. 理论视野, 2021(8):68 – 73.

[49]别敦荣.大学组织文化的内涵与建设路径[J].现代教育管理,2020,(01):1 – 7.

[50]别敦荣.论现代大学制度之现代性[J].教育研究,2014,35(8):60 – 66.

[51]蔡红生,胡中月.新中国70年大学文化审视[J].中国高等教育,2019(20):

13 – 15.

[52]蔡红生,魏倩倩."守"与"变":大学文化建设的二维审视[J].思想教育研究,2020(11):113 – 117.

[53]蔡中宏,麻艳香.大学文化建设:社会主义核心价值体系教育的新路径[M].北京:人民出版社,2022.

[54]曹润青,冯鹏志.中国共产党百年来文化建设的主题、本质与道路[J].党政研究,2021(01).

[55]陈菡."三全育人"视域下高中生涯教育的实践创新[J].教学与管理,2023(28):16 – 20.

[56]陈立胜."修己以敬":儒家修身传统的"孔子时刻"[J].学术研究,2020(8):30 – 37.

[57]陈其霆,张卓.高等教育国际化的动因和发展对策探讨[J].江苏科技信息,2014(12):65 – 66,76.

[58]陈兴德.守望与超越:中国大学文化建设反思[J].现代大学教育,2010(02):50 – 54,95.

[59]陈勇江.当代中国大学文化的特殊本质及其内容[J].南京航空航天大学学报(社会科学版),2003(02):47 – 51.

[60]储朝晖.中国大学精神的历史与省思[M].太原:山西教育出版社,2010.

[61]杜玮.王树国:第四次工业革命中大学应该做什么?[J].协商论坛,2022(03):36 – 39.

[62]樊洪业,段异兵.竺可桢文录[M].杭州:浙江文艺出版社,1999.

[63]范建荣.康德文化哲学[M].北京:社会科学文献出版社,2021.

[64]范晔.后汉书[M].北京:中华书局,1965:1262.

[65]冯刚.新时代高校"三全育人"的理论蕴含与深化路径[J].厦门大学学报

（哲学社会科学版），2023，73（01）：1－8.

［66］蔡元培.蔡元培全集：第三卷［M］.高平叔，编.北京：中华书局，1984.

［67］国务院关于印发《统筹推进世界一流大学和一流学科建设总体方案》的通知［EB/OL］.（2015－11－05）［2024－01－29］.https://www.gov.cn/zhengce/content/2015－11/05/content_10269.htm.

［68］胡弼成，徐跃，蒋婷轶.和而不同：大学文化培育论［J］.清华大学教育研究，2008（05）：29－36.

［69］胡中月，蔡红生.彰显中国特色大学文化优势［J］.中国高等教育，2021（23）：38－40

［70］姜素兰.论大学的文化嬗变、守护与超越［J］.北京联合大学学报（人文社会科学版），2014，12（3）：118－123.

［71］教育部财政部国家发展改革委印发《关于高等学校加快"双一流"建设的指导意见》的通知［EB/OL］.（2018－08－27）［2024－01－29］.https://www.gov.cn/xinwen/2018－08/27/content_5316809.htm.

［72］教育部共青团中央《关于加强和改进高等学校校园文化建设的意见》［EB/OL］.（2004－12－20）［2024－01－29］.http://www.moe.gov.cn/srcsite/A12/moe_1407/s3008/200412/t20041220_76337.html.

［73］金耀基.大学之理念［M］.上海：三联书店，2001.

［74］康渝生.对人的本质的真正占有：马克思主义哲学的文化指归［J］.理论探讨，2009（06）：38－41.

［75］克尔.大学的功用［M］.陈学飞，陈恢钦，周京，等译.南昌：江西教育出版社，1993.

［76］梅特里.人是机器［M］.顾寿观，译.北京：商务印书馆，1996：52.

［77］雷永利.论大学出版社对彰显大学四大基本功能的作用［J］.出版发行研

究,2013(06):19-22.

[78]李翔海.内圣外王:儒家的境界[M].南京:江苏人民出版社,2017.

[79]李艳玲,刘清生.开展大学生榜样教育探究[J].学校党建与思想教育,2020（22）:45-46.

[80]李佑新.走出现代性道德困境[M].北京:人民出版社,2006.

[81]李重,张浩瀚.中国特色世界一流大学文化的生成逻辑、丰富内涵和实践路径[J].西安交通大学学报(社会科学版),2024(01):1-15.

[82]梁漱溟.梁漱溟全集:第二卷[M].济南:山东人民出版社,1990.

[83]刘宝存.何谓大学:西方大学概念透视[J].比较教育研究,2003(4):7-13.

[84]刘宝存.牛津大学办学理念探析[J].比较教育研究,2004(2):16-22.

[85]刘振怡.新康德主义与文化哲学转向[M].哈尔滨,黑龙江大学出版社,2012.

[86]清华大学加快世界一流大学建设步伐:水木湛清华 奋进新征程[N].人民日报,2022-10-07(01).

[87]利奥塔.后现代性与公正游戏:利奥塔访谈、书信录[M].谈瀛洲,译.上海:上海人民出版社,2018.

[88]鲍德里亚.消费社会[M].刘成富,全志钢,译.南京:南京大学出版社,2014.

[89]阮元.十三经注疏[M].清嘉庆刊本.北京:中华书局,2009.

[90]眭依凡.关于大学文化建设的理性思考[J].清华大学教育研究,2004(1):11-17.

[91]眭依凡.好大学理念与大学文化建设[J].教育研究,2004(3):14-21.

[92]眭依凡.创新文化:决定大学兴衰的文化之魂[J].中国高等教育,2007(7):7-10.

[93]眭依凡.大学何以要倡导和守护理想主义[J].教育研究,2006(02):
    11-15.

[94]眭依凡.大学文化理性与文化育人之责[J].中国高等教育,2012(12):
    6-9.

[95]眭依凡.大学文化思想及文化育人研究[M].杭州:浙江大学出版社,2016.

[96]眭依凡.大学校长的教育理念与治校[J].高等教育研究,2001(05):52.

[97]眭依凡.大学庸俗化批判[J].北京大学教育评论,2003(7):33-38.

[98]眭依凡.世界一流大学建设的六要素[J].探索与争鸣,2016(07):4-8.

[99]孙德玉.论《大学》"止于至善"的价值意蕴[J].高等教育研究,2017(6):
    93-97.

[100]孙雷.论大学文化的育人功能及实现途径[J].中国高等教育,2008(22):
    30-32.

[101]田联进,冒荣.大学文化整合性研究范式论[J].社会科学论坛,2015(1):
    231-237.

[102]里德-西蒙斯.欧洲大学史:第二卷[M].贺国庆,王保星,张薇,等译.保
    定:河北大学出版社,2008.

[103]里德-西蒙斯.欧洲大学史:第一卷[M].张斌贤,程玉红,和震,等译.保
    定:河北大学出版社,2008.

[104]吕埃格.欧洲大学史:第三卷[M].张斌贤,杨克瑞,林薇,等译.保定:河北
    大学出版社,2008.

[105]吕埃格.欧洲大学史:第四卷[M].贺国庆,王保星,屈书杰,等译.保定:河
    北大学出版社,2008.

[106]王定华.新时代我国教育改革发展的新方向新要求:学习习近平总书记在
    全国教育大会上的重要讲话[J].教育研究,2018,39(10):4-11,56.

[107]王凤双,沈丽巍.以马克思主义文化观引领的大学文化建设探析[J].黑龙江高教研究,2019,37(11):70－73.

[108]王冀生.大学文化的科学内涵[J].高等教育研究,2005(10):9－14.

[109]王冀生.中国特色大学文化论纲[J].现代大学教育,2008(02):1－8.

[110]王建华,贾佳.中国大学的文化性格:缘起、变迁与省思[J].苏州大学学报(教育科学版),2016,4(01):20－27.

[111]王树国.第四次工业革命背景下的高等教育变革与发展[J].中国高教研究,2021(01):1－4,9.

[112]王树国.第四次工业革命背景下世界高等教育的变革与发展[J].教育国际交流,2023(03):16－19.

[113]王阳明.传习录上[M].郑州:中州古籍出版社,2008.

[114]王懿.高校"一站式"学生社区建设的价值意蕴、现实问题与实践理路[J].思想理论教育,2022(02):107－111.

[115]王永友,董承婷.高校文化育人质量的出场语境:概念、要素及评价[J].思想政治教育研究,2021(01):129－136.

[116]洪堡.论柏林高等学术机构的内部和外部组织[J].高等教育论坛,1987:93.

[117]韦森.文化与秩序[M].上海:上海人民出版社,2003:9.

[118]文明交流互鉴是推动人类文明进步和世界和平发展的重要动力[N].人民日报,2019－05－02(01).

[119]邬大光.走近哈佛:世界一流大学的治校文化[J].复旦教育论坛,2019,17(06):105－112.

[120]吴纯新.新型学生社区:思政、服务、育人"一站式"完成[N].科技日报,2023－04－12(06).

[121]谢和平.大学文化、大学精神与川大精神[EB/OL].(2004 – 01 – 25)[2024 – 02 – 14].https://news.tongji.edu.cn/info/1084/61928.htm.

[122]谢维和.学以为己的德育传统:立德树人的逻辑与实践研究之五[J].人民教育,2017(11):46 – 48.

[123]谢永康.文化与启蒙:阿多诺的辩证文化观念[J].求是学刊,2010, 37(03):16 – 22.

[124]熊冬梅."三全育人"视角下的高校精准家访:基本逻辑、内在价值和长效机制[J].思想教育研究,2021(10):150 – 154.

[125]雅斯贝尔斯.大学之理念[M].邱立波,译.上海:上海世纪出版集团,2005.

[126]杨爱华.新时代大学生社区育人面临的挑战与优化路径[J].思想教育研究,2021(05).

[127]杨德广.大学文化建设的内涵和作用[J].高校教育管理,2007(02):1 – 5.

[128]杨胜才,谭高贵.以中华文化推进大学文化建设刍议[J].学校党建与思想教育,2022(24):85 – 87.

[129]衣俊卿.回归大学的文化本质 凸显大学的文化功能:关于大学本质和功能的文化哲学思考[J].中国高等教育,2007(2):21 – 24.

[130]衣俊卿.作为社会历史理论的文化哲学[J].哲学研究,2010(02):3 – 14,128.

[131]余英时.士与中国文化[M].上海:上海人民出版社,1987.

[132]袁鑫.马克思实践哲学视域中的文化哲学[M].北京:人民出版社,2021.

[133]纽曼.大学的理想[M].徐辉,顾建新,何曙荣,译.杭州:浙江教育出版社,2001.

[134]詹世友.学以为己与以文"化"之[J].华中科技大学学报(社会科学版), 2012(02):19 – 26.

[135]张光强,牛宏泰.中国大学精神论[J].高等农业教育,2009(02):4 - 7.

[136]张棨.对大学的文化传承与创新职能的辩证思考[J].云南大学学报(社会科学版),2013,12(05):100 - 106,112.

[137]张应强.现代化的忧思与高等教育的使命[J].高等教育研究,1999(6):12 - 16,36.

[138]张玉霞,张彪.现代性视阈下的大学文化建构[J].广西社会科学,2014(05):189 - 193.

[139]张载.张载集[M].北京:中华书局,1978.

[140]赵志耘,高芳,李芳,等.第四次工业革命核心技术驱动力[M].北京:科学技术文献出版社,2021.

[141]中共中央 国务院关于全面深化新时代教师队伍建设改革的意见[N].人民日报,2018 - 02 - 01(001).

[142]中共中央办公厅 国务院办公厅印发《关于进一步弘扬科学家精神加强作风和学风建设的意见》[J].中华人民共和国国务院公报,2019(18):20 - 24.

[143]中共中央 国务院.新时代爱国主义教育实施纲要[M]北京:人民出版社,2019.

[144]中共中央 国务院印发《国家中长期教育改革和发展规划纲要(2010—2020年)》[EB/OL].(2010 - 07 - 29)[2024 - 01 - 29].https://www.gov.cn/jrzg/2010 - 07/29/content_1666937.htm

[145]钟秉林,赵应生.加快建设中国特色的大学文化:关于当前大学文化建设工作的若干思考[J].国家教育行政学院学报,2010,(09):14 - 17,59.

[146]朱熹.大学章句集注[M].上海:世界书局,1936.

[147]朱熹.四书章句集注[M].北京:中华书局,1983.

[148]庄振华.精神现象学义解:下卷[M].北京:中国人民大学出版社,2019.

后　记

随着本书付梓,一段关于大学文化建设探索的旅程也暂告一段落。然而,对于大学文化这一广阔而深邃的领域,我们的研究与实践仅仅是一个开始。

本书的撰写始于对大学文化现象的深切关注。在多年的高等教育研究与实践中,我们愈发感受到大学文化对于大学发展、师生成长以及社会进步的重要影响。然而,相较于大学文化的丰富内涵与重要作用,相关的理论与实践研究却显得相对薄弱。因此,我们决心以本书为载体,系统梳理大学文化建设的理论与实践,以期为这一领域的理论与实践研究提供有益的参考。

在撰写过程中,我们深感大学文化建设的复杂性与多样性。大学文化不仅关乎大学的历史传统、办学理念、学术氛围等显性层面,更涉及师生的价值观念、行为方式、精神风貌等隐性层面。因此,在构建本书的理论框架时,我们力求全面而深入地探讨大学文化的内涵、特征、功能及其建设路径。同时,注重将理论与实践相结合,通过案例分析、实证研究等方法,揭示大学文化建设中的普遍规律与特殊现象。

在撰写过程中,我们也遇到了不少挑战与困惑。例如,如何准确界定大学文化的范畴?如何科学评估大学文化建设的成效?如何有效推动大学文化的传承与创新?这些问题不仅关乎本书的写作质量,更关乎大学文化建设实践的有效性。我们在撰写过程中不断反思与调整,力求在理论与实践之间找到一个恰当的平衡点。

尽管本书已对大学文化建设的理论与实践进行了较为系统的探讨,但仍有许多问题未能详尽阐述。例如,关于大学文化的国际化与本土化问题、大学文化与学生发展的关系问题、大学文化在社会变迁中的角色问题等,都是值得进一步深入研究的重要课题。

在未来的研究中,我们计划进一步拓展大学文化建设的理论视野,引入更多跨学科的研究方法与工具,更加全面而深入地揭示大学文化的本质与规律。同时,我们也将关注大学文化建设实践中的新现象与新问题,及时总结提炼实践经验,为大学文化的传承与创新提供有益的指导。

此外,我们还将致力于推动大学文化建设研究的国际化交流与合作。不同国家、不同地区的大学文化建设具有各自的特色与优势,通过国际交流与合作,我们可以相互借鉴、共同提高,为全球大学文化的繁荣与发展贡献智慧与力量。

在未来的日子里,我们将继续关注大学文化的发展动态,不断学习与思考,努力为这一领域的研究与实践贡献自己的绵薄之力。同时,我也期待与更多的志同道合者一起,共同探索大学文化建设的无限可能。

最后,还要感谢所有提供支持、帮助的人。感谢张浩瀚、张宇、申子怡、武丹、刘国娇、李浩玥等同学的付出。没有你们的陪伴与支持,我们无法完成这本书的写作。同时,也要感谢那些在大学文化建设实践中默默奉献的人们,是你们的努力与付出让大学文化实现传承与创新。

在未来的日子里,我们将带着这份感激与期待继续前行。相信只要我们心怀梦想、脚踏实地地努力前行,就一定能够为大学文化的发展作出更多贡献!让我们一起为这个目标而努力吧!

编者

2024 年 7 月